关联适用全书系列

突发事件应对法
关联适用全书

法规应用研究中心 ◎ 编

中国法制出版社
CHINA LEGAL PUBLISHING HOUSE

出 版 说 明

法律的生命在于实践。为了方便法官、检察官、律师等法律从业人员，法学研究和教学人员，以及社会大众能够全面、系统地学习新法或重要法律，对照相关规定，掌握重点内容，指引实务操作，我们组织编写了关联适用全书系列。

本系列图书有如下特点：

1. 基础法律的统领性。以新法或重要法律条文为主体内容，统领该领域立法。同时归纳条文主旨，突出条文要义，方便读者明确法条的规范对象。

2. 要点提示的精炼性。对重要法条或新修订之处的主要内容进行释义，旨在用简洁凝练的文字概括立法背景、立法宗旨、法条内涵，解析实务适用中的重点难点。

3. 关联规定的齐备性。将与新法或重要法律相关的法律法规、司法解释、部门规章等法律文件分条逐一列举，旨在方便读者直接对照使用，对该领域立法形成系统性知识架构。

4. 典型案例的指导性。收录与新法或重要法律相关的最高人民法院或最高人民检察院发布的指导性案例、公报案例、典型案例，旨在以案释法，为相关法律的适用和类似案件的审理提供有益参考。

由于编者水平有限，书中内容可能存在不足，敬请广大读者批评指正。如蒙提出建设性意见，我们将不胜感激。

法规应用研究中心
2024 年 7 月

目　录

中华人民共和国突发事件应对法

第一章　总　则

第 一 条【立法目的和根据】 …………………………………… 1

第 二 条【概念、调整范围和适用规则】 ……………………… 2

第 三 条【突发事件分级标准】 ………………………………… 6

第 四 条【指导思想和治理体系】 ……………………………… 8

第 五 条【工作原则和理念】 …………………………………… 10

第 六 条【社会动员机制】 ……………………………………… 11

第 七 条【信息发布】 …………………………………………… 15

第 八 条【新闻报道和宣传】 …………………………………… 18

第 九 条【投诉与举报】 ………………………………………… 21

第 十 条【比例原则】 …………………………………………… 23

第十一条【特殊群体保护】 ……………………………………… 23

第十二条【财产征用】 …………………………………………… 24

第十三条【时效和程序中止】 …………………………………… 27

第十四条【国际合作与交流】 …………………………………… 30

第十五条【表彰和奖励】 ………………………………………… 31

第二章　管理与指挥体制

第十六条【管理体制和工作体系】 ……………………………… 33

第十七条【分级负责、属地管理和报告机制】 ………………… 35

第十八条【协调配合与协同应对】 …………………… 38

第十九条【行政领导机关和应急指挥机构】 …………… 38

第二十条【应急指挥机构职责权限】 …………………… 39

第二十一条【部门职责】 …………………………………… 43

第二十二条【基层职责】 …………………………………… 46

第二十三条【公民、法人和其他组织义务】 …………… 47

第二十四条【解放军、武警部队和民兵组织参与】 …… 48

第二十五条【本级人大监督】 …………………………… 51

第三章　预防与应急准备

第二十六条【应急预案体系】 …………………………… 52

第二十七条【应急预案衔接】 …………………………… 58

第二十八条【应急预案制定依据与内容】 ……………… 59

第二十九条【应急体系建设规划】 ……………………… 65

第三十条【国土空间规划等考虑预防和处置突
发事件】 …………………………………………… 67

第三十一条【应急避难场所标准体系】 ………………… 69

第三十二条【突发事件风险评估体系】 ………………… 70

第三十三条【安全防范措施】 …………………………… 72

第三十四条【及时调处矛盾纠纷】 ……………………… 74

第三十五条【安全管理制度】 …………………………… 76

第三十六条【矿山和危险物品单位预防义务】 ………… 79

第三十七条【人员密集场所经营单位或者管理单位的
预防义务】 ………………………………………… 83

第三十八条【应对管理培训制度】 ……………………… 86

第三十九条【应急救援队伍】 …………………………… 87

第四十条【应急救援人员人身保险和资格要求】………… 89

第四十一条【解放军、武警和民兵专门训练】………… 90

第四十二条【应急知识宣传普及和应急演练】………… 90

第四十三条【学校的应急教育和演练义务】………… 92

第四十四条【经费保障】………… 94

第四十五条【应急物资储备保障制度和目录】………… 96

第四十六条【应急救援物资、装备等生产、供应和储备】………… 99

第四十七条【应急运输保障】………… 101

第四十八条【能源应急保障】………… 102

第四十九条【应急通信和广播保障】………… 103

第 五 十 条【卫生应急体系】………… 106

第五十一条【急救医疗服务网络建设】………… 108

第五十二条【鼓励社会力量支持】………… 109

第五十三条【紧急救援、人道救助和应急慈善】………… 109

第五十四条【救援资金和物资管理】………… 112

第五十五条【巨灾风险保险体系】………… 113

第五十六条【技术应用、人才培养和研究开发】………… 114

第五十七条【专家咨询论证制度】………… 116

第四章 监测与预警

第五十八条【突发事件监测制度】………… 119

第五十九条【突发事件信息系统】………… 123

第 六 十 条【突发事件信息收集制度】………… 126

第六十一条【突发事件信息报告制度】………… 128

第六十二条【突发事件信息评估制度】………… 133

第六十三条【突发事件预警制度】………… 136

第六十四条【预警信息发布、报告和通报】………… 137

第六十五条【预警信息发布】 …… 146

第六十六条【三级、四级预警措施】 …… 148

第六十七条【一级、二级预警措施】 …… 152

第六十八条【预警期保障措施】 …… 157

第六十九条【社会安全事件信息报告制度】 …… 158

第 七 十 条【预警调整和解除】 …… 160

第五章 应急处置与救援

第七十一条【应急响应制度】 …… 164

第七十二条【应急处置机制】 …… 168

第七十三条【自然灾害、事故灾难和公共卫生事件应急
处置措施】 …… 171

第七十四条【社会安全事件应急处置措施】 …… 174

第七十五条【严重影响国民经济运行的突发事件应急
处置机制】 …… 175

第七十六条【应急协作机制和救援帮扶制度】 …… 178

第七十七条【群众性基层自治组织组织自救与互助】 …… 181

第七十八条【突发事件有关单位的应急职责】 …… 184

第七十九条【突发事件发生地的公民应当履行的义务】 …… 191

第 八 十 条【城乡社区组织应急工作机制】 …… 193

第八十一条【心理援助工作】 …… 194

第八十二条【遗体处置及遗物保管】 …… 197

第八十三条【政府及部门信息收集与个人信息保护】 …… 200

第八十四条【有关单位、个人获取信息及使用限制】 …… 201

第八十五条【信息用途、销毁和处理】 …… 203

第六章　事后恢复与重建

第八十六条【应急响应解除】 ………………………… 205

第八十七条【影响、损失评估与恢复重建】 ………… 207

第八十八条【支援恢复重建】 ………………………… 215

第八十九条【扶持优惠和善后工作】 ………………… 215

第 九 十 条【公民参与应急的保障】 ………………… 217

第九十一条【伤亡人员保障】 ………………………… 218

第九十二条【突发事件调查、应急处置总结】 ……… 220

第九十三条【资金和物资审计监督】 ………………… 221

第九十四条【应对工作档案管理】 …………………… 222

第七章　法律责任

第九十五条【地方政府、有关部门及其人员不依法履责的法律责任】 ………………………………… 224

第九十六条【突发事件发生地的单位不履行法定义务的法律责任】 ………………………………… 229

第九十七条【编造、传播虚假信息的法律责任】 …… 229

第九十八条【单位和个人不服从、不配合的法律责任】 ……… 231

第九十九条【单位和个人违反个人信息保护规定的法律责任】 ………………………………… 233

第 一 百 条【民事责任】 ……………………………… 234

第一百零一条【紧急避险】 …………………………… 235

第一百零二条【治安管理处罚和刑事责任】 ………… 236

第八章　附　则

第一百零三条【紧急状态】 …………………………… 237

第一百零四条【域外突发事件应对】 ………………………… 237

第一百零五条【境内的外国人、无国籍人义务】 ……………… 237

第一百零六条【施行日期】 ………………………………… 238

附录

突发事件应急预案管理办法 ………………………………… 239
  （2024年1月31日）

《中华人民共和国突发事件应对法》新旧对照表 ……………… 249

案例索引目录

- 材料科技有限公司与某区政府行政纠纷案 …………………… 27
- 某镇人民政府与罗某房屋拆迁管理（拆迁）案 ……………… 37
- 某街道办事处与于某侵权类行政纠纷案 ……………………… 46
- 某区政府与李某房屋拆迁管理（拆迁）案 …………………… 51
- 陆某与某市政府行政复议案 …………………………………… 57
- 某街道办事处与徐某行政纠纷案 ……………………………… 74
- 某县政府与方某等行政纠纷案 ………………………………… 135
- 刘某、戴某与某街道办行政纠纷案 …………………………… 156
- 柏某与某市政府行政纠纷案 …………………………………… 177
- 彭某与甲区政府、（甲区）乙镇政府行政纠纷案 …………… 180
- 李乙与某电力公司建筑物、构筑物倒塌损害责任纠纷案 …… 183
- 周某诉重庆某高速公路有限公司等环境污染责任纠纷案 …… 190
- 某区政府与某热力公司行政纠纷案 …………………………… 206
- 马某与某区政府行政纠纷案 …………………………………… 214
- 李某与某建设公司建设工程施工合同纠纷案 ………………… 217
- 金某、潘某与某市政府行政纠纷案 …………………………… 221

中华人民共和国突发事件应对法

（2007年8月30日第十届全国人民代表大会常务委员会第二十九次会议通过　2024年6月28日第十四届全国人民代表大会常务委员会第十次会议修订　2024年6月28日中华人民共和国主席令第25号公布　自2024年11月1日起施行）

目　录

第一章　总　　则
第二章　管理与指挥体制
第三章　预防与应急准备
第四章　监测与预警
第五章　应急处置与救援
第六章　事后恢复与重建
第七章　法律责任
第八章　附　　则

第一章　总　　则

第一条　**立法目的和根据**[①]

为了预防和减少突发事件的发生，控制、减轻和消除突发事件引起的严重社会危害，提高突发事件预防和应对能力，规范突发事件应对活动，保护人民生命财产安全，维护国家安全、公共安全、生态环境安全和社会秩序，根据宪法，制定本法。

[①]　本书条文主旨为编者所加。

要点提示

本条规定了《突发事件应对法》① 的立法目的，实际上也说明了这部法律的功能。本次修订在第一条中增加规定"根据宪法"作为制定依据，这有利于明确本法对于实施宪法相关制度的重要意义，为有效应对突发事件提供坚实法治保障。在现有的突发事件应对相关制度体系中，本法规范和保障各类突发事件的应对活动，明确相关体制机制和制度措施，发挥了基础性、综合性、统领性作用，保证宪法确立的相关制度、原则、规则得到全面实施。②

关联规定

《国家突发公共事件总体应急预案》（2006年1月8日）③

1.1 编制目的

提高政府保障公共安全和处置突发公共事件的能力，最大程度地预防和减少突发公共事件及其造成的损害，保障公众的生命财产安全，维护国家安全和社会稳定，促进经济社会全面、协调、可持续发展。

第二条 概念、调整范围和适用规则

本法所称突发事件，是指突然发生，造成或者可能造成严重社会危害，需要采取应急处置措施予以应对的自然灾害、事故灾难、公共卫生事件和社会安全事件。

突发事件的预防与应急准备、监测与预警、应急处置与救援、事后恢复与重建等应对活动，适用本法。

---

① 全称为《中华人民共和国突发事件应对法》。为表述方便，在不影响理解的前提下，本书在引用法律名称时，均省略全称中的"中华人民共和国"字样。
② 《"坚持人民至上、生命至上"》，载人民法院报微信公众号，2024年6月28日发布，https://mp.weixin.qq.com/s/MFkw2xWy4S3z9hvAilBGyQ，2024年7月3日访问。
③ 本书收录法律文件的日期为公布时间或最后一次修订、修正时间，下同。

《中华人民共和国传染病防治法》等有关法律对突发公共卫生事件应对作出规定的，适用其规定。有关法律没有规定的，适用本法。

要点提示

本条第一款对突发事件的界定有以下几个要件：（1）突发性。事件发生的真实时间、地点、危害难以预料，往往超乎人们的心理惯性和社会的常态秩序。（2）危险性。事件给人民的生命财产或者给国家、社会带来严重危害。这种危害往往是社会性的，受害主体也往往是群体性的。（3）紧迫性。事件发展迅速，需要采取非常态措施、非程序化作出决定，才有可能避免局势恶化。（4）不确定性。事件的发展和可能的影响往往根据既有经验和措施难以判断、掌控，处理不当就可能导致事态迅速扩大。

本条第二款规定了突发事件应对的一般过程。即划分为预防与应急准备、监测与预警、应急处置与救援、事后恢复与重建四大阶段，这体现了人们对突发事件产生演变规律和应对过程的基本认识。

本条第三款为新增条款。坚持本法作为突发事件应对领域基础性、综合性法律的定位不变，处理好与本领域其他专门立法的关系，做到相互衔接、有效配合、并行不悖。①

关联规定

1.《刑法》（2023年12月29日）

第二百七十七条　以暴力、威胁方法阻碍国家机关工作人员依法执行职务的，处三年以下有期徒刑、拘役、管制或者罚金。

以暴力、威胁方法阻碍全国人民代表大会和地方各级人民代表大会代表依法执行代表职务的，依照前款的规定处罚。

---

① 《"坚持人民至上、生命至上"》，载人民法院报微信公众号，2024年6月28日发布，https://mp.weixin.qq.com/s/MFkw2xWy4S3z9hvAilBGyQ，2024年7月3日访问。

在自然灾害和突发事件中，以暴力、威胁方法阻碍红十字会工作人员依法履行职责的，依照第一款的规定处罚。

故意阻碍国家安全机关、公安机关依法执行国家安全工作任务，未使用暴力、威胁方法，造成严重后果的，依照第一款的规定处罚。

暴力袭击正在依法执行职务的人民警察的，处三年以下有期徒刑、拘役或者管制；使用枪支、管制刀具，或者以驾驶机动车撞击等手段，严重危及其人身安全的，处三年以上七年以下有期徒刑。

2.《红十字会法》（2017年2月24日）

第十一条 红十字会履行下列职责：

（一）开展救援、救灾的相关工作，建立红十字应急救援体系。在战争、武装冲突和自然灾害、事故灾难、公共卫生事件等突发事件中，对伤病人员和其他受害者提供紧急救援和人道救助；

（二）开展应急救护培训，普及应急救护、防灾避险和卫生健康知识，组织志愿者参与现场救护；

（三）参与、推动无偿献血、遗体和人体器官捐献工作，参与开展造血干细胞捐献的相关工作；

（四）组织开展红十字志愿服务、红十字青少年工作；

（五）参加国际人道主义救援工作；

（六）宣传国际红十字和红新月运动的基本原则和日内瓦公约及其附加议定书；

（七）依照国际红十字和红新月运动的基本原则，完成人民政府委托事宜；

（八）依照日内瓦公约及其附加议定书的有关规定开展工作；

（九）协助人民政府开展与其职责相关的其他人道主义服务活动。

第十二条 在战争、武装冲突和自然灾害、事故灾难、公共卫生事件等突发事件中，执行救援、救助任务并标有红十字标志的人员、物资和交通工具有优先通行的权利。

3.《药品管理法》(2019年8月26日)

第九十二条 国家实行药品储备制度,建立中央和地方两级药品储备。

发生重大灾情、疫情或者其他突发事件时,依照《中华人民共和国突发事件应对法》的规定,可以紧急调用药品。

4.《人民警察法》(2012年10月26日)

第十七条 县级以上人民政府公安机关,经上级公安机关和同级人民政府批准,对严重危害社会治安秩序的突发事件,可以根据情况实行现场管制。

公安机关的人民警察依照前款规定,可以采取必要手段强行驱散,并对拒不服从的人员强行带离现场或者立即予以拘留。

5.《突发事件应急预案管理办法》(2024年1月31日)

第三条 应急预案的规划、编制、审批、发布、备案、培训、宣传、演练、评估、修订等工作,适用本办法。

6.《国家突发公共事件总体应急预案》(2006年1月8日)

　　1.3　分类分级

本预案所称突发公共事件是指突然发生,造成或者可能造成重大人员伤亡、财产损失、生态环境破坏和严重社会危害,危及公共安全的紧急事件。

根据突发公共事件的发生过程、性质和机理,突发公共事件主要分为以下四类:

(1)自然灾害。主要包括水旱灾害,气象灾害,地震灾害,地质灾害,海洋灾害,生物灾害和森林草原火灾等。

(2)事故灾难。主要包括工矿商贸等企业的各类安全事故,交通运输事故,公共设施和设备事故,环境污染和生态破坏事件等。

(3)公共卫生事件。主要包括传染病疫情,群体性不明原因疾病,食品安全和职业危害,动物疫情,以及其他严重影响公众健康和生命安全的事件。

(4)社会安全事件。主要包括恐怖袭击事件,经济安全事件和涉外突发事件等。

各类突发公共事件按照其性质、严重程度、可控性和影响范围等因素，一般分为四级：Ⅰ级（特别重大）、Ⅱ级（重大）、Ⅲ级（较大）和Ⅳ级（一般）。

1.4 适用范围

本预案适用于涉及跨省级行政区划的，或超出事发地省级人民政府处置能力的特别重大突发公共事件应对工作。

本预案指导全国的突发公共事件应对工作。

第三条 突发事件分级标准

按照社会危害程度、影响范围等因素，突发自然灾害、事故灾难、公共卫生事件分为特别重大、重大、较大和一般四级。法律、行政法规或者国务院另有规定的，从其规定。

突发事件的分级标准由国务院或者国务院确定的部门制定。

❋ 要点提示

本条第一款是对突发自然灾害、事故灾难、公共卫生事件分级的规定。对突发事件加以分级，主要是为监测、预警、报送信息、分级处置以及有针对性地采取应急措施提供依据。突发事件的分级标准涉及面广，需要考虑的因素也很复杂，因此，本条第二款规定，突发事件的分级标准由国务院或者国务院确定的部门制定。

❋ 关联规定

1.《地质灾害防治条例》（2003年11月24日）

第四条 地质灾害按照人员伤亡、经济损失的大小，分为四个等级：

（一）特大型：因灾死亡30人以上或者直接经济损失1000万元以上的；

（二）大型：因灾死亡10人以上30人以下或者直接经济损失500万元以上1000万元以下的；

（三）中型：因灾死亡3人以上10人以下或者直接经济损失100万元以上500万元以下的；

（四）小型：因灾死亡3人以下或者直接经济损失100万元以下的。

2.《森林防火条例》（2008年12月1日）

第四十条　按照受害森林面积和伤亡人数，森林火灾分为一般森林火灾、较大森林火灾、重大森林火灾和特别重大森林火灾：

（一）一般森林火灾：受害森林面积在1公顷以下或者其他林地起火的，或者死亡1人以上3人以下的，或者重伤1人以上10人以下的；

（二）较大森林火灾：受害森林面积在1公顷以上100公顷以下的，或者死亡3人以上10人以下的，或者重伤10人以上50人以下的；

（三）重大森林火灾：受害森林面积在100公顷以上1000公顷以下的，或者死亡10人以上30人以下的，或者重伤50人以上100人以下的；

（四）特别重大森林火灾：受害森林面积在1000公顷以上的，或者死亡30人以上的，或者重伤100人以上的。

本条第一款所称"以上"包括本数，"以下"不包括本数。

3.《国家突发公共事件总体应急预案》（2006年1月8日）

　　1.3　分类分级

本预案所称突发公共事件是指突然发生，造成或者可能造成重大人员伤亡、财产损失、生态环境破坏和严重社会危害，危及公共安全的紧急事件。

根据突发公共事件的发生过程、性质和机理，突发公共事件主要分为以下四类：

（1）自然灾害。主要包括水旱灾害，气象灾害，地震灾害，地质灾害，海洋灾害，生物灾害和森林草原火灾等。

（2）事故灾难。主要包括工矿商贸等企业的各类安全事故，交通运输事故，公共设施和设备事故，环境污染和生态破坏事件等。

（3）公共卫生事件。主要包括传染病疫情，群体性不明原因疾病，食品安全和职业危害，动物疫情，以及其他严重影响公众健康和生命安全的事件。

（4）社会安全事件。主要包括恐怖袭击事件，经济安全事件和涉外突发事件等。

各类突发公共事件按照其性质、严重程度、可控性和影响范围等因素，一般分为四级：Ⅰ级（特别重大）、Ⅱ级（重大）、Ⅲ级（较大）和Ⅳ级（一般）。

第四条　指导思想和治理体系

突发事件应对工作坚持中国共产党的领导，坚持以马克思列宁主义、毛泽东思想、邓小平理论、"三个代表"重要思想、科学发展观、习近平新时代中国特色社会主义思想为指导，建立健全集中统一、高效权威的中国特色突发事件应对工作领导体制，完善党委领导、政府负责、部门联动、军地联合、社会协同、公众参与、科技支撑、法治保障的治理体系。

要点提示

突发事件应对工作坚持中国共产党的领导，坚持以习近平新时代中国特色社会主义思想为指导，建立健全集中统一、高效权威的中国特色突发事件应对工作领导体制，完善党委领导、政府负责、部门联动、军地联合、社会协同、公众参与、科技支撑、法治保障的治理体系。在总则中作出这一规定，要求把坚持党的领导最高政治原则贯彻到突发事件应对工作全过程各方面，具有统摄作用，分则中有关规定对"党委领导、政府负责"进一步作出具体规定。[1]

---

[1] 《"坚持人民至上、生命至上"》，载人民法院报微信公众号，2024年6月28日发布，https://mp.weixin.qq.com/s/MFkw2xWy4S3z9hvAilBGyQ，2024年7月3日访问。

关联规定

《国家突发公共事件总体应急预案》（2006年1月8日）

1.5　工作原则

（1）以人为本，减少危害。切实履行政府的社会管理和公共服务职能，把保障公众健康和生命财产安全作为首要任务，最大程度地减少突发公共事件及其造成的人员伤亡和危害。

（2）居安思危，预防为主。高度重视公共安全工作，常抓不懈，防患于未然。增强忧患意识，坚持预防与应急相结合，常态与非常态相结合，做好应对突发公共事件的各项准备工作。

（3）统一领导，分级负责。在党中央、国务院的统一领导下，建立健全分类管理、分级负责，条块结合、属地管理为主的应急管理体制，在各级党委领导下，实行行政领导责任制，充分发挥专业应急指挥机构的作用。

（4）依法规范，加强管理。依据有关法律和行政法规，加强应急管理，维护公众的合法权益，使应对突发公共事件的工作规范化、制度化、法制化。

（5）快速反应，协同应对。加强以属地管理为主的应急处置队伍建设，建立联动协调制度，充分动员和发挥乡镇、社区、企事业单位、社会团体和志愿者队伍的作用，依靠公众力量，形成统一指挥、反应灵敏、功能齐全、协调有序、运转高效的应急管理机制。

（6）依靠科技，提高素质。加强公共安全科学研究和技术开发，采用先进的监测、预测、预警、预防和应急处置技术及设施，充分发挥专家队伍和专业人员的作用，提高应对突发公共事件的科技水平和指挥能力，避免发生次生、衍生事件；加强宣传和培训教育工作，提高公众自救、互救和应对各类突发公共事件的综合素质。

第五条　工作原则和理念

突发事件应对工作应当坚持总体国家安全观，统筹发展与安全；坚持人民至上、生命至上；坚持依法科学应对，尊重和保障人权；坚持预防为主、预防与应急相结合。

❖ 要点提示

党的十八大以来，习近平总书记站在统筹发展与安全、推进国家治理体系和治理能力现代化的战略高度，创造性提出总体国家安全观，就防范风险挑战、应对突发事件作出一系列重要论述，为突发事件应对工作提供了根本遵循。[①] 本次修订明确突发事件应对工作应当坚持的基本原则，即坚持总体国家安全观，统筹发展与安全；坚持人民至上、生命至上；坚持依法科学应对，尊重和保障人权；坚持预防为主、预防与应急相结合。

❖ 关联规定

1.《突发公共卫生事件应急条例》（2011年1月8日）

第五条　突发事件应急工作，应当遵循预防为主、常备不懈的方针，贯彻统一领导、分级负责、反应及时、措施果断、依靠科学、加强合作的原则。

2.《国家突发公共事件总体应急预案》（2006年1月8日）

1.5　工作原则

（1）以人为本，减少危害。切实履行政府的社会管理和公共服务职能，把保障公众健康和生命财产安全作为首要任务，最大程度地减少突发公共事件及其造成的人员伤亡和危害。

（2）居安思危，预防为主。高度重视公共安全工作，常抓不懈，防患于未然。增强忧患意识，坚持预防与应急相结合，常态与非常态相结合，

[①]《"坚持人民至上、生命至上"》，载人民法院报微信公众号，2024年6月28日发布，https://mp.weixin.qq.com/s/MFkw2xWy4S3z9hvAilBGyQ，2024年6月30日访问。

做好应对突发公共事件的各项准备工作。

（3）统一领导，分级负责。在党中央、国务院的统一领导下，建立健全分类管理、分级负责，条块结合、属地管理为主的应急管理体制，在各级党委领导下，实行行政领导责任制，充分发挥专业应急指挥机构的作用。

（4）依法规范，加强管理。依据有关法律和行政法规，加强应急管理，维护公众的合法权益，使应对突发公共事件的工作规范化、制度化、法制化。

（5）快速反应，协同应对。加强以属地管理为主的应急处置队伍建设，建立联动协调制度，充分动员和发挥乡镇、社区、企事业单位、社会团体和志愿者队伍的作用，依靠公众力量，形成统一指挥、反应灵敏、功能齐全、协调有序、运转高效的应急管理机制。

（6）依靠科技，提高素质。加强公共安全科学研究和技术开发，采用先进的监测、预测、预警、预防和应急处置技术及设施，充分发挥专家队伍和专业人员的作用，提高应对突发公共事件的科技水平和指挥能力，避免发生次生、衍生事件；加强宣传和培训教育工作，提高公众自救、互救和应对各类突发公共事件的综合素质。

第六条　社会动员机制

国家建立有效的社会动员机制，组织动员企业事业单位、社会组织、志愿者等各方力量依法有序参与突发事件应对工作，增强全民的公共安全和防范风险的意识，提高全社会的避险救助能力。

要点提示

本条规定在突发事件应对领域，国家建立有效的社会动员机制，新增"组织动员企业事业单位、社会组织、志愿者等各方力量依法有序参与突发事件应对工作"的规定。

社会动员机制，主要有两层含义：一是提高全民危机意识机制和能力建设机制。这是应对突发事件的社会基础，包括：（1）各级各类学校对学生进行应急知识教育，培养学生的安全意识和自救与互救能力。（2）县级人民政府及有关部门、乡级人民政府、街道办事处应当组织开展应急知识的宣传普及活动和应急演练。（3）新闻媒体应当开展突发事件预防与应急、自救与互救知识的公益宣传。二是社会成员参与机制。就是公民、法人和其他组织有义务参与突发事件应对工作，包括信息报告、应急准备、开展自救与互救、协助维护秩序、服从指挥和安排、积极参与应急救援工作等。

❊ 关联规定

1.《国家防汛抗旱应急预案》（2022年5月30日）

5.2.9 社会动员保障

（1）防汛抗旱是社会公益性事业，任何单位和个人都有保护防汛抗旱工程设施和防汛抗旱的责任。

（2）汛期或旱期，各级防汛抗旱指挥机构应根据水旱灾害的发展，做好动员工作，组织社会力量投入防汛抗旱。

（3）各级防汛抗旱指挥机构的成员单位，在严重水旱灾害期间，应按照分工，特事特办，急事急办，解决防汛抗旱实际问题，同时充分调动本系统力量，全力支持抗灾救灾和灾后重建工作。

（4）各级人民政府应加强对防汛抗旱工作的统一领导，组织有关部门和单位，动员全社会力量，做好防汛抗旱工作。在防汛抗旱关键时刻，各级防汛抗旱行政首长应靠前指挥，组织广大干部群众奋力抗灾减灾。

（5）国家制定政策措施，鼓励社会专业队伍参与抗洪抢险救援和抗旱救灾工作。

2.《国家突发地质灾害应急预案》（2006年1月10日）

8.1 奖励

对在地质灾害应急工作中贡献突出需表彰奖励的单位和个人，按照《地质灾害防治条例》相关规定执行。

3.《国家安全生产事故灾难应急预案》（2006 年 1 月 22 日）

    6.2.7   社会动员保障

    地方各级人民政府根据需要动员和组织社会力量参与安全生产事故灾难的应急救援。国务院安委会办公室协调调用事发地以外的有关社会应急力量参与增援时，地方人民政府要为其提供各种必要保障。

4.《国家海上搜救应急预案》（2006 年 1 月 23 日）

    5.11   社会力量动员与参与

    5.11.1   社会动员

    （1）各级人民政府可根据海上突发事件的等级、发展趋势、影响程度等在本行政区域内依法发布社会动员令。

    （2）当应急力量不足时，由当地政府动员本地区机关、企事业单位、各类民间组织和志愿人员等社会力量参与或支援海上应急救援行动。

    5.11.2   社会动员时海上搜救机构的行动

    （1）指导所动员的社会力量，携带必要的器材、装备赶赴指定地点。

    （2）根据参与应急行动人员的具体情况进行工作安排与布置。

    7.2   应急力量与应急保障

    7.2.6   社会动员保障

    当应急力量不足时，由当地政府动员本地区机关、企事业单位、各类民间组织和志愿人员等社会力量参与或支援海上应急救援行动。

5.《国家自然灾害救助应急预案》（2024 年 1 月 20 日）

    7.6   社会动员保障

    7.6.1   建立健全灾害救助协同联动机制，引导社会力量有序参与。

    7.6.2   完善非灾区支援灾区、轻灾区支援重灾区的救助对口支援机制。

    7.6.3   健全完善灾害应急救援救助平台，引导社会力量和公众通过平台开展相关活动，持续优化平台功能，不断提升平台能力。

    7.6.4   科学组织、有效引导，充分发挥乡镇党委和政府、街道办事处、村民委员会、居民委员会、企事业单位、社会组织、社会工作者和志愿者在灾害救助中的作用。

6.《重特大自然灾害调查评估暂行办法》(2023年9月22日)

第十六条 重特大自然灾害调查评估报告包含下列内容：

(一) 灾害情况。主要包括灾害经过与致灾成灾原因、人员伤亡情况、财产损失及灾害影响等。

(二) 预防与应急准备。主要包括灾害风险识别与评估、城乡规划与工程措施、防灾减灾救灾责任制、应急管理制度、应急指挥体系、应急预案与演练、应急救援队伍建设、应急联动机制建设、救灾物资储备保障、应急通信保障、预警响应、应急培训与宣传教育以及灾前应急工作部署、措施落实、社会动员等情况。

(三) 监测与预警。主要包括灾害及其灾害链相关信息的监测、统计、分析评估、灾害预警、信息发布、科技信息化应用等情况。

(四) 应急处置与救援。主要包括信息报告、应急响应与指挥、应急联动、应急避险、抢险救援、转移安置与救助、资金物资及装备调拨、通信保障、交通保障、基本生活保障、医疗救治、次生衍生灾害处置等情况。

(五) 调查评估结论。全面分析灾害原因和经过，综合分析防灾减灾救灾能力，系统评估灾害防治和应急处置情况和效果，总结经验和做法，剖析存在问题和深层次原因，形成调查评估结论。

(六) 措施建议。针对存在问题，举一反三，提出改进灾害防治和应急处置工作，提升防灾减灾救灾能力的措施建议。可以根据需要，提出灾害防治建设或灾后恢复重建实施计划的建议。

第七条　信息发布

国家建立健全突发事件信息发布制度。有关人民政府和部门应当及时向社会公布突发事件相关信息和有关突发事件应对的决定、命令、措施等信息。

任何单位和个人不得编造、故意传播有关突发事件的虚假信息。有关人民政府和部门发现影响或者可能影响社会稳定、扰乱社会和经济管理秩序的虚假或者不完整信息的，应当及时发布准确的信息予以澄清。

要点提示

本条规定国家建立健全突发事件信息发布制度，有关人民政府和部门及时向社会公布突发事件相关信息和决定、命令、措施等信息；对于虚假或者不完整信息，应当及时发布准确的信息予以澄清。

关联规定

1.《防沙治沙法》（2018年10月26日）

第十四条　国务院林业草原行政主管部门组织其他有关行政主管部门对全国土地沙化情况进行监测、统计和分析，并定期公布监测结果。

县级以上地方人民政府林业草原或者其他有关行政主管部门，应当按照土地沙化监测技术规程，对沙化土地进行监测，并将监测结果向本级人民政府及上一级林业草原或者其他有关行政主管部门报告。

第十五条　县级以上地方人民政府林业草原或者其他有关行政主管部门，在土地沙化监测过程中，发现土地发生沙化或者沙化程度加重的，应当及时报告本级人民政府。收到报告的人民政府应当责成有关行政主管部门制止导致土地沙化的行为，并采取有效措施进行治理。

各级气象主管机构应当组织对气象干旱和沙尘暴天气进行监测、预报，发现气象干旱或者沙尘暴天气征兆时，应当及时报告当地人民政府。收到报告的人民政府应当采取预防措施，必要时公布灾情预报，并组织林业草原、农（牧）业等有关部门采取应急措施，避免或者减轻风沙危害。

2.《海洋观测预报管理条例》（2023年7月20日）

第二十六条　沿海县级以上地方人民政府应当建立和完善海洋灾害信息发布平台，根据海洋灾害防御需要，在沿海交通枢纽、公共活动场所等人口密集区和海洋灾害易发区建立海洋灾害警报信息接收和播发设施。

第三十八条　本条例下列用语的含义是：

（一）海洋观测，是指以掌握、描述海洋状况为目的，对潮汐、盐度、海温、海浪、海流、海冰、海啸波等进行的观察测量活动，以及对相关数据采集、传输、分析和评价的活动。

（二）海洋预报，是指对潮汐、盐度、海温、海浪、海流、海冰、海啸、风暴潮、海平面变化、海岸侵蚀、咸潮入侵等海洋状况和海洋现象开展的预测和信息发布的活动。

（三）海洋观测站（点），是指为获取海洋观测资料，在海洋、海岛和海岸设立的海洋观测场所。

（四）海洋观测设施，是指海洋观测站（点）所使用的观测站房、雷达站房、观测平台、观测井、观测船、浮标、潜标、海床基、观测标志、仪器设备、通信线路等及附属设施。

（五）海洋观测环境，是指为保证海洋观测活动正常进行，以海洋观测站（点）为中心，以获取连续、准确和具有代表性的海洋观测数据为目标所必需的最小立体空间。

3.《气象灾害防御条例》（2017年10月7日）

第三十四条　各级气象主管机构所属的气象台站应当及时向本级人民政府和有关部门报告灾害性天气预报、警报情况和气象灾害预警信息。

县级以上地方人民政府、有关部门应当根据灾害性天气警报、气象灾害预警信号和气象灾害应急预案启动标准，及时作出启动相应应急预案的决定，向社会公布，并报告上一级人民政府；必要时，可以越级上报，并向当地驻军和可能受到危害的毗邻地区的人民政府通报。

发生跨省、自治区、直辖市大范围的气象灾害，并造成较大危害时，由国务院决定启动国家气象灾害应急预案。

4.《国家气象灾害应急预案》（2009年12月11日）

  4.7 信息公布

  气象灾害的信息公布应当及时、准确、客观、全面，灾情公布由有关部门按规定办理。

  信息公布形式主要包括权威发布、提供新闻稿、组织报道、接受记者采访、举行新闻发布会等。

  信息公布内容主要包括气象灾害种类及其次生、衍生灾害的监测和预警，因灾伤亡人员、经济损失、救援情况等。

5.《应急管理行政裁量权基准暂行规定》（2023年11月1日）

  第三十二条 应急管理部门应当建立行政裁量权基准动态调整机制，行政裁量权基准所依据的法律、法规、规章作出修改，或者客观情况发生重大变化的，应当及时按照程序修改并公布。

6.《煤矿领导带班下井及安全监督检查规定》（2015年6月8日）

  第十三条 煤炭行业管理部门应当加强对煤矿领导带班下井的日常管理和督促检查。煤矿安全监管部门应当将煤矿建立并执行领导带班下井制度作为日常监督检查的重要内容，每季度至少对所辖区域煤矿领导带班下井执行情况进行一次监督检查。

  煤矿领导带班下井执行情况应当在当地主要媒体向社会公布，接受社会监督。

第八条　新闻报道和宣传

国家建立健全突发事件新闻采访报道制度。有关人民政府和部门应当做好新闻媒体服务引导工作，支持新闻媒体开展采访报道和舆论监督。

新闻媒体采访报道突发事件应当及时、准确、客观、公正。

新闻媒体应当开展突发事件应对法律法规、预防与应急、自救与互救知识等的公益宣传。

❖ 要点提示

本条规定新闻采访报道制度，支持新闻媒体开展采访报道和舆论监督。新闻媒体采访报道突发事件应当及时、准确、客观、公正。

新闻媒体应当开展的突发事件应对公益宣传包括：预防突发事件的知识，突发事件警报，避免、减轻危害的常识和咨询电话，采取特定措施避免或者减轻危害的建议、劝告，突发事件事态发展和应急处置工作的信息，突发事件应急、自救与互救知识等。

❖ 关联规定

1.《消防法》（2021年4月29日）

第六条　各级人民政府应当组织开展经常性的消防宣传教育，提高公民的消防安全意识。

机关、团体、企业、事业等单位，应当加强对本单位人员的消防宣传教育。

应急管理部门及消防救援机构应当加强消防法律、法规的宣传，并督促、指导、协助有关单位做好消防宣传教育工作。

教育、人力资源行政主管部门和学校、有关职业培训机构应当将消防知识纳入教育、教学、培训的内容。

新闻、广播、电视等有关单位，应当有针对性地面向社会进行消防宣传教育。

工会、共产主义青年团、妇女联合会等团体应当结合各自工作对象的特点，组织开展消防宣传教育。

村民委员会、居民委员会应当协助人民政府以及公安机关、应急管理等部门，加强消防宣传教育。

2.《安全生产法》（2021年6月10日）

第七十七条 新闻、出版、广播、电影、电视等单位有进行安全生产公益宣传教育的义务，有对违反安全生产法律、法规的行为进行舆论监督的权利。

3.《森林法》（2019年12月28日）

第十二条 各级人民政府应当加强森林资源保护的宣传教育和知识普及工作，鼓励和支持基层群众性自治组织、新闻媒体、林业企业事业单位、志愿者等开展森林资源保护宣传活动。

教育行政部门、学校应当对学生进行森林资源保护教育。

4.《国家安全法》（2015年7月1日）

第七十六条 国家加强国家安全新闻宣传和舆论引导，通过多种形式开展国家安全宣传教育活动，将国家安全教育纳入国民教育体系和公务员教育培训体系，增强全民国家安全意识。

5.《防震减灾法》（2008年12月27日）

第四十四条 县级人民政府及其有关部门和乡、镇人民政府、城市街道办事处等基层组织，应当组织开展地震应急知识的宣传普及活动和必要的地震应急救援演练，提高公民在地震灾害中自救互救的能力。

机关、团体、企业、事业等单位，应当按照所在地人民政府的要求，结合各自实际情况，加强对本单位人员的地震应急知识宣传教育，开展地震应急救援演练。

学校应当进行地震应急知识教育，组织开展必要的地震应急救援演练，培养学生的安全意识和自救互救能力。

新闻媒体应当开展地震灾害预防和应急、自救互救知识的公益宣传。

国务院地震工作主管部门和县级以上地方人民政府负责管理地震工作的部门或者机构，应当指导、协助、督促有关单位做好防震减灾知识的宣传教育和地震应急救援演练等工作。

6.《中华人民共和国防汛条例》（2011年1月8日）

第二十九条 在汛期，电力调度通信设施必须服从防汛工作需要；邮电部门必须保证汛情和防汛指令的及时、准确传递，电视、广播、公路、铁路、航运、民航、公安、林业、石油等部门应当运用本部门的通信工具优先为防汛抗洪服务。

电视、广播、新闻单位应当根据人民政府防汛指挥部提供的汛情，及时向公众发布防汛信息。

7.《突发事件医疗应急工作管理办法（试行）》（2023年12月8日）

第五条 突发事件医疗应急相关信息的发现途径包括：

（一）各地、各有关单位报告的信息。地方各级卫生健康行政部门要重视发挥院前医疗急救网络作用。相关医疗机构获悉事发地人员伤亡情况后，应第一时间向属地卫生健康行政部门报告信息。

（二）新闻媒体报道中涉及的信息、社会公众报告、其他部门通报和上级部门反馈等。建立健全与应急管理、市场监管等部门的信息报送机制，及时共享突发事件信息。

要加强应急值守，保持通讯24小时畅通，提高信息报告人员素质，提升信息时效和质量，力争第一时间获取有效信息，为保障人民群众身体健康赢得宝贵时间。

> **第九条** 投诉与举报
>
> 国家建立突发事件应对工作投诉、举报制度，公布统一的投诉、举报方式。
>
> 对于不履行或者不正确履行突发事件应对工作职责的行为，任何单位和个人有权向有关人民政府和部门投诉、举报。
>
> 接到投诉、举报的人民政府和部门应当依照规定立即组织调查处理，并将调查处理结果以适当方式告知投诉人、举报人；投诉、举报事项不属于其职责的，应当及时移送有关机关处理。
>
> 有关人民政府和部门对投诉人、举报人的相关信息应当予以保密，保护投诉人、举报人的合法权益。

要点提示

本条是新增条款，建立突发事件应对工作投诉、举报制度，鼓励人民群众监督政府及部门等的不履职行为。

关联规定

1.《安全生产法》（2021年6月10日）

第七十三条 负有安全生产监督管理职责的部门应当建立举报制度，公开举报电话、信箱或者电子邮件地址等网络举报平台，受理有关安全生产的举报；受理的举报事项经调查核实后，应当形成书面材料；需要落实整改措施的，报经有关负责人签字并督促落实。对不属于本部门职责，需要由其他有关部门进行调查处理的，转交其他有关部门处理。

涉及人员死亡的举报事项，应当由县级以上人民政府组织核查处理。

2.《自然灾害救助条例》（2019年3月2日）

第二十七条 各级人民政府应当建立健全自然灾害救助款物和捐赠款

物的监督检查制度，并及时受理投诉和举报。

3. 《消防产品监督管理规定》（2012 年 8 月 13 日）

第二十八条 质量监督部门、工商行政管理部门接到对消防产品质量问题的举报投诉，应当按职责及时依法处理。对不属于本部门职责范围的，应当及时移交或者书面通报有关部门。

公安机关消防机构接到对消防产品质量问题的举报投诉，应当及时受理、登记，并按照公安部《公安机关办理行政案件程序规定》的相关规定和本规定中消防产品质量监督检查程序处理。

公安机关消防机构对举报投诉的消防产品质量问题进行核查后，对消防安全违法行为应当依法处理。核查、处理情况应当在三日内告知举报投诉人；无法告知的，应当在受理登记中注明。

4. 《突发事件医疗应急工作管理办法（试行）》（2023 年 12 月 8 日）

第九条 建立倒查追究制度。加强检查指导，努力提高信息报告的时效性和准确性。对迟报、漏报、谎报、瞒报的单位，坚决按照相关规定，依法依规追究相关人员责任。地方各级卫生健康行政部门应每年对各地突发事件信息报送工作进行评估。任何单位和个人均有权向政府部门举报不履行或不按规定履行突发事件医疗应急职责的部门、单位及个人。

5. 《煤矿领导带班下井及安全监督检查规定》（2015 年 6 月 8 日）

第六条 任何单位和个人对煤矿领导未按照规定带班下井或者弄虚作假的，均有权向煤炭行业管理部门、煤矿安全监管部门、煤矿安全监察机构举报和报告。

第十条　比例原则

突发事件应对措施应当与突发事件可能造成的社会危害的性质、程度和范围相适应；有多种措施可供选择的，应当选择有利于最大程度地保护公民、法人和其他组织权益，且对他人权益损害和生态环境影响较小的措施，并根据情况变化及时调整，做到科学、精准、有效。

要点提示

本条体现了比例原则。突发事件严重威胁、危害国家和社会的根本利益，任何关于突发事件应对的制度设计都应当将有效地控制和消除危机作为基本出发点，因而必须根据中国的国情授予行政机关充分的权力，做到效率优先。同时，又必须坚持最小代价原则。在授予行政机关为应对突发事件必要权力的同时，防止为了克服危机而滥用权力。有多种措施可供选择的，行政机关应当选择有利于最大程度地保护公民、法人和其他组织权益的措施。

第十一条　特殊群体保护

国家在突发事件应对工作中，应当对未成年人、老年人、残疾人、孕产期和哺乳期的妇女、需要及时就医的伤病人员等群体给予特殊、优先保护。

要点提示

本条是新增条款，国家充分保障社会各主体合法权益，增加国家在突发事件应对工作中应当对未成年人等群体给予特殊、优先保护的规定。

⚙ 关联规定

《煤炭法》（2016年11月7日）

第八条　各级人民政府及其有关部门和煤矿企业必须采取措施加强劳动保护，保障煤矿职工的安全和健康。

国家对煤矿井下作业的职工采取特殊保护措施。

第十二条　财产征用

> 县级以上人民政府及其部门为应对突发事件的紧急需要，可以征用单位和个人的设备、设施、场地、交通工具等财产。被征用的财产在使用完毕或者突发事件应急处置工作结束后，应当及时返还。财产被征用或者征用后毁损、灭失的，应当给予公平、合理的补偿。

⚙ 要点提示

本条是关于征用单位和个人财产的规定。行政机关征用单位、个人财产的权力必须严格限制和规范，以防止滥用征用权，侵犯公民、法人和其他组织的合法权益。

⚙ 关联规定

1.《民法典》（2020年5月28日）

第一百一十七条　为了公共利益的需要，依照法律规定的权限和程序征收、征用不动产或者动产的，应当给予公平、合理的补偿。

第二百四十五条　因抢险救灾、疫情防控等紧急需要，依照法律规定的权限和程序可以征用组织、个人的不动产或者动产。被征用的不动产或者动产使用后，应当返还被征用人。组织、个人的不动产或者动产被征用或者征用后毁损、灭失的，应当给予补偿。

2.《防洪法》(2016年7月2日)

第四十五条　在紧急防汛期，防汛指挥机构根据防汛抗洪的需要，有权在其管辖范围内调用物资、设备、交通运输工具和人力，决定采取取土占地、砍伐林木、清除阻水障碍物和其他必要的紧急措施；必要时，公安、交通等有关部门按照防汛指挥机构的决定，依法实施陆地和水面交通管制。

依照前款规定调用的物资、设备、交通运输工具等，在汛期结束后应当及时归还；造成损坏或者无法归还的，按照国务院有关规定给予适当补偿或者作其他处理。取土占地、砍伐林木的，在汛期结束后依法向有关部门补办手续；有关地方人民政府对取土后的土地组织复垦，对砍伐的林木组织补种。

3.《传染病防治法》(2013年6月29日)

第四十五条　传染病暴发、流行时，根据传染病疫情控制的需要，国务院有权在全国范围或者跨省、自治区、直辖市范围内，县级以上地方人民政府有权在本行政区域内紧急调集人员或者调用储备物资，临时征用房屋、交通工具以及相关设施、设备。

紧急调集人员的，应当按照规定给予合理报酬。临时征用房屋、交通工具以及相关设施、设备的，应当依法给予补偿；能返还的，应当及时返还。

4.《自然灾害救助条例》(2019年3月2日)

第十五条　在自然灾害救助应急期间，县级以上地方人民政府或者人民政府的自然灾害救助应急综合协调机构可以在本行政区域内紧急征用物资、设备、交通运输工具和场地，自然灾害救助应急工作结束后应当及时归还，并按照国家有关规定给予补偿。

第二十九条　行政机关工作人员违反本条例规定，有下列行为之一的，由任免机关或者监察机关依照法律法规给予处分；构成犯罪的，依法追究刑事责任：

（一）迟报、谎报、瞒报自然灾害损失情况，造成后果的；

（二）未及时组织受灾人员转移安置，或者在提供基本生活救助、组织恢复重建过程中工作不力，造成后果的；

（三）截留、挪用、私分自然灾害救助款物或者捐赠款物的；

（四）不及时归还征用的财产，或者不按照规定给予补偿的；

（五）有滥用职权、玩忽职守、徇私舞弊的其他行为的。

5.《生产安全事故应急条例》（2019 年 2 月 17 日）

第二十六条　有关人民政府及其部门根据生产安全事故应急救援需要依法调用和征用的财产，在使用完毕或者应急救援结束后，应当及时归还。财产被调用、征用或者调用、征用后毁损、灭失的，有关人民政府及其部门应当按照国家有关规定给予补偿。

6.《核电厂核事故应急管理条例》（2011 年 1 月 8 日）

第三十六条　因核电厂核事故应急响应需要，执行核事故应急响应行动的行政机关有权征用非用于核事故应急响应的设备、器材和其他物资。

对征用的设备、器材和其他物资，应当予以登记并在使用后及时归还；造成损坏的，由征用单位补偿。

7.《应急管理行政裁量权基准暂行规定》（2023 年 11 月 1 日）

第二十五条　制定应急管理行政征收征用裁量权基准时，应当明确行政征收征用的标准、程序、权限等内容，合理确定征收征用财产和物品的范围、数量、数额、期限、补偿标准等。

对行政征收项目的征收、停收、减收、缓收、免收情形，应当明确具体情形、审批权限和程序。

典型案例

材料科技有限公司与某区政府行政纠纷案[①]

◎ 裁判要点

因与案涉房屋相邻的违章搭建房屋倒塌，致三死多伤的重大安全事故，事故发生后，镇政府多次组织对案涉房屋进行清理搬离物品以及通知企业主清理搬离物资设备。经专业鉴定机构对案涉房屋进行鉴定，案涉房屋危险性为 D 级，存在安全隐患，由镇政府予以拆除。镇政府的行为属于对存在重大安全隐患的房屋采取紧急避险的处置措施，对材料科技有限公司主张的强制拆除行为违法不予支持。本案中，材料科技有限公司诉请判决某区政府履行对案涉房屋被拆除造成其损失作出补偿决定，但在案证据不能证明某区政府曾以突发事件为由对材料科技有限公司租赁的案涉房屋作出相关的决定或实施征用申请人财产等行为，不符合《突发事件应对法》关于对被征用的财产毁损应给予补偿的规定。

第十三条　时效和程序中止

因依法采取突发事件应对措施，致使诉讼、监察调查、行政复议、仲裁、国家赔偿等活动不能正常进行的，适用有关时效中止和程序中止的规定，法律另有规定的除外。

❋ 要点提示

本条将采取突发事件应对措施作为时效中止和程序中止的法定事由。（1）时效中止是指在时效进行中，因一定法定事由的发生，阻碍权利人请求保护其权利，法律规定暂时停止时效期间进行，已经经过的时效期间仍然有效，待阻碍时效进行的事由消失后，时效继续进行，其中时效暂停的

[①] 案号：（2023）闽行申 744 号，载中国裁判文书网，https://wenshu.court.gov.cn/，最后访问时间：2024 年 6 月 24 日。本书案例未作特别说明的均来自中国裁判文书网，适用的法律规定均为案件裁判当时有效，下文不再提示。

一段时间不计入时效期以内，以保护权利人的权利。（2）程序中止，是指有关诉讼、监察调查、行政复议、仲裁、国家赔偿等活动的程序，因一定法定事由不能正常进行需要暂时予以停止，待有关影响该程序正常进行的情形消除后，再恢复该程序。

✦ 关联规定

1.《民法典》（2020年5月28日）

　　第一百九十四条　在诉讼时效期间的最后六个月内，因下列障碍，不能行使请求权的，诉讼时效中止：

　　（一）不可抗力；

　　（二）无民事行为能力人或者限制民事行为能力人没有法定代理人，或者法定代理人死亡、丧失民事行为能力、丧失代理权；

　　（三）继承开始后未确定继承人或者遗产管理人；

　　（四）权利人被义务人或者其他人控制；

　　（五）其他导致权利人不能行使请求权的障碍。

　　自中止时效的原因消除之日起满六个月，诉讼时效期间届满。

2.《民事诉讼法》（2023年9月1日）

　　第一百五十三条　有下列情形之一的，中止诉讼：

　　（一）一方当事人死亡，需要等待继承人表明是否参加诉讼的；

　　（二）一方当事人丧失诉讼行为能力，尚未确定法定代理人的；

　　（三）作为一方当事人的法人或者其他组织终止，尚未确定权利义务承受人的；

　　（四）一方当事人因不可抗拒的事由，不能参加诉讼的；

　　（五）本案必须以另一案的审理结果为依据，而另一案尚未审结的；

　　（六）其他应当中止诉讼的情形。

　　中止诉讼的原因消除后，恢复诉讼。

3.《国家赔偿法》（2012年10月26日）

　　第三十九条　赔偿请求人请求国家赔偿的时效为两年，自其知道或者应当知道国家机关及其工作人员行使职权时的行为侵犯其人身权、财产权之日起计算，但被羁押等限制人身自由期间不计算在内。在申请行政复议或者提起行政诉讼时一并提出赔偿请求的，适用行政复议法、行政诉讼法有关时效的规定。

赔偿请求人在赔偿请求时效的最后六个月内，因不可抗力或者其他障碍不能行使请求权的，时效中止。从中止时效的原因消除之日起，赔偿请求时效期间继续计算。

4.《行政复议法》（2023 年 9 月 1 日）

第三十九条　行政复议期间有下列情形之一的，行政复议中止：

（一）作为申请人的公民死亡，其近亲属尚未确定是否参加行政复议；

（二）作为申请人的公民丧失参加行政复议的行为能力，尚未确定法定代理人参加行政复议；

（三）作为申请人的公民下落不明；

（四）作为申请人的法人或者其他组织终止，尚未确定权利义务承受人；

（五）申请人、被申请人因不可抗力或者其他正当理由，不能参加行政复议；

（六）依照本法规定进行调解、和解，申请人和被申请人同意中止；

（七）行政复议案件涉及的法律适用问题需要有权机关作出解释或者确认；

（八）行政复议案件审理需要以其他案件的审理结果为依据，而其他案件尚未审结；

（九）有本法第五十六条或者第五十七条规定的情形；

（十）需要中止行政复议的其他情形。

行政复议中止的原因消除后，应当及时恢复行政复议案件的审理。

行政复议机关中止、恢复行政复议案件的审理，应当书面告知当事人。

5.《消防救援机构办理行政案件程序规定》（2021年10月15日）

第一百一十六条 具有下列情形之一的，中止强制执行：

（一）当事人履行行政决定确有困难或者暂无履行能力的；

（二）第三人对执行标的主张权利，确有理由的；

（三）执行可能造成难以弥补的损失，且中止执行不损害公共利益的；

（四）其他需要中止执行的。

中止执行的情形消失后，消防救援机构应当恢复执行。对没有明显社会危害，当事人确无能力履行，中止执行满三年未恢复执行的，不再执行。

第十四条　国际合作与交流

中华人民共和国政府在突发事件的预防与应急准备、监测与预警、应急处置与救援、事后恢复与重建等方面，同外国政府和有关国际组织开展合作与交流。

❖ 关联规定

1.《防震减灾法》（2008年12月27日）

第十一条 国家鼓励、支持防震减灾的科学技术研究，逐步提高防震减灾科学技术研究经费投入，推广先进的科学研究成果，加强国际合作与交流，提高防震减灾工作水平。

对在防震减灾工作中做出突出贡献的单位和个人，按照国家有关规定给予表彰和奖励。

2.《气象灾害防御条例》（2017年10月7日）

第八条 国家鼓励开展气象灾害防御的科学技术研究，支持气象灾害防御先进技术的推广和应用，加强国际合作与交流，提高气象灾害防御的科技水平。

3.《应急管理标准化工作管理办法》（2019年7月7日）

第十一条　应急管理部门应当积极参与国际标准化活动，开展应急管理标准化对外合作与交流，结合中国国情采用国际或者国外先进应急管理标准，推动中国先进应急管理标准转化为国际标准。

第十五条　表彰和奖励

> 对在突发事件应对工作中做出突出贡献的单位和个人，按照国家有关规定给予表彰、奖励。

✦ 要点提示

本条是新增条款，为了充分调动社会各方力量参与突发事件应对工作的积极性、主动性，进一步形成合力，完善表彰、奖励制度，对在突发事件应对工作中做出突出贡献的单位和个人，按照国家有关规定给予表彰、奖励。

✦ 关联规定

1.《国家安全法》（2015年7月1日）

第十二条　国家对在维护国家安全工作中作出突出贡献的个人和组织给予表彰和奖励。

2.《消防法》（2021年4月29日）

第七条　国家鼓励、支持消防科学研究和技术创新，推广使用先进的消防和应急救援技术、设备；鼓励、支持社会力量开展消防公益活动。

对在消防工作中有突出贡献的单位和个人，应当按照国家有关规定给予表彰和奖励。

3.《中华人民共和国防汛条例》（2011年1月8日）

第四十二条　有下列事迹之一的单位和个人，可以由县级以上人民政府给予表彰或者奖励：

（一）在执行抗洪抢险任务时，组织严密，指挥得当，防守得力，奋力抢险，出色完成任务者；

（二）坚持巡堤查险，遇到险情及时报告，奋力抗洪抢险，成绩显著者；

（三）在危险关头，组织群众保护国家和人民财产，抢救群众有功者；

（四）为防汛调度、抗洪抢险献计献策，效益显著者；

（五）气象、雨情、水情测报和预报准确及时，情报传递迅速，克服困难，抢测洪水，因而减轻重大洪水灾害者；

（六）及时供应防汛物料和工具，爱护防汛器材，节约经费开支，完成防汛抢险任务成绩显著者；

（七）有其他特殊贡献，成绩显著者。

4.《重大动物疫情应急条例》（2017年10月7日）

第七条　县级以上人民政府应当对参加重大动物疫情应急处理的人员给予适当补助，对作出贡献的人员给予表彰和奖励。

5.《中华人民共和国抗旱条例》（2009年2月26日）

第十二条　对在抗旱工作中做出突出贡献的单位和个人，按照国家有关规定给予表彰和奖励。

6.《森林防火条例》（2008年12月1日）

第十二条　对在森林防火工作中作出突出成绩的单位和个人，按照国家有关规定，给予表彰和奖励。

对在扑救重大、特别重大森林火灾中表现突出的单位和个人，可以由森林防火指挥机构当场给予表彰和奖励。

7.《突发事件医疗应急工作管理办法（试行）》（2023年12月8日）

第二十五条　对突发事件医疗应急救援作出突出贡献的单位和个人，

按照国家有关规定给予表彰。对在参与突发事件医疗卫生救援工作中致伤、致残、死亡的人员，按照国家有关规定给予相应的补助和抚恤。对工作消极、失职、渎职的有关责任人，依据有关规定严肃追究责任，构成犯罪的，依法追究刑事责任。

第二章　管理与指挥体制

第十六条　管理体制和工作体系

国家建立统一指挥、专常兼备、反应灵敏、上下联动的应急管理体制和综合协调、分类管理、分级负责、属地管理为主的工作体系。

❋ 关联规定

1.《自然灾害救助条例》（2019 年 3 月 2 日）

第十六条　自然灾害造成人员伤亡或者较大财产损失的，受灾地区县级人民政府应急管理部门应当立即向本级人民政府和上一级人民政府应急管理部门报告。

自然灾害造成特别重大或者重大人员伤亡、财产损失的，受灾地区县级人民政府应急管理部门应当按照有关法律、行政法规和国务院应急预案规定的程序及时报告，必要时可以直接报告国务院。

第十七条　灾情稳定前，受灾地区人民政府应急管理部门应当每日逐级上报自然灾害造成的人员伤亡、财产损失和自然灾害救助工作动态等情况，并及时向社会发布。

灾情稳定后，受灾地区县级以上人民政府或者人民政府的自然灾害救助应急综合协调机构应当评估、核定并发布自然灾害损失情况。

2. 《国家突发公共事件总体应急预案》（2006年1月8日）

4.9 通信保障

建立健全应急通信、应急广播电视保障工作体系，完善公用通信网，建立有线和无线相结合、基础电信网络与机动通信系统相配套的应急通信系统，确保通信畅通。

---

3. 《国家地震应急预案》（2012年8月28日）

8.5 基础设施保障

工业和信息化部门建立健全应急通信工作体系，建立有线和无线相结合、基础通信网络与机动通信系统相配套的应急通信保障系统，确保地震应急救援工作的通信畅通。在基础通信网络等基础设施遭到严重损毁且短时间难以修复的极端情况下，立即启动应急卫星、短波等无线通信系统和终端设备，确保至少有一种以上临时通信手段有效、畅通。

广电部门完善广播电视传输覆盖网，建立完善国家应急广播体系，确保群众能及时准确地获取政府发布的权威信息。

发展改革和电力监管部门指导、协调、监督电力运营企业加强电力基础设施、电力调度系统建设，保障地震现场应急装备的临时供电需求和灾区电力供应。

公安、交通运输、铁道、民航等主管部门建立健全公路、铁路、航空、水运紧急运输保障体系，加强统一指挥调度，采取必要的交通管制措施，建立应急救援"绿色通道"机制。

---

4. 《矿山地质环境保护规定》（2019年7月24日）

第二十三条 县级以上自然资源主管部门应当建立本行政区域内的矿山地质环境监测工作体系，健全监测网络，对矿山地质环境进行动态监测，指导、监督采矿权人开展矿山地质环境监测。

采矿权人应当定期向矿山所在地的县级自然资源主管部门报告矿山地质环境情况，如实提交监测资料。

县级自然资源主管部门应当定期将汇总的矿山地质环境监测资料报上

一级自然资源主管部门。

第十七条 分级负责、属地管理和报告机制

县级人民政府对本行政区域内突发事件的应对管理工作负责。突发事件发生后，发生地县级人民政府应当立即采取措施控制事态发展，组织开展应急救援和处置工作，并立即向上一级人民政府报告，必要时可以越级上报，具备条件的，应当进行网络直报或者自动速报。

突发事件发生地县级人民政府不能消除或者不能有效控制突发事件引起的严重社会危害的，应当及时向上级人民政府报告。上级人民政府应当及时采取措施，统一领导应急处置工作。

法律、行政法规规定由国务院有关部门对突发事件应对管理工作负责的，从其规定；地方人民政府应当积极配合并提供必要的支持。

要点提示

本条是对分级负责、属地管理为主原则的具体化，有利于划清权界、明确责任、协同联动，提高应急反应的时效和能力。

关联规定

1.《安全生产法》（2021年6月10日）

第五条 生产经营单位的主要负责人是本单位安全生产第一责任人，对本单位的安全生产工作全面负责。其他负责人对职责范围内的安全生产工作负责。

2.《矿山安全法》（2009年8月27日）

第二十条 矿山企业必须建立、健全安全生产责任制。

矿长对本企业的安全生产工作负责。

3.《自然灾害救助条例》（2019年3月2日）

第十六条　自然灾害造成人员伤亡或者较大财产损失的，受灾地区县级人民政府应急管理部门应当立即向本级人民政府和上一级人民政府应急管理部门报告。

自然灾害造成特别重大或者重大人员伤亡、财产损失的，受灾地区县级人民政府应急管理部门应当按照有关法律、行政法规和国务院应急预案规定的程序及时报告，必要时可以直接报告国务院。

第十七条　灾情稳定前，受灾地区人民政府应急管理部门应当每日逐级上报自然灾害造成的人员伤亡、财产损失和自然灾害救助工作动态等情况，并及时向社会发布。

灾情稳定后，受灾地区县级以上人民政府或者人民政府的自然灾害救助应急综合协调机构应当评估、核定并发布自然灾害损失情况。

4.《食品生产企业安全生产监督管理暂行规定》（2015年5月29日）

第四条　食品生产企业是安全生产的责任主体，其主要负责人对本企业的安全生产工作全面负责，分管安全生产工作的负责人和其他负责人对其职责范围内的安全生产工作负责。

集团公司对其所属或者控股的食品生产企业的安全生产工作负主管责任。

5.《冶金企业和有色金属企业安全生产规定》（2018年1月4日）

第八条　企业应当建立健全全员安全生产责任制，主要负责人（包括法定代表人和实际控制人，下同）是本企业安全生产的第一责任人，对本企业的安全生产工作全面负责；其他负责人对分管范围内的安全生产工作负责；各职能部门负责人对职责范围内的安全生产工作负责。

6.《工贸企业粉尘防爆安全规定》（2021年7月25日）

第六条　粉尘涉爆企业主要负责人是粉尘防爆安全工作的第一责任

人，其他负责人在各自职责范围内对粉尘防爆安全工作负责。

粉尘涉爆企业应当在本单位安全生产责任制中明确主要负责人、相关部门负责人、生产车间负责人及粉尘作业岗位人员粉尘防爆安全职责。

典型案例

某镇人民政府与罗某房屋拆迁管理（拆迁）案[1]

◎ 裁判要点

关于某镇人民政府的强制拆除行为是否合法，根据《突发事件应对法》第七条[2]第一款、第二款规定："县级人民政府对本行政区域内突发事件的应对工作负责；涉及两个以上行政区域的，由有关行政区域共同的上一级人民政府负责，或者由各有关行政区域的上一级人民政府共同负责。突发事件发生后，发生地县级人民政府应当立即采取措施控制事态发展，组织开展应急救援和处置工作，并立即向上一级人民政府报告，必要时可以越级上报。"第二十条[3]第一款规定："县级人民政府应当对本行政区域内容易引发自然灾害、事故灾难和公共卫生事件的危险源、危险区域进行调查、登记、风险评估，定期进行检查、监控，并责令有关单位采取安全防范措施。"本案中，某镇人民政府在发现确有可能引发自然灾害、事故灾难和公共卫生事件的危险源、危险区域时，应当及时上报县级人民政府，且需要由县级人民政府进行必要的调查、登记、风险评估，定期进行检查、监控，并责令有关单位采取安全防范措施。但某镇人民政府却没有及时上报和处理，而直接对罗某案涉房屋进行了拆除，属于严重的实体及程序违法。

---

[1] 案号：（2024）云08行终3号。
[2] 对应2024年修订后《突发事件应对法》第十七条、第十八条。
[3] 对应2024年修订后《突发事件应对法》第三十四条。

第十八条　协调配合与协同应对

突发事件涉及两个以上行政区域的，其应对管理工作由有关行政区域共同的上一级人民政府负责，或者由各有关行政区域的上一级人民政府共同负责。共同负责的人民政府应当按照国家有关规定，建立信息共享和协调配合机制。根据共同应对突发事件的需要，地方人民政府之间可以建立协同应对机制。

第十九条　行政领导机关和应急指挥机构

县级以上人民政府是突发事件应对管理工作的行政领导机关。

国务院在总理领导下研究、决定和部署特别重大突发事件的应对工作；根据实际需要，设立国家突发事件应急指挥机构，负责突发事件应对工作；必要时，国务院可以派出工作组指导有关工作。

县级以上地方人民政府设立由本级人民政府主要负责人、相关部门负责人、国家综合性消防救援队伍和驻当地中国人民解放军、中国人民武装警察部队有关负责人等组成的突发事件应急指挥机构，统一领导、协调本级人民政府各有关部门和下级人民政府开展突发事件应对工作；根据实际需要，设立相关类别突发事件应急指挥机构，组织、协调、指挥突发事件应对工作。

❋ 要点提示

本条是对突发事件应急机构的规定，它明确了应急机构的具体构成和部门：（1）对于特别重大突发事件，国务院是全国应急管理工作的最高行政领导机关；根据实际需要，设立国家突发事件应急指挥机构，负责突发事件应对工作；在必要时，派出国务院工作组指导有关工作。（2）对于其他级别的突发事件，县级以上地方人民政府设立由本级人民政府主要负责人、相关部门负责人、国家综合性消防救援队伍和驻当地中国人民解放军、中国人民武装警察部队有关负责人等组成的突发事件应急指挥机构，统一领导、协调本级人民政府各有关部门和下级人民政府开展突发事件应对工作；根据实际需要，设立相关类别突发事件应急指挥机构，组织、协调、指挥突发事件应对工作。

关联规定

1.《自然灾害救助条例》（2019 年 3 月 2 日）

第二条　自然灾害救助工作遵循以人为本、政府主导、分级管理、社会互助、灾民自救的原则。

2.《国家突发公共事件总体应急预案》（2006 年 1 月 8 日）

2.1　领导机构

国务院是突发公共事件应急管理工作的最高行政领导机构。在国务院总理领导下，由国务院常务会议和国家相关突发公共事件应急指挥机构（以下简称相关应急指挥机构）负责突发公共事件的应急管理工作；必要时，派出国务院工作组指导有关工作。

第二十条　应急指挥机构职责权限

突发事件应急指挥机构在突发事件应对过程中可以依法发布有关突发事件应对的决定、命令、措施。突发事件应急指挥机构发布的决定、命令、措施与设立它的人民政府发布的决定、命令、措施具有同等效力，法律责任由设立它的人民政府承担。

要点提示

本条是新增条款，明确突发事件应急指挥机构在突发事件应对过程中发布的决定、命令、措施，与设立它的人民政府发布的决定、命令、措施具有同等效力，法律责任由设立它的人民政府承担。

❖ 关联规定

1.《突发事件应急预案管理办法》（2024年1月31日）

第三十五条 有下列情形之一的，应当及时修订应急预案：

（一）有关法律、法规、规章、标准、上位预案中的有关规定发生重大变化的；

（二）应急指挥机构及其职责发生重大调整的；

（三）面临的风险发生重大变化的；

（四）重要应急资源发生重大变化的；

（五）在突发事件实际应对和应急演练中发现问题需要作出重大调整的；

（六）应急预案制定单位认为应当修订的其他情况。

2.《国家突发公共事件总体应急预案》（2006年1月8日）

1.5 工作原则

（1）以人为本，减少危害。切实履行政府的社会管理和公共服务职能，把保障公众健康和生命财产安全作为首要任务，最大程度地减少突发公共事件及其造成的人员伤亡和危害。

（2）居安思危，预防为主。高度重视公共安全工作，常抓不懈，防患于未然。增强忧患意识，坚持预防与应急相结合，常态与非常态相结合，做好应对突发公共事件的各项准备工作。

（3）统一领导，分级负责。在党中央、国务院的统一领导下，建立健全分类管理、分级负责，条块结合、属地管理为主的应急管理体制，在各级党委领导下，实行行政领导责任制，充分发挥专业应急指挥机构的作用。

（4）依法规范，加强管理。依据有关法律和行政法规，加强应急管理，维护公众的合法权益，使应对突发公共事件的工作规范化、制度化、法制化。

（5）快速反应，协同应对。加强以属地管理为主的应急处置队伍建设，建立联动协调制度，充分动员和发挥乡镇、社区、企事业单位、社会团体和志愿者队伍的作用，依靠公众力量，形成统一指挥、反应灵敏、功能齐全、协调有序、运转高效的应急管理机制。

（6）依靠科技，提高素质。加强公共安全科学研究和技术开发，采用先进的监测、预测、预警、预防和应急处置技术及设施，充分发挥专家队伍和专业人员的作用，提高应对突发公共事件的科技水平和指挥能力，避免发生次生、衍生事件；加强宣传和培训教育工作，提高公众自救、互救和应对各类突发公共事件的综合素质。

2.1 领导机构

国务院是突发公共事件应急管理工作的最高行政领导机构。在国务院总理领导下，由国务院常务会议和国家相关突发公共事件应急指挥机构（以下简称相关应急指挥机构）负责突发公共事件的应急管理工作；必要时，派出国务院工作组指导有关工作。

3.2 应急处置

3.2.1 信息报告

特别重大或者重大突发公共事件发生后，各地区、各部门要立即报告，最迟不得超过4小时，同时通报有关地区和部门。应急处置过程中，要及时续报有关情况。

3.2.2 先期处置

突发公共事件发生后，事发地的省级人民政府或者国务院有关部门在报告特别重大、重大突发公共事件信息的同时，要根据职责和规定的权限启动相关应急预案，及时、有效地进行处置，控制事态。

在境外发生涉及中国公民和机构的突发事件，我驻外使领馆、国务院有关部门和有关地方人民政府要采取措施控制事态发展，组织开展应急救援工作。

3.2.3 应急响应

对于先期处置未能有效控制事态的特别重大突发公共事件，要及时启动相关预案，由国务院相关应急指挥机构或国务院工作组统一指挥或指导有关地区、部门开展处置工作。

现场应急指挥机构负责现场的应急处置工作。

需要多个国务院相关部门共同参与处置的突发公共事件,由该类突发公共事件的业务主管部门牵头,其他部门予以协助。

3.2.4 应急结束

特别重大突发公共事件应急处置工作结束,或者相关危险因素消除后,现场应急指挥机构予以撤销。

3.《国家突发公共卫生事件应急预案》(2006年2月26日)

2.1 应急指挥机构

卫生部依照职责和本预案的规定,在国务院统一领导下,负责组织、协调全国突发公共卫生事件应急处理工作,并根据突发公共卫生事件应急处理工作的实际需要,提出成立全国突发公共卫生事件应急指挥部。

地方各级人民政府卫生行政部门依照职责和本预案的规定,在本级人民政府统一领导下,负责组织、协调本行政区域内突发公共卫生事件应急处理工作,并根据突发公共卫生事件应急处理工作的实际需要,向本级人民政府提出成立地方突发公共卫生事件应急指挥部的建议。

各级人民政府根据本级人民政府卫生行政部门的建议和实际工作需要,决定是否成立国家和地方应急指挥部。

地方各级人民政府及有关部门和单位要按照属地管理的原则,切实做好本行政区域内突发公共卫生事件应急处理工作。

2.1.1 全国突发公共卫生事件应急指挥部的组成和职责

全国突发公共卫生事件应急指挥部负责对特别重大突发公共卫生事件的统一领导、统一指挥,作出处理突发公共卫生事件的重大决策。指挥部成员单位根据突发公共卫生事件的性质和应急处理的需要确定。

2.1.2 省级突发公共卫生事件应急指挥部的组成和职责

省级突发公共卫生事件应急指挥部由省级人民政府有关部门组成,实行属地管理的原则,负责对本行政区域内突发公共卫生事件应急处理的协调和指挥,作出处理本行政区域内突发公共卫生事件的决策,决定要采取的措施。

4.《国家海上搜救应急预案》（2006 年 1 月 23 日）

  2.4 应急指挥机构

  应急指挥机构包括：中国海上搜救中心及地方各级政府建立的海上搜救机构。

  沿海及内河主要通航水域的各省（区、市）成立以省（区、市）政府领导任主任，相关部门和当地驻军组成的省级海上搜救机构。根据需要，省级海上搜救机构可设立搜救分支机构。

  2.4.1 省级海上搜救机构

  省级海上搜救机构承担本省（区、市）海上搜救责任区的海上应急组织指挥工作。

  2.4.2 海上搜救分支机构

  海上搜救分支机构是市（地）级或县级海上应急组织指挥机构，其职责由省级海上搜救机构确定。

  2.5 现场指挥（员）

  海上突发事件应急反应的现场指挥（员）由负责组织海上突发事件应急反应的应急指挥机构指定，按照应急指挥机构指令承担现场协调工作。

  2.6 海上应急救助力量

  海上应急救助力量包括各级政府部门投资建设的专业救助力量和军队、武警救助力量，政府部门所属公务救助力量，其他可投入救助行动的民用船舶与航空器，企事业单位、社会团体、个人等社会人力和物力资源。

  服从应急指挥机构的协调、指挥，参加海上应急行动及相关工作。

第二十一条　部门职责

  县级以上人民政府应急管理部门和卫生健康、公安等有关部门应当在各自职责范围内做好有关突发事件应对管理工作，并指导、协助下级人民政府及其相应部门做好有关突发事件的应对管理工作。

❖ 关联规定

1.《消防安全责任制实施办法》(2017 年 10 月 29 日)

第六条 县级以上地方各级人民政府应当落实消防工作责任制,履行下列职责:

(一) 贯彻执行国家法律法规和方针政策,以及上级党委、政府关于消防工作的部署要求,全面负责本地区消防工作,每年召开消防工作会议,研究部署本地区消防工作重大事项。每年向上级人民政府专题报告本地区消防工作情况。健全由政府主要负责人或分管负责人牵头的消防工作协调机制,推动落实消防工作责任。

(二) 将消防工作纳入经济社会发展总体规划,将包括消防安全布局、消防站、消防供水、消防通信、消防车通道、消防装备等内容的消防规划纳入城乡规划,并负责组织实施,确保消防工作与经济社会发展相适应。

(三) 督促所属部门和下级人民政府落实消防安全责任制,在农业收获季节、森林和草原防火期间、重大节假日和重要活动期间以及火灾多发季节,组织开展消防安全检查。推动消防科学研究和技术创新,推广使用先进消防和应急救援技术、设备。组织开展经常性的消防宣传工作。大力发展消防公益事业。采取政府购买公共服务等方式,推进消防教育培训、技术服务和物防、技防等工作。

(四) 建立常态化火灾隐患排查整治机制,组织实施重大火灾隐患和区域性火灾隐患整治工作。实行重大火灾隐患挂牌督办制度。对报请挂牌督办的重大火灾隐患和停产停业整改报告,在 7 个工作日内作出同意或不同意的决定,并组织有关部门督促隐患单位采取措施予以整改。

(五) 依法建立公安消防队和政府专职消防队。明确政府专职消防队公益属性,采取招聘、购买服务等方式招录政府专职消防队员,建设营房,配齐装备;按规定落实其工资、保险和相关福利待遇。

(六) 组织领导火灾扑救和应急救援工作。组织制定灭火救援应急预案,定期组织开展演练;建立灭火救援社会联动和应急反应处置机制,落实人员、装备、经费和灭火药剂等保障，根据需要调集灭火救援所需工程机械和特殊装备。

（七）法律、法规、规章规定的其他消防工作职责。

2.《国家突发公共事件总体应急预案》（2006年1月8日）

1.5 工作原则

（1）以人为本，减少危害。切实履行政府的社会管理和公共服务职能，把保障公众健康和生命财产安全作为首要任务，最大程度地减少突发公共事件及其造成的人员伤亡和危害。

（2）居安思危，预防为主。高度重视公共安全工作，常抓不懈，防患于未然。增强忧患意识，坚持预防与应急相结合，常态与非常态相结合，做好应对突发公共事件的各项准备工作。

（3）统一领导，分级负责。在党中央、国务院的统一领导下，建立健全分类管理、分级负责，条块结合、属地管理为主的应急管理体制，在各级党委领导下，实行行政领导责任制，充分发挥专业应急指挥机构的作用。

（4）依法规范，加强管理。依据有关法律和行政法规，加强应急管理，维护公众的合法权益，使应对突发公共事件的工作规范化、制度化、法制化。

（5）快速反应，协同应对。加强以属地管理为主的应急处置队伍建设，建立联动协调制度，充分动员和发挥乡镇、社区、企事业单位、社会团体和志愿者队伍的作用，依靠公众力量，形成统一指挥、反应灵敏、功能齐全、协调有序、运转高效的应急管理机制。

（6）依靠科技，提高素质。加强公共安全科学研究和技术开发，采用先进的监测、预测、预警、预防和应急处置技术及设施，充分发挥专家队伍和专业人员的作用，提高应对突发公共事件的科技水平和指挥能力，避免发生次生、衍生事件；加强宣传和培训教育工作，提高公众自救、互救和应对各类突发公共事件的综合素质。

✿ 典型案例

某街道办事处与于某侵权类行政纠纷案[1]

◎ 裁判要点

根据《突发事件应对法》第八条第三款[2]的规定，上级人民政府主管部门应当在各自职责范围内，指导、协助下级人民政府及其相应部门做好有关突发事件的应对工作。根据该规定，对应急事件的处理应属于行政机关的职责范畴，村民委员会是基层群众自治组织，不具有应对突发事件的法定职责，其对突发事件的处理在性质上通常应属于受有权行政机关的委托。本案中，根据在案证据能够证明涉案墙体系原审第三人某村委会受某街道办事处的委托组织实施，于某就涉案墙体拆除行为提起诉讼，以某街道办事处为被告并无不当。本案中，虽然于某主张原审第三人实施涉案拆除行为原因是在涉案墙体已经部分损毁的情况下，为避免该墙体在台风过境期间倒塌威胁群众生命安全，但是其提供的证据不足以证明该主张，其所实施的强制拆除行为在性质上并不是加强自然灾害风险防治措施。原审判决确认于某强制拆除涉案墙体行为违法，并无不当。

第二十二条　基层职责

乡级人民政府、街道办事处应当明确专门工作力量，负责突发事件应对有关工作。

居民委员会、村民委员会依法协助人民政府和有关部门做好突发事件应对工作。

✿ 要点提示

本条是新增条款，明确乡级人民政府、街道办事处、居民委员会、村

---

[1] 案号：(2020) 鲁 01 行终 616 号。
[2] 对应 2024 年修订后《突发事件应对法》第二十一条。

民委员会做好对突发事件的应对工作。

❋ 关联规定

《消防安全责任制实施办法》（2017年10月29日）

第九条 乡镇人民政府消防工作职责：

（一）建立消防安全组织，明确专人负责消防工作，制定消防安全制度，落实消防安全措施。

（二）安排必要的资金，用于公共消防设施建设和业务经费支出。

（三）将消防安全内容纳入镇总体规划、乡规划，并严格组织实施。

（四）根据当地经济发展和消防工作的需要建立专职消防队、志愿消防队，承担火灾扑救、应急救援等职能，并开展消防宣传、防火巡查、隐患查改。

（五）因地制宜落实消防安全"网格化"管理的措施和要求，加强消防宣传和应急疏散演练。

（六）部署消防安全整治，组织开展消防安全检查，督促整改火灾隐患。

（七）指导村（居）民委员会开展群众性的消防工作，确定消防安全管理人，制定防火安全公约，根据需要建立志愿消防队或微型消防站，开展防火安全检查、消防宣传教育和应急疏散演练，提高城乡消防安全水平。

街道办事处应当履行前款第（一）、（四）、（五）、（六）、（七）项职责，并保障消防工作经费。

第二十三条 公民、法人和其他组织义务

公民、法人和其他组织有义务参与突发事件应对工作。

❋ 要点提示

除了政府机关作为最重要的应急主体之外，公民、法人和其他组织也有义务参与突发事件应对工作。一方面，突发事件的当事人，或者其他个人与组织，在向行政机关报告突发公共事件的同时，就应当依法采取必要

的应急措施，以控制突发事件的扩大，不过，大规模的应急处理措施仍然应由行政机关通过各种应急措施加以处置。另一方面，在行政机关组织应对突发事件的过程中，一般个人和单位也有配合、参加的义务，普通公民和单位履行这种义务的方式既可以是亲自参加应急活动，也可以是为应急活动提供必要的物资和工具，或者是允许行政机关因应急活动的需要而使用其财物。

关联规定

《气象灾害防御条例》（2017年10月7日）

第九条　公民、法人和其他组织有义务参与气象灾害防御工作，在气象灾害发生后开展自救互救。

对在气象灾害防御工作中做出突出贡献的组织和个人，按照国家有关规定给予表彰和奖励。

第二十四条　解放军、武警部队和民兵组织参与

中国人民解放军、中国人民武装警察部队和民兵组织依照本法和其他有关法律、行政法规、军事法规的规定以及国务院、中央军事委员会的命令，参加突发事件的应急救援和处置工作。

关联规定

1.《防洪法》（2016年7月2日）

第四十三条　在汛期，气象、水文、海洋等有关部门应当按照各自的职责，及时向有关防汛指挥机构提供天气、水文等实时信息和风暴潮预报；电信部门应当优先提供防汛抗洪通信的服务；运输、电力、物资材料供应等有关部门应当优先为防汛抗洪服务。

中国人民解放军、中国人民武装警察部队和民兵应当执行国家赋予的抗洪抢险任务。

2.《防震减灾法》（2008年12月27日）

第九条 中国人民解放军、中国人民武装警察部队和民兵组织，依照本法以及其他有关法律、行政法规、军事法规的规定和国务院、中央军事委员会的命令，执行抗震救灾任务，保护人民生命和财产安全。

第五十一条 特别重大地震灾害发生后，国务院抗震救灾指挥机构在地震灾区成立现场指挥机构，并根据需要设立相应的工作组，统一组织领导、指挥和协调抗震救灾工作。

各级人民政府及有关部门和单位、中国人民解放军、中国人民武装警察部队和民兵组织，应当按照统一部署，分工负责，密切配合，共同做好地震应急救援工作。

3.《突发公共卫生事件应急条例》（2011年1月8日）

第五十三条 中国人民解放军、武装警察部队医疗卫生机构参与突发事件应急处理的，依照本条例的规定和军队的相关规定执行。

4.《森林防火条例》（2008年12月1日）

第二十五条 森林防火期内，禁止在森林防火区野外用火。因防治病虫鼠害、冻害等特殊情况确需野外用火的，应当经县级人民政府批准，并按照要求采取防火措施，严防失火；需要进入森林防火区进行实弹演习、爆破等活动的，应当经省、自治区、直辖市人民政府林业主管部门批准，并采取必要的防火措施；中国人民解放军和中国人民武装警察部队因处置突发事件和执行其他紧急任务需要进入森林防火区的，应当经其上级主管部门批准，并采取必要的防火措施。

5.《重大动物疫情应急条例》（2017年10月7日）

第三十六条 重大动物疫情应急处理中，县级以上人民政府有关部门应当在各自的职责范围内，做好重大动物疫情应急所需的物资紧急调度和运输、应急经费安排、疫区群众救济、人的疫病防治、肉食品供应、动物及其产品市场监管、出入境检验检疫和社会治安维护等工作。

中国人民解放军、中国人民武装警察部队应当支持配合驻地人民政府做好重大动物疫情的应急工作。

6.《军队参加抢险救灾条例》（2005年6月7日）

第四条 国务院组织的抢险救灾需要军队参加的，由国务院有关主管部门向中国人民解放军总参谋部提出，中国人民解放军总参谋部按照国务院、中央军事委员会的有关规定办理。

县级以上地方人民政府组织的抢险救灾需要军队参加的，由县级以上地方人民政府通过当地同级军事机关提出，当地同级军事机关按照国务院、中央军事委员会的有关规定办理。

在险情、灾情紧急的情况下，地方人民政府可以直接向驻军部队提出救助请求，驻军部队应当按照规定立即实施救助，并向上级报告；驻军部队发现紧急险情、灾情也应当按照规定立即实施救助，并向上级报告。

抢险救灾需要动用军用飞机（直升机）、舰艇的，按照有关规定办理。

7.《核电厂核事故应急管理条例》（2011年1月8日）

第十二条 国家核事故应急计划由国务院指定的部门组织制定。

国务院有关部门和中国人民解放军总部应当根据国家核事故应急计划，制定相应的核事故应急方案，报国务院指定的部门备案。

8.《国家突发公共事件总体应急预案》（2006年1月8日）

4.1 人力资源

公安（消防）、医疗卫生、地震救援、海上搜救、矿山救护、森林消防、防洪抢险、核与辐射、环境监控、危险化学品事故救援、铁路事故、民航事故、基础信息网络和重要信息系统事故处置，以及水、电、油、气等工程抢险救援队伍是应急救援的专业队伍和骨干力量。地方各级人民政府和有关部门、单位要加强应急救援队伍的业务培训和应急演练，建立联动协调机制，提高装备水平；动员社会团体、企事业单位以及志愿者等各种社会力量参与应急救援工作；增进国际间的交流与合作。要加强以乡镇和社区为单位的公众应急能力建设，发挥其在应对突发公共事件中的重要作用。

中国人民解放军和中国人民武装警察部队是处置突发公共事件的骨干和突击力量，按照有关规定参加应急处置工作。

第二十五条　本级人大监督

县级以上人民政府及其设立的突发事件应急指挥机构发布的有关突发事件应对的决定、命令、措施，应当及时报本级人民代表大会常务委员会备案；突发事件应急处置工作结束后，应当向本级人民代表大会常务委员会作出专项工作报告。

关联规定

《中华人民共和国抗旱条例》（2009年2月26日）

第二十七条　国家防汛抗旱总指挥部组织其成员单位编制国家防汛抗旱预案，经国务院批准后实施。

县级以上地方人民政府防汛抗旱指挥机构组织其成员单位编制抗旱预案，经上一级人民政府防汛抗旱指挥机构审查同意，报本级人民政府批准后实施。

经批准的抗旱预案，有关部门和单位必须执行。修改抗旱预案，应当按照原批准程序报原批准机关批准。

典型案例

某区政府与李某房屋拆迁管理（拆迁）案[①]

◎ **裁判要点**

某区政府主张该拆除行为系某街道办在对已签约的其他房屋实施降层处理过程中导致案涉商铺成为危房，为防止公共利益及他人人身损害而作

[①] 案号：（2020）桂行终608号。

出的解危措施。《城市危险房屋管理规定》第七条规定，危险房屋的鉴定应当由房屋所有权人或使用权人提出，第八条还明确了房屋安全鉴定的相应程序。如属于紧急、突发的公共安全事件，《突发事件应对法》第十六条[1]规定："县级以上人民政府作出应对突发事件的决定、命令，应当报本级人民代表大会常务委员会备案；突发事件应急处置工作结束后，应当向本级人民代表大会常务委员会作出专项工作报告。"第四十六条[2]规定："对即将发生或者已经发生的社会安全事件，县级以上地方各级人民政府及其有关主管部门应当按照规定向上一级人民政府及其有关主管部门报告，必要时可以越级上报。"但区政府未能提交有效证据证实案涉房屋已经相关权利人提出申请并经鉴定程序鉴定为危险房屋，亦未有证据证明对于其所主张的紧急情况下作出强制拆除案涉商铺的处置后，已向有关部门报告或备案。故区政府的上述主张，与事实不符，不予支持。

第三章　预防与应急准备

第二十六条　应急预案体系

国家建立健全突发事件应急预案体系。

国务院制定国家突发事件总体应急预案，组织制定国家突发事件专项应急预案；国务院有关部门根据各自的职责和国务院相关应急预案，制定国家突发事件部门应急预案并报国务院备案。

地方各级人民政府和县级以上地方人民政府有关部门根据有关法律、法规、规章、上级人民政府及其有关部门的应急预案以及本地区、本部门的实际情况，制定相应的突发事件应急预案并按国务院有关规定备案。

---

[1]　对应2024年修订后《突发事件应对法》第二十五条。
[2]　对应2024年修订后《突发事件应对法》第六十九条。

要点提示

突发事件事前预防的手段从总体上看可以分为两种：一是制定相应的应急预案，二是针对具体类型的突发事件采取合适的预防措施。一般来说，应急预案包括几个重要的子系统：完善的应急组织管理指挥系统；强有力的应急工程救援保障体系；综合协调、应对自如的相互支持系统；充分备灾的保障供应体系；体现综合救援的应急队伍等。

关联规定

1.《自然灾害救助条例》（2019年3月2日）

第八条　县级以上地方人民政府及其有关部门应当根据有关法律、法规、规章，上级人民政府及其有关部门的应急预案以及本行政区域的自然灾害风险调查情况，制定相应的自然灾害救助应急预案。

自然灾害救助应急预案应当包括下列内容：

（一）自然灾害救助应急组织指挥体系及其职责；

（二）自然灾害救助应急队伍；

（三）自然灾害救助应急资金、物资、设备；

（四）自然灾害的预警预报和灾情信息的报告、处理；

（五）自然灾害救助应急响应的等级和相应措施；

（六）灾后应急救助和居民住房恢复重建措施。

2.《突发事件应急预案管理办法》（2024年1月31日）

第一章　总　则

第一条　为加强突发事件应急预案（以下简称应急预案）体系建设，规范应急预案管理，增强应急预案的针对性、实用性和可操作性，依据《中华人民共和国突发事件应对法》等法律、行政法规，制定本办法。

第二条　本办法所称应急预案，是指各级人民政府及其部门、基层组织、企事业单位和社会组织等为依法、迅速、科学、有序应对突发事件，最大程度减少突发事件及其造成的损害而预先制定的方案。

第三条 应急预案的规划、编制、审批、发布、备案、培训、宣传、演练、评估、修订等工作，适用本办法。

第四条 应急预案管理遵循统一规划、综合协调、分类指导、分级负责、动态管理的原则。

第五条 国务院统一领导全国应急预案体系建设和管理工作，县级以上地方人民政府负责领导本行政区域内应急预案体系建设和管理工作。

突发事件应对有关部门在各自职责范围内，负责本部门（行业、领域）应急预案管理工作；县级以上人民政府应急管理部门负责指导应急预案管理工作，综合协调应急预案衔接工作。

3.《国家突发公共事件总体应急预案》（2006年1月8日）

1.6 应急预案体系

全国突发公共事件应急预案体系包括：

（1）突发公共事件总体应急预案。总体应急预案是全国应急预案体系的总纲，是国务院应对特别重大突发公共事件的规范性文件。

（2）突发公共事件专项应急预案。专项应急预案主要是国务院及其有关部门为应对某一类型或某几种类型突发公共事件而制定的应急预案。

（3）突发公共事件部门应急预案。部门应急预案是国务院有关部门根据总体应急预案、专项应急预案和部门职责为应对突发公共事件制定的预案。

（4）突发公共事件地方应急预案。具体包括：省级人民政府的突发公共事件总体应急预案、专项应急预案和部门应急预案；各市（地）、县（市）人民政府及其基层政权组织的突发公共事件应急预案。上述预案在省人民政府的领导下，按照分类管理、分级负责的原则，由地方人民政府及其有关部门分别制定。

（5）企事业单位根据有关法律法规制定的应急预案。

（6）举办大型会展和文化体育等重大活动，主办单位应当制定应急预案。

各类预案将根据实际情况变化不断补充、完善。

4.《国家安全生产事故灾难应急预案》（2006年1月22日）

2.1　组织体系

全国安全生产事故灾难应急救援组织体系由国务院安委会、国务院有关部门、地方各级人民政府安全生产事故灾难应急领导机构、综合协调指挥机构、专业协调指挥机构、应急支持保障部门、应急救援队伍和生产经营单位组成。

国家安全生产事故灾难应急领导机构为国务院安委会，综合协调指挥机构为国务院安委会办公室，国家安全生产应急救援指挥中心具体承担安全生产事故灾难应急管理工作，专业协调指挥机构为国务院有关部门管理的专业领域应急救援指挥机构。

地方各级人民政府的安全生产事故灾难应急机构由地方政府确定。

应急救援队伍主要包括消防部队、专业应急救援队伍、生产经营单位的应急救援队伍、社会力量、志愿者队伍及有关国际救援力量等。

国务院安委会各成员单位按照职责履行本部门的安全生产事故灾难应急救援和保障方面的职责，负责制订、管理并实施有关应急预案。

5.《国家突发公共卫生事件应急预案》（2006年2月26日）

2　应急组织体系及职责

2.1　应急指挥机构

卫生部依照职责和本预案的规定，在国务院统一领导下，负责组织、协调全国突发公共卫生事件应急处理工作，并根据突发公共卫生事件应急处理工作的实际需要，提出成立全国突发公共卫生事件应急指挥部。

地方各级人民政府卫生行政部门依照职责和本预案的规定，在本级人民政府统一领导下，负责组织、协调本行政区域内突发公共卫生事件应急处理工作，并根据突发公共卫生事件应急处理工作的实际需要，向本级人民政府提出成立地方突发公共卫生事件应急指挥部的建议。

各级人民政府根据本级人民政府卫生行政部门的建议和实际工作需要，决定是否成立国家和地方应急指挥部。

地方各级人民政府及有关部门和单位要按照属地管理的原则，切实做好本行政区域内突发公共卫生事件应急处理工作。

2.1.1 全国突发公共卫生事件应急指挥部的组成和职责

全国突发公共卫生事件应急指挥部负责对特别重大突发公共卫生事件的统一领导、统一指挥,作出处理突发公共卫生事件的重大决策。指挥部成员单位根据突发公共卫生事件的性质和应急处理的需要确定。

2.1.2 省级突发公共卫生事件应急指挥部的组成和职责

省级突发公共卫生事件应急指挥部由省级人民政府有关部门组成,实行属地管理的原则,负责对本行政区域内突发公共卫生事件应急处理的协调和指挥,作出处理本行政区域内突发公共卫生事件的决策,决定要采取的措施。

2.2 日常管理机构

国务院卫生行政部门设立卫生应急办公室（突发公共卫生事件应急指挥中心）,负责全国突发公共卫生事件应急处理的日常管理工作。

各省、自治区、直辖市人民政府卫生行政部门及军队、武警系统要参照国务院卫生行政部门突发公共卫生事件日常管理机构的设置及职责,结合各自实际情况,指定突发公共卫生事件的日常管理机构,负责本行政区域或本系统内突发公共卫生事件应急的协调、管理工作。

各市（地）级、县级卫生行政部门要指定机构负责本行政区域内突发公共卫生事件应急的日常管理工作。

2.3 专家咨询委员会

国务院卫生行政部门和省级卫生行政部门负责组建突发公共卫生事件专家咨询委员会。

市（地）级和县级卫生行政部门可根据本行政区域内突发公共卫生事件应急工作需要,组建突发公共卫生事件应急处理专家咨询委员会。

2.4 应急处理专业技术机构

医疗机构、疾病预防控制机构、卫生监督机构、出入境检验检疫机构是突发公共卫生事件应急处理的专业技术机构。应急处理专业技术机构要结合本单位职责开展专业技术人员处理突发公共卫生事件能力培训,提高快速应对能力和技术水平,在发生突发公共卫生事件时,要服从卫生行政部门的统一指挥和安排，开展应急处理工作。

6.《国家突发公共事件总体应急预案》（2006年1月8日）

1.6 应急预案体系

全国突发公共事件应急预案体系包括：

（1）突发公共事件总体应急预案。总体应急预案是全国应急预案体系的总纲，是国务院应对特别重大突发公共事件的规范性文件。

（2）突发公共事件专项应急预案。专项应急预案主要是国务院及其有关部门为应对某一类型或某几种类型突发公共事件而制定的应急预案。

（3）突发公共事件部门应急预案。部门应急预案是国务院有关部门根据总体应急预案、专项应急预案和部门职责为应对突发公共事件制定的预案。

（4）突发公共事件地方应急预案。具体包括：省级人民政府的突发公共事件总体应急预案、专项应急预案和部门应急预案；各市（地）、县（市）人民政府及其基层政权组织的突发公共事件应急预案。上述预案在省级人民政府的领导下，按照分类管理、分级负责的原则，由地方人民政府及其有关部门分别制定。

（5）企事业单位根据有关法律法规制定的应急预案。

（6）举办大型会展和文化体育等重大活动，主办单位应当制定应急预案。

各类预案将根据实际情况变化不断补充、完善。

典型案例

陆某与某市政府行政复议案[1]

◎ **裁判要点**

《中华人民共和国政府信息公开条例》第十条第十项规定，县级以上各级人民政府及其部门应当依照本条例第九条的规定，在各自职责范围内

---

[1] 案号：（2018）苏行终2066号。

确定主动公开的政府信息的具体内容，并重点公开突发公共事件的应急预案、预警信息及应对情况。《突发事件应对法》第十七条第三款①规定，地方各级人民政府和县级以上地方各级人民政府有关部门根据有关法律法规、规章、上级人民政府及其有关部门的应急预案以及本地区的实际情况，制定相应的突发事件应急预案。第四十四条第四项②规定，发布三级、四级警报，宣布进入预警期后，县级以上地方各级人民政府应当根据即将发生的突发事件的特点和可能造成的危害，定时向社会发布与公众有关的突发事件预测信息和分析评估结果。第五十三条③规定，履行统一领导职责或者组织处置突发事件的人民政府，应当按照有关规定统一、准确、及时发布有关突发事件事态发展和应急处置工作的信息。本案中，陆某向某市政府申请公开某村江堤崩岸事故发生的专家组分析调查报告、崩岸发生后江堤修复及防止类似事故再次发生的解决议案、整修江堤发生的一切费用及使用明细，结合《突发事件应对法》的相关规定，上述信息不属于《中华人民共和国政府信息公开条例》第十条第十项规定的应当主动公开的突发公共事件应急预案、预警信息及应对情况。

第二十七条　应急预案衔接

县级以上人民政府应急管理部门指导突发事件应急预案体系建设，综合协调应急预案衔接工作，增强有关应急预案的衔接性和实效性。

关联规定

《国家地震应急预案》（2012 年 8 月 28 日）

5.1　搜救人员

立即组织基层应急队伍和广大群众开展自救互救，同时组织协调当地

---

① 对应 2024 年修订后《突发事件应对法》第二十六条第三款。
② 对应 2024 年修订后《突发事件应对法》第六十六条第四项。
③ 2024 年修订的《突发事件应对法》已删除本条。

解放军、武警部队、地震、消防、建筑和市政等各方面救援力量，调配大型吊车、起重机、千斤顶、生命探测仪等救援装备，抢救被掩埋人员。现场救援队伍之间加强衔接和配合，合理划分责任区边界，遇有危险时及时传递警报，做好自身安全防护。

第二十八条　应急预案制定依据与内容

应急预案应当根据本法和其他有关法律、法规的规定，针对突发事件的性质、特点和可能造成的社会危害，具体规定突发事件应对管理工作的组织指挥体系与职责和突发事件的预防与预警机制、处置程序、应急保障措施以及事后恢复与重建措施等内容。

应急预案制定机关应当广泛听取有关部门、单位、专家和社会各方面意见，增强应急预案的针对性和可操作性，并根据实际需要、情势变化、应急演练中发现的问题等及时对应急预案作出修订。

应急预案的制定、修订、备案等工作程序和管理办法由国务院规定。

❋ 要点提示

应急预案作为应对突发事件的具体工作方案，既要根据有关法律、法规的规定制定，又要对法律、法规的规定作进一步细化，重点是要根据各类突发事件的不同性质、特点和可能造成的社会危害程度，作出有针对性的、便于实际操作的具体规定。因此，各级政府和政府有关部门制定的应急预案，应当对突发事件的预测预警、信息报告、应急响应与应急处置、恢复重建和调查评估等机制作出明确规定，形成包含事前、事发、事中、事后等各环节的一整套工作运行机制。

🟊 关联规定

1.《国家自然灾害救助应急预案》（2024年1月20日）

1 总 则

1.1 编制目的

以习近平新时代中国特色社会主义思想为指导，深入贯彻落实习近平总书记关于防灾减灾救灾工作的重要指示批示精神，加强党中央对防灾减灾救灾工作的集中统一领导，按照党中央、国务院决策部署，建立健全自然灾害救助体系和运行机制，提升救灾救助工作法治化、规范化、现代化水平，提高防灾减灾救灾和灾害处置保障能力，最大程度减少人员伤亡和财产损失，保障受灾群众基本生活，维护受灾地区社会稳定。

1.2 编制依据

《中华人民共和国防洪法》、《中华人民共和国防震减灾法》、《中华人民共和国气象法》、《中华人民共和国森林法》、《中华人民共和国草原法》、《中华人民共和国防沙治沙法》、《中华人民共和国红十字会法》、《自然灾害救助条例》以及突发事件总体应急预案、突发事件应对有关法律法规等。

1.3 适用范围

本预案适用于我国境内遭受重特大自然灾害时国家层面开展的灾害救助等工作。

1.4 工作原则

坚持人民至上、生命至上，切实把确保人民生命财产安全放在第一位落到实处；坚持统一指挥、综合协调、分级负责、属地管理为主；坚持党委领导、政府负责、社会参与、群众自救，充分发挥基层群众性自治组织和公益性社会组织的作用；坚持安全第一、预防为主，推动防范救援救灾一体化，实现高效有序衔接，强化灾害防抗救全过程管理。

2. 《国家安全生产事故灾难应急预案》（2006年1月22日）

1 总　则

1.1　编制目的

规范安全生产事故灾难的应急管理和应急响应程序，及时有效地实施应急救援工作，最大程度地减少人员伤亡、财产损失，维护人民群众的生命安全和社会稳定。

1.2　编制依据

依据《中华人民共和国安全生产法》、《国家突发公共事件总体应急预案》和《国务院关于进一步加强安全生产工作的决定》等法律法规及有关规定，制定本预案。

1.3　适用范围

本预案适用于下列安全生产事故灾难的应对工作：

（1）造成30人以上死亡（含失踪），或危及30人以上生命安全，或者100人以上中毒（重伤），或者需要紧急转移安置10万人以上，或者直接经济损失1亿元以上的特别重大安全生产事故灾难。

（2）超出省（区、市）人民政府应急处置能力，或者跨省级行政区、跨多个领域（行业和部门）的安全生产事故灾难。

（3）需要国务院安全生产委员会（以下简称国务院安委会）处置的安全生产事故灾难。

1.4　工作原则

（1）以人为本，安全第一。把保障人民群众的生命安全和身体健康、最大程度地预防和减少安全生产事故灾难造成的人员伤亡作为首要任务。切实加强应急救援人员的安全防护。充分发挥人的主观能动性，充分发挥专业救援力量的骨干作用和人民群众的基础作用。

（2）统一领导，分级负责。在国务院统一领导和国务院安委会组织协调下，各省（区、市）人民政府和国务院有关部门按照各自职责和权限，负责有关安全生产事故灾难的应急管理和应急处置工作。企业要认真履行安全生产责任主体的职责，建立安全生产应急预案和应急机制。

（3）条块结合，属地为主。安全生产事故灾难现场应急处置的领导和指挥以地方人民政府为主，实行地方各级人民政府行政首长负责制。有关部门应当与地方人民政府密切配合，充分发挥指导和协调作用。

（4）依靠科学，依法规范。采用先进技术，充分发挥专家作用，实行科学民主决策。采用先进的救援装备和技术，增强应急救援能力。依法规范应急救援工作，确保应急预案的科学性、权威性和可操作性。

（5）预防为主，平战结合。贯彻落实"安全第一，预防为主"的方针，坚持事故灾难应急与预防工作相结合。做好预防、预测、预警和预报工作，做好常态下的风险评估、物资储备、队伍建设、完善装备、预案演练等工作。

3.《国家突发公共卫生事件应急预案》（2006年2月26日）

1 总 则

1.1 编制目的

有效预防、及时控制和消除突发公共卫生事件及其危害，指导和规范各类突发公共卫生事件的应急处理工作，最大程度地减少突发公共卫生事件对公众健康造成的危害，保障公众身心健康与生命安全。

1.2 编制依据

依据《中华人民共和国传染病防治法》、《中华人民共和国食品卫生法》、《中华人民共和国职业病防治法》、《中华人民共和国国境卫生检疫法》、《突发公共卫生事件应急条例》、《国内交通卫生检疫条例》和《国家突发公共事件总体应急预案》，制定本预案。

1.3 突发公共卫生事件的分级

根据突发公共卫生事件性质、危害程度、涉及范围，突发公共卫生事件划分为特别重大（Ⅰ级）、重大（Ⅱ级）、较大（Ⅲ级）和一般（Ⅳ级）四级。

其中，特别重大突发公共卫生事件主要包括：

（1）肺鼠疫、肺炭疽在大、中城市发生并有扩散趋势，或肺鼠疫、肺炭疽疫情波及2个以上的省份，并有进一步扩散趋势。

（2）发生传染性非典型肺炎、人感染高致病性禽流感病例，并有扩散趋势。

（3）涉及多个省份的群体性不明原因疾病，并有扩散趋势。

（4）发生新传染病或我国尚未发现的传染病发生或传入，并有扩散趋势，或发现我国已消灭的传染病重新流行。

（5）发生烈性病菌株、毒株、致病因子等丢失事件。

（6）周边以及与我国通航的国家和地区发生特大传染病疫情，并出现输入性病例，严重危及我国公共卫生安全的事件。

（7）国务院卫生行政部门认定的其他特别重大突发公共卫生事件。

1.4 适用范围

本预案适用于突然发生，造成或者可能造成社会公众身心健康严重损害的重大传染病、群体性不明原因疾病、重大食物和职业中毒以及因自然灾害、事故灾难或社会安全等事件引起的严重影响公众身心健康的公共卫生事件的应急处理工作。

其他突发公共事件中涉及的应急医疗救援工作，另行制定有关预案。

1.5 工作原则

（1）预防为主，常备不懈。提高全社会对突发公共卫生事件的防范意识，落实各项防范措施，做好人员、技术、物资和设备的应急储备工作。对各类可能引发突发公共卫生事件的情况要及时进行分析、预警，做到早发现、早报告、早处理。

（2）统一领导，分级负责。根据突发公共卫生事件的范围、性质和危害程度，对突发公共卫生事件实行分级管理。各级人民政府负责突发公共卫生事件应急处理的统一领导和指挥，各有关部门按照预案规定，在各自的职责范围内做好突发公共卫生事件应急处理的有关工作。

（3）依法规范，措施果断。地方各级人民政府和卫生行政部门要按照相关法律、法规和规章的规定，完善突发公共卫生事件应急体系，建立健全系统、规范的突发公共卫生事件应急处理工作制度，对突发公共卫生事件和可能发生的公共卫生事件做出快速反应，及时、有效开展监测、报告和处理工作。

（4）依靠科学，加强合作。突发公共卫生事件应急工作要充分尊重和依靠科学，要重视开展防范和处理突发公共卫生事件的科研和培训，为突发公共卫生事件应急处理提供科技保障。各有关部门和单位要通力合作、资源共享，有效应对突发公共卫生事件。要广泛组织、动员公众参与突发公共卫生事件的应急处理。

4. 《电力网络安全事件应急预案》（2024年5月16日）

一、总则

（一）编制目的

完善电力网络安全事件应对工作机制，有效预防、及时控制和最大限度消除电力网络安全事件带来的危害和影响，保障电力系统安全稳定运行和电力可靠供应。

（二）编制依据

《中华人民共和国突发事件应对法》（中华人民共和国主席令第六十九号）、《中华人民共和国网络安全法》（中华人民共和国主席令第五十三号）、《关键信息基础设施安全保护条例》（中华人民共和国国务院令第745号）、《电力安全事故应急处置和调查处理条例》（中华人民共和国国务院令第599号）、《电力监管条例》（中华人民共和国国务院令第432号）、《突发事件应急预案管理办法》（国办发〔2024〕5号）、《国家大面积停电事件应急预案》（国办函〔2015〕134号）、《国家网络安全事件应急预案》（中网办发文〔2017〕4号）、《电力安全生产监督管理办法》（中华人民共和国国家发展和改革委员会2015年第21号令）、《电力监控系统安全防护规定》（中华人民共和国国家发展和改革委员会2014年第14号令）、《电力行业网络安全管理办法》（国能发安全规〔2022〕100号）、《重大活动电力安全保障工作规定》（国能发安全〔2020〕18号）、《电力安全事件监督管理规定》（国能安全〔2014〕205号）等。

（三）适用范围

本预案所指电力网络安全事件是指由计算机病毒或网络攻击、网络侵入等危害网络安全行为导致的，对电力网络和信息系统造成危害，可能影响电力系统安全稳定运行或者影响电力正常供应的事件。

本预案适用于电力网络安全事件的应对工作。涉及电力企业但不属于本预案定义范围内的网络安全事件，参照《国家网络安全事件应急预案》及电力企业所属省、自治区、直辖市制定的本地区网络安全事件应急预案等应对。

（四）工作原则

国家能源局及其派出机构统一指导、电力调度机构分级指挥、各电力企业具体负责，各方面力量密切协同、预防为主、快速反应、科学处置，共同做好电力网络安全事件的预防和处置工作。

（五）事件分级

根据电力网络安全事件造成停电等后果的影响程度，电力网络安全事件分为特别重大、重大、较大和一般四级。

造成《电力安全事故应急处置和调查处理条例》中定义的重大及以上电力安全事故的，为特别重大电力网络安全事件。

造成《电力安全事故应急处置和调查处理条例》中定义的一般或较大电力安全事故的，为重大电力网络安全事件。

造成《电力安全事件监督管理规定》中定义的需重点监督管理的电力安全事件的，为较大电力网络安全事件。

造成电力一次设备被恶意操控，但未构成需重点监督管理的电力安全事件的，为一般电力网络安全事件。

第二十九条　应急体系建设规划

县级以上人民政府应当将突发事件应对工作纳入国民经济和社会发展规划。县级以上人民政府有关部门应当制定突发事件应急体系建设规划。

❋ 要点提示

本条是新增条款，规定县级以上人民政府应当将突发事件应对工作纳入国民经济和社会发展规划，有关部门应当制定突发事件应急体系建设规划。

❁ 关联规定

1.《水法》(2016 年 7 月 2 日)

第十五条 流域范围内的区域规划应当服从流域规划,专业规划应当服从综合规划。

流域综合规划和区域综合规划以及与土地利用关系密切的专业规划,应当与国民经济和社会发展规划以及土地利用总体规划、城市总体规划和环境保护规划相协调,兼顾各地区、各行业的需要。

2.《防震减灾法》(2008 年 12 月 27 日)

第四条 县级以上人民政府应当加强对防震减灾工作的领导,将防震减灾工作纳入本级国民经济和社会发展规划,所需经费列入财政预算。

3.《中华人民共和国水文条例》(2017 年 3 月 1 日)

第三条 水文事业是国民经济和社会发展的基础性公益事业。县级以上人民政府应当将水文事业纳入本级国民经济和社会发展规划,所需经费纳入本级财政预算,保障水文监测工作的正常开展,充分发挥水文工作在政府决策、经济社会发展和社会公众服务中的作用。

县级以上人民政府应当关心和支持少数民族地区、边远贫困地区和艰苦地区水文基础设施的建设和运行。

4.《海洋观测预报管理条例》(2023 年 7 月 20 日)

第三条 海洋观测预报事业是基础性公益事业。国务院和沿海县级以上地方人民政府应当将海洋观测预报事业纳入本级国民经济和社会发展规划,所需经费纳入本级财政预算。

5.《中华人民共和国抗旱条例》(2009 年 2 月 26 日)

第四条 县级以上人民政府应当将抗旱工作纳入本级国民经济和社会

发展规划，所需经费纳入本级财政预算，保障抗旱工作的正常开展。

6.《气象灾害防御条例》（2017 年 10 月 7 日）

第四条　县级以上人民政府应当加强对气象灾害防御工作的组织、领导和协调，将气象灾害的防御纳入本级国民经济和社会发展规划，所需经费纳入本级财政预算。

第三十条　国土空间规划等考虑预防和处置突发事件

国土空间规划等规划应当符合预防、处置突发事件的需要，统筹安排突发事件应对工作所必需的设备和基础设施建设，合理确定应急避难、封闭隔离、紧急医疗救治等场所，实现日常使用和应急使用的相互转换。

✿ 关联规定

1.《安全生产法》（2021 年 6 月 10 日）

第八条　国务院和县级以上地方各级人民政府应当根据国民经济和社会发展规划制定安全生产规划，并组织实施。安全生产规划应当与国土空间规划等相关规划相衔接。

各级人民政府应当加强安全生产基础设施建设和安全生产监管能力建设，所需经费列入本级预算。

县级以上地方各级人民政府应当组织有关部门建立完善安全风险评估与论证机制，按照安全风险管控要求，进行产业规划和空间布局，并对位置相邻、行业相近、业态相似的生产经营单位实施重大安全风险联防联控。

2.《国务院办公厅关于加强城市内涝治理的实施意见》（2021 年 4 月 8 日）

（二）工作原则。

——规划统筹，完善体系。统筹区域流域生态环境治理和城市建设，统筹城市水资源利用和防灾减灾，统筹城市防洪和内涝治理，结合国土空间规划和流域防洪、城市基础设施建设等规划，逐步建立完善防洪排涝体系，形成流域、区域、城市协同匹配，防洪排涝、应急管理、物资储备系统完整的防灾减灾体系。

——全面治理，突出重点。坚持防御外洪与治理内涝并重、生态措施与工程措施并举，"高水高排、低水低排"，更多利用自然力量排水，整体提升城市内涝治理水平。以近年来内涝严重城市和重点防洪城市为重点，抓紧开展内涝治理，全面解决内涝顽疾，妥善处理流域防洪与城市防洪排涝的关系。

——因地制宜，一城一策。根据自然地理条件、水文气象特征和城市规模等因素，科学确定治理策略和建设任务，选择适用措施。老城区结合更新改造，修复自然生态系统，抓紧补齐排水防涝设施短板；新城区高起点规划、高标准建设排水防涝设施。

——政府主导，社会参与。压实城市主体责任，明晰各方责任，加强协调联动，形成多部门合作、多专业协同、各方面参与的社会共治格局。加大投入力度，创新投融资机制，多渠道吸引各方面力量参与排水防涝设施投资、建设和专业化运营管理。

3.《地质灾害防治单位资质管理办法》（2022年11月8日）

第三条 本办法所称地质灾害危险性评估，是指在地质灾害易发区进行工程建设或者编制地质灾害易发区内的国土空间规划时，对建设工程或者规划区遭受山体崩塌、滑坡、泥石流、地面塌陷、地裂缝、地面沉降等地质灾害的可能性和建设工程引发地质灾害的可能性作出评估，提出具体预防治理措施的活动。

本办法所称地质灾害治理工程，是指开展勘查、设计、施工、监理等专项地质工程措施，控制或者减轻山体崩塌、滑坡、泥石流、地面塌陷、地裂缝、地面沉降等地质灾害或者地质灾害隐患的工程。

第九条 地质灾害危险性评估项目分为一级、二级两个级别。

从事下列活动之一的，其地质灾害危险性评估的项目级别属于一级：

（一）在地质环境条件复杂地区进行建设项目；
（二）在地质环境条件中等复杂地区进行较为重要建设项目；
（三）编制地质灾害易发区内的国土空间规划。

前款规定以外的其他建设项目地质灾害危险性评估的项目级别属于二级。

建设项目重要性和地质环境条件复杂程度的分类，按照地质灾害危险性评估技术规范有关国家标准执行。

第三十一条　应急避难场所标准体系

国务院应急管理部门会同卫生健康、自然资源、住房城乡建设等部门统筹、指导全国应急避难场所的建设和管理工作，建立健全应急避难场所标准体系。县级以上地方人民政府负责本行政区域内应急避难场所的规划、建设和管理工作。

❈ 要点提示

本条是新增条款，明确统筹、指导应急避难场所建设和管理的主要部门，明确建立健全应急避难场标准体系，如 2024 年已发布《应急避难场所设施设备及物资配置》；县级以上地方人民政府是应急避难场所规划、建设和管理的主体。

❈ 关联规定

1.《防震减灾法》（2008 年 12 月 27 日）

第四十一条　城乡规划应当根据地震应急避难的需要，合理确定应急疏散通道和应急避难场所，统筹安排地震应急避难所必需的交通、供水、供电、排污等基础设施建设。

2.《自然灾害救助条例》（2019 年 3 月 2 日）

第十一条　县级以上地方人民政府应当根据当地居民人口数量和分布等情况，利用公园、广场、体育场馆等公共设施，统筹规划设立应急避难场所，并设置明显标志。

启动自然灾害预警响应或者应急响应，需要告知居民前往应急避难场所的，县级以上地方人民政府或者人民政府的自然灾害救助应急综合协调机构应当通过广播、电视、手机短信、电子显示屏、互联网等方式，及时公告应急避难场所的具体地址和到达路径。

| 第三十二条 | 突发事件风险评估体系 |

国家建立健全突发事件风险评估体系，对可能发生的突发事件进行综合性评估，有针对性地采取有效防范措施，减少突发事件的发生，最大限度减轻突发事件的影响。

要点提示

重大突发事件风险评估体系，主要包括以下层次：一是对本地方、本部门可能发生重大突发事件的领域、区位环节等进行监测并对收集到的各类突发事件风险信息进行分析、研判，提出预防、减少或者控制突发事件发生的建议和对策。二是对本地方、本部门年度内发生的各类突发事件及其应对工作情况，尤其是对防范工作进行评估，找出可能发生重大突发事件的领域、区位、环节，以认识、把握突发事件发生、发展的规律和趋势，完善相关制度和工作机制。三是对特定的突发事件应对工作情况包括应急处置和防范工作情况进行评估。

关联规定

1.《海洋观测预报管理条例》（2023年7月20日）

第二十七条　国务院海洋主管部门和沿海省、自治区、直辖市人民政府海洋主管部门应当根据海洋灾害分析统计结果，商本级人民政府有关部门提出确定海洋灾害重点防御区的意见，报本级人民政府批准后公布。

在海洋灾害重点防御区内设立产业园区、进行重大项目建设的，应当在项目可行性论证阶段，进行海洋灾害风险评估，预测和评估海啸、风暴潮等海洋灾害的影响。

2. 《气象灾害防御条例》（2017 年 10 月 7 日）

第十条 县级以上地方人民政府应当组织气象等有关部门对本行政区域内发生的气象灾害的种类、次数、强度和造成的损失等情况开展气象灾害普查，建立气象灾害数据库，按照气象灾害的种类进行气象灾害风险评估，并根据气象灾害分布情况和气象灾害风险评估结果，划定气象灾害风险区域。

第十一条 国务院气象主管机构应当会同国务院有关部门，根据气象灾害风险评估结果和气象灾害风险区域，编制国家气象灾害防御规划，报国务院批准后组织实施。

县级以上地方人民政府应当组织有关部门，根据上一级人民政府的气象灾害防御规划，结合本地气象灾害特点，编制本行政区域的气象灾害防御规划。

3. 《突发事件应急预案管理办法》（2024 年 1 月 31 日）

第十四条 国家有关部门和超大特大城市人民政府可以结合行业（地区）风险评估实际，制定巨灾应急预案，统筹本部门（行业、领域）、本地区巨灾应对工作。

第二十一条 编制应急预案应当依据有关法律、法规、规章和标准，紧密结合实际，在开展风险评估、资源调查、案例分析的基础上进行。

风险评估主要是识别突发事件风险及其可能产生的后果和次生（衍生）灾害事件，评估可能造成的危害程度和影响范围等。

资源调查主要是全面调查本地区、本单位应对突发事件可用的应急救援队伍、物资装备、场所和通过改造可以利用的应急资源状况，合作区域内可以请求援助的应急资源状况，重要基础设施容灾保障及备用状况，以及可以通过潜力转换提供应急资源的状况，为制定应急响应措施提供依据。必要时，也可根据突发事件应对需要，对本地区相关单位和居民所掌握的应急资源情况进行调查。

案例分析主要是对典型突发事件的发生演化规律、造成的后果和处置救援等情况进行复盘研究，必要时构建突发事件情景，总结经验教训，明确应对流程、职责任务和应对措施，为制定应急预案提供参考借鉴。

4.《防雷减灾管理办法》（2013 年 5 月 31 日）

第二十七条　大型建设工程、重点工程、爆炸和火灾危险环境、人员密集场所等项目应当进行雷电灾害风险评估，以确保公共安全。

各级地方气象主管机构按照有关规定组织进行本行政区域内的雷电灾害风险评估工作。

第三十三条　安全防范措施

县级人民政府应当对本行政区域内容易引发自然灾害、事故灾难和公共卫生事件的危险源、危险区域进行调查、登记、风险评估，定期进行检查、监控，并责令有关单位采取安全防范措施。

省级和设区的市级人民政府应当对本行政区域内容易引发特别重大、重大突发事件的危险源、危险区域进行调查、登记、风险评估，组织进行检查、监控，并责令有关单位采取安全防范措施。

县级以上地方人民政府应当根据情况变化，及时调整危险源、危险区域的登记。登记的危险源、危险区域及其基础信息，应当按照国家有关规定接入突发事件信息系统，并及时向社会公布。

✦ 关联规定

1.《突发事件应急预案管理办法》（2024年1月31日）

第十二条　重大活动主办或承办机构应当结合实际情况组织编制重大活动保障应急预案，侧重明确组织指挥体系、主要任务、安全风险及防范措施、应急联动、监测预警、信息报告、应急处置、人员疏散撤离组织和路线等内容。

第十六条　单位应急预案侧重明确应急响应责任人、风险隐患监测、主要任务、信息报告、预警和应急响应、应急处置措施、人员疏散转移、应急资源调用等内容。

大型企业集团可根据相关标准规范和实际工作需要，建立本集团应急预案体系。

安全风险单一、危险性小的生产经营单位，可结合实际简化应急预案要素和内容。

2.《交通运输突发事件应急管理规定》（2011年11月14日）

第二十六条　交通运输主管部门负责本辖区内交通运输突发事件危险源管理工作。对危险源、危险区域进行调查、登记、风险评估，组织检查、监控，并责令有关单位采取安全防范措施。

交通运输企业应当组织开展企业内交通运输突发事件危险源辨识、评估工作，采取相应安全防范措施，加强危险源监控与管理，并按规定及时向交通运输主管部门报告。

典型案例

某街道办事处与徐某行政纠纷案①

◎ 裁判要点

根据《突发事件应对法》第七条②第一款"县级人民政府对本行政区域内突发事件的应对工作负责；涉及两个以上行政区域的，由有关行政区域共同的上一级人民政府负责，或者由各有关行政区域的上一级人民政府共同负责"、第二十条③"县级人民政府应当对本行政区域内容易引发自然灾害、事故灾难和公共卫生事件的危险源、危险区域进行调查、登记、风险评估，定期进行检查、监控，并责令有关单位采取安全防范措施"等规定，街道办事处并非《突发事件应对法》规定的应对突发事件的责任主体。《某省人民政府办公厅关于全面推进城镇危旧住宅房屋治理改造工作的通知》《某市城镇危旧房屋治理改造工作实施意见（试行）》《某市2016年度"三改"专项行动工作领导小组会议纪要》等仅为规范性文件，均不能作为街道办事处实施被诉危房强拆行为的法律依据。

第三十四条　及时调处矛盾纠纷

县级人民政府及其有关部门、乡级人民政府、街道办事处、居民委员会、村民委员会应当及时调解处理可能引发社会安全事件的矛盾纠纷。

◎ 要点提示

县级人民政府及其有关部门、乡镇人民政府和居委会、村委会等群众自治组织，其工作往往直接与广大人民群众接触，能够及时了解到人民群众的思想状况和他们之间存在的矛盾纠纷。因此，这些基层行政机关和群

---

① 案号：（2017）浙06行终446号。
② 对应2024年修订后《突发事件应对法》第十七条、第十八条。
③ 对应2024年修订后《突发事件应对法》第三十三条。

众自治组织应当大力开展矛盾纠纷的排查和调处工作，及时化解各种矛盾纠纷，并加强思想政治工作，解决人民群众思想上存在的问题，以避免矛盾纠纷激化或者群众产生过激行为，引发社会安全事件。在开展这些工作过程中，基层人民政府和街道办事处还应当充分发挥人民调解委员会的作用，并对其工作给予大力支持和指导。

❋ 关联规定

1.《国家安全法》（2015 年 7 月 1 日）

　　第二十九条　国家健全有效预防和化解社会矛盾的体制机制，健全公共安全体系，积极预防、减少和化解社会矛盾，妥善处置公共卫生、社会安全等影响国家安全和社会稳定的突发事件，促进社会和谐，维护公共安全和社会安定。

2.《国家地震应急预案》（2012 年 8 月 28 日）

　　5.7　维护社会治安

　　严厉打击盗窃、抢劫、哄抢救灾物资、借机传播谣言制造社会恐慌等违法犯罪行为；在受灾群众安置点、救灾物资存放点等重点地区，增设临时警务站，加强治安巡逻，增强灾区群众的安全感；加强对党政机关、要害部门、金融单位、储备仓库、监狱等重要场所的警戒，做好涉灾矛盾纠纷化解和法律服务工作，维护社会稳定。

3.《国家城市轨道交通运营突发事件应急预案》（2015 年 4 月 30 日）

　　4.2.7　维护社会稳定

　　根据事件影响范围、程度，划定警戒区，做好事发现场及周边环境的保护和警戒，维护治安秩序；严厉打击借机传播谣言制造社会恐慌等违法犯罪行为；做好各类矛盾纠纷化解和法律服务工作，防止出现群体性事件，维护社会稳定。

第三十五条　安全管理制度

所有单位应当建立健全安全管理制度，定期开展危险源辨识评估，制定安全防范措施；定期检查本单位各项安全防范措施的落实情况，及时消除事故隐患；掌握并及时处理本单位存在的可能引发社会安全事件的问题，防止矛盾激化和事态扩大；对本单位可能发生的突发事件和采取安全防范措施的情况，应当按照规定及时向所在地人民政府或者有关部门报告。

❁ 要点提示

各单位都要按照规定，及时向所在地人民政府或者政府有关部门报告本单位可能发生的突发事件和采取安全防范措施的情况。这主要是为了使地方人民政府能够及时掌握本行政区域内存在的引发各种突发事件的风险和隐患，监督检查有关单位采取安全防范措施的情况，并及时责令或者帮助有关单位消除隐患和风险。这也有利于突发事件发生后，政府或者政府有关部门及时有效地予以处置。

❁ 关联规定

1.《城镇燃气管理条例》（2016年2月6日）

第十五条　国家对燃气经营实行许可证制度。从事燃气经营活动的企业，应当具备下列条件：

（一）符合燃气发展规划要求；

（二）有符合国家标准的燃气气源和燃气设施；

（三）有固定的经营场所、完善的安全管理制度和健全的经营方案；

（四）企业的主要负责人、安全生产管理人员以及运行、维护和抢修人员经专业培训并考核合格；

（五）法律、法规规定的其他条件。

符合前款规定条件的，由县级以上地方人民政府燃气管理部门核发燃气经营许可证。

2.《消防安全责任制实施办法》（2017年10月29日）

第十二条　县级以上人民政府工作部门应当按照谁主管、谁负责的原则，在各自职责范围内履行下列职责：

（一）根据本行业、本系统业务工作特点，在行业安全生产法规政策、规划计划和应急预案中纳入消防安全内容，提高消防安全管理水平。

（二）依法督促本行业、本系统相关单位落实消防安全责任制，建立消防安全管理制度，确定专（兼）职消防安全管理人员，落实消防工作经费；开展针对性消防安全检查治理，消除火灾隐患；加强消防宣传教育培训，每年组织应急演练，提高行业从业人员消防安全意识。

（三）法律、法规和规章规定的其他消防安全职责。

3.《租赁厂房和仓库消防安全管理办法（试行）》（2023年7月14日）

第二十五条　租赁厂房、仓库应当建立用火安全管理制度，对使用明火实施严格的消防安全管理，不得在具有火灾、爆炸危险的场所使用明火。

租赁厂房、仓库不得违法生产、储存易燃易爆危险品。

设置在租赁厂房内的劳动密集型企业生产加工车间，在生产加工期间禁止进行动火作业。

租赁仓库内严禁使用明火；仓库以及周围五十米内，严禁燃放烟花爆竹。

第二十六条　租赁厂房、仓库因生产工艺、装修改造或者其他特殊情况需要进行电焊、气焊等具有火灾危险作业的，动火部门和人员应当按照用火安全管理制度事先办理审批手续。动火审批手续应当经消防安全责任人或者消防安全管理人批准，并落实相应的消防安全措施，在确认无火灾、爆炸危险后方可动火施工。动火审批手续应当注明动火地点、时间、动火作业人、现场监护人、批准人和消防安全措施等事项。

进行电焊、气焊等具有火灾危险作业的，消防安全责任人或者消防安全管理人应当查验电焊、气焊等具有火灾危险作业的人员是否依法持证上岗。

第二十七条 租赁厂房、仓库应当建立用电安全管理制度。电器产品的安装、使用及其线路的敷设、维护保养、检测，必须符合消防技术标准和管理规定。

严禁在租赁厂房、仓库内为电动自行车、电驱动车辆充电。

4.《机关、团体、企业、事业单位消防安全管理规定》（2001年11月14日）

第十六条 公众聚集场所应当在具备下列消防安全条件后，向当地公安消防机构申报进行消防安全检查，经检查合格后方可开业使用：

（一）依法办理建筑工程消防设计审核手续，并经消防验收合格；

（二）建立健全消防安全组织，消防安全责任明确；

（三）建立消防安全管理制度和保障消防安全的操作规程；

（四）员工经过消防安全培训；

（五）建筑消防设施齐全、完好有效；

（六）制定灭火和应急疏散预案。

5.《高层民用建筑消防安全管理规定》（2021年6月21日）

第七条 高层公共建筑的业主单位、使用单位应当履行下列消防安全职责：

（一）遵守消防法律法规，建立和落实消防安全管理制度；

（二）明确消防安全管理机构或者消防安全管理人员；

（三）组织开展防火巡查、检查，及时消除火灾隐患；

（四）确保疏散通道、安全出口、消防车通道畅通；

（五）对建筑消防设施、器材定期进行检验、维修，确保完好有效；

（六）组织消防宣传教育培训，制定灭火和应急疏散预案，定期组织消防演练；

（七）按照规定建立专职消防队、志愿消防队（微型消防站）等消防组织；

（八）法律、法规规定的其他消防安全职责。

委托物业服务企业，或者明确统一管理人实施消防安全管理的，物业服务企业或者统一管理人应当按照约定履行前款规定的消防安全职责，业主单位、使用单位应当督促并配合物业服务企业或者统一管理人做好消防安全工作。

6.《仓库防火安全管理规则》（1990年4月10日）

第四十九条　防火负责人在审批火炉的使用地点时，必须根据储存品的分类，按照有关防火间距的规定审批，并制定防火安全管理制度，落实到人。

第三十六条　矿山和危险物品单位预防义务

> 矿山、金属冶炼、建筑施工单位和易燃易爆物品、危险化学品、放射性物品等危险物品的生产、经营、运输、储存、使用单位，应当制定具体应急预案，配备必要的应急救援器材、设备和物资，并对生产经营场所、有危险物品的建筑物、构筑物及周边环境开展隐患排查，及时采取措施管控风险和消除隐患，防止发生突发事件。

❖ 要点提示

危险物品的生产、经营、运输、储存、使用单位从事的是高风险的行业，应当比一般单位承担更大的预防突发事件的责任。这类单位必须针对可能发生的突发事件的种类、性质、特点和可能造成的社会危害等情况，制定具体的应急预案。

关联规定

1.《安全生产法》(2021年6月10日)

第二十六条　生产经营单位的安全生产管理机构以及安全生产管理人员应当恪尽职守,依法履行职责。

生产经营单位作出涉及安全生产的经营决策,应当听取安全生产管理机构以及安全生产管理人员的意见。

生产经营单位不得因安全生产管理人员依法履行职责而降低其工资、福利等待遇或者解除与其订立的劳动合同。

危险物品的生产、储存单位以及矿山、金属冶炼单位的安全生产管理人员的任免,应当告知主管的负有安全生产监督管理职责的部门。

第二十七条　生产经营单位的主要负责人和安全生产管理人员必须具备与本单位所从事的生产经营活动相应的安全生产知识和管理能力。

危险物品的生产、经营、储存、装卸单位以及矿山、金属冶炼、建筑施工、运输单位的主要负责人和安全生产管理人员,应当由主管的负有安全生产监督管理职责的部门对其安全生产知识和管理能力考核合格。考核不得收费。

危险物品的生产、储存、装卸单位以及矿山、金属冶炼单位应当有注册安全工程师从事安全生产管理工作。鼓励其他生产经营单位聘用注册安全工程师从事安全生产管理工作。注册安全工程师按专业分类管理,具体办法由国务院人力资源和社会保障部门、国务院应急管理部门会同国务院有关部门制定。

2.《防震减灾法》(2008年12月27日)

第四十六条　国务院地震工作主管部门会同国务院有关部门制定国家地震应急预案,报国务院批准。国务院有关部门根据国家地震应急预案,制定本部门的地震应急预案,报国务院地震工作主管部门备案。

县级以上地方人民政府及其有关部门和乡、镇人民政府,应当根据有关法律、法规、规章、上级人民政府及其有关部门的地震应急预案和本行政区域的实际情况，制定本行政区域的地震应急预案和本部门的地震应急预案。省、自治区、直辖市和较大的市的地震应急预案，应当报国务院地震工作主管部门备案。

交通、铁路、水利、电力、通信等基础设施和学校、医院等人员密集场所的经营管理单位，以及可能发生次生灾害的核电、矿山、危险物品等生产经营单位，应当制定地震应急预案，并报所在地的县级人民政府负责管理地震工作的部门或者机构备案。

3.《消防法》（2021年4月29日）

第二十二条　生产、储存、装卸易燃易爆危险品的工厂、仓库和专用车站、码头的设置，应当符合消防技术标准。易燃易爆气体和液体的充装站、供应站、调压站，应当设置在符合消防安全要求的位置，并符合防火防爆要求。

已经设置的生产、储存、装卸易燃易爆危险品的工厂、仓库和专用车站、码头，易燃易爆气体和液体的充装站、供应站、调压站，不再符合前款规定的，地方人民政府应当组织、协调有关部门、单位限期解决，消除安全隐患。

4.《中华人民共和国防汛条例》（2001年1月8日）

第三十二条　在紧急防汛期，为了防汛抢险需要，防汛指挥部有权在其管辖范围内，调用物资、设备、交通运输工具和人力，事后应当及时归还或者给予适当补偿。因抢险需要取土占地、砍伐林木、清除阻水障碍物的，任何单位和个人不得阻拦。

前款所指取土占地、砍伐林木的，事后应当依法向有关部门补办手续。

5.《机关、团体、企业、事业单位消防安全管理规定》(2001年11月14日)

第十八条　单位应当按照国家有关规定，结合本单位的特点，建立健全各项消防安全制度和保障消防安全的操作规程，并公布执行。

单位消防安全制度主要包括以下内容：消防安全教育、培训；防火巡查、检查；安全疏散设施管理；消防（控制室）值班；消防设施、器材维护管理；火灾隐患整改；用火、用电安全管理；易燃易爆危险物品和场所防火防爆；专职和义务消防队的组织管理；灭火和应急疏散预案演练；燃气和电气设备的检查和管理（包括防雷、防静电）；消防安全工作考评和奖惩；其他必要的消防安全内容。

第二十二条　单位应当遵守国家有关规定，对易燃易爆危险物品的生产、使用、储存、销售、运输或者销毁实行严格的消防安全管理。

第二十六条　机关、团体、事业单位应当至少每季度进行一次防火检查，其他单位应当至少每月进行一次防火检查。检查的内容应当包括：

（一）火灾隐患的整改情况以及防范措施的落实情况；

（二）安全疏散通道、疏散指示标志、应急照明和安全出口情况；

（三）消防车通道、消防水源情况；

（四）灭火器材配置及有效情况；

（五）用火、用电有无违章情况；

（六）重点工种人员以及其他员工消防知识的掌握情况；

（七）消防安全重点部位的管理情况；

（八）易燃易爆危险物品和场所防火防爆措施的落实情况以及其他重要物资的防火安全情况；

（九）消防（控制室）值班情况和设施运行、记录情况；

（十）防火巡查情况；

（十一）消防安全标志的设置情况和完好、有效情况；

（十二）其他需要检查的内容。

防火检查应当填写检查记录。检查人员和被检查部门负责人应当在检查记录上签名。

第三十七条　人员密集场所经营单位或者管理单位的预防义务

公共交通工具、公共场所和其他人员密集场所的经营单位或者管理单位应当制定具体应急预案，为交通工具和有关场所配备报警装置和必要的应急救援设备、设施，注明其使用方法，并显著标明安全撤离的通道、路线，保证安全通道、出口的畅通。

有关单位应当定期检测、维护其报警装置和应急救援设备、设施，使其处于良好状态，确保正常使用。

✿ 要点提示

公共交通工具、公共场所和其他人员密集场所的经营单位或者管理单位，都必须针对各自可能发生的突发事件的种类、性质、特点和可能造成的社会危害等情况，制定具体应急预案。

✿ 关联规定

1.《防震减灾法》（2008年12月27日）

第四十六条　国务院地震工作主管部门会同国务院有关部门制定国家地震应急预案，报国务院批准。国务院有关部门根据国家地震应急预案，制定本部门的地震应急预案，报国务院地震工作主管部门备案。

县级以上地方人民政府及其有关部门和乡、镇人民政府，应当根据有关法律、法规、规章、上级人民政府及其有关部门的地震应急预案和本行政区域的实际情况，制定本行政区域的地震应急预案和本部门的地震应急预案。省、自治区、直辖市和较大的市的地震应急预案，应当报国务院地震工作主管部门备案。

交通、铁路、水利、电力、通信等基础设施和学校、医院等人员密集场所的经营管理单位，以及可能发生次生灾害的核电、矿山、危险物品等生产经营单位，应当制定地震应急预案，并报所在地的县级人民政府负责管理地震工作的部门或者机构备案。

2.《国务院关于加强地质灾害防治工作的决定》(2011年6月13日)

（十九）强化基层地质灾害防范。地质灾害易发区要充分发挥基层群众熟悉情况的优势，大力支持和推进乡、村地质灾害监测、巡查、预警、转移避险等应急能力建设。在地质灾害重点防范期内，乡镇人民政府、基层群众自治组织要加强对地质灾害隐患的巡回检查，对威胁学校、医院、村庄、集市、企事业单位等人员密集场所的重大隐患点，要安排专人盯守巡查，并于每年汛期前至少组织一次应急避险演练。

3.《突发事件应急预案管理办法》(2024年1月31日)

第三十二条 应急预案编制单位应当建立应急预案演练制度，通过采取形式多样的方式方法，对应急预案所涉及的单位、人员、装备、设施等组织演练。通过演练发现问题、解决问题，进一步修改完善应急预案。

专项应急预案、部门应急预案每3年至少进行一次演练。

地震、台风、风暴潮、洪涝、山洪、滑坡、泥石流、森林草原火灾等自然灾害易发区域所在地人民政府，重要基础设施和城市供水、供电、供气、供油、供热等生命线工程经营管理单位，矿山、金属冶炼、建筑施工单位和易燃易爆物品、化学品、放射性物品等危险物品生产、经营、使用、储存、运输、废弃处置单位，公共交通工具、公共场所和医院、学校等人员密集场所的经营单位或者管理单位等，应当有针对性地组织开展应急预案演练。

4.《消防安全责任制实施办法》(2017年10月29日)

第十七条 对容易造成群死群伤火灾的人员密集场所、易燃易爆单位和高层、地下公共建筑等火灾高危单位，除履行第十五条、第十六条规定的职责外，还应当履行下列职责：

（一）定期召开消防安全工作例会，研究本单位消防工作，处理涉及消防经费投入、消防设施设备购置、火灾隐患整改等重大问题。

（二）鼓励消防安全管理人取得注册消防工程师执业资格，消防安全责任人和特有工种人员须经消防安全培训；自动消防设施操作人员应取得建（构）筑物消防员资格证书。

（三）专职消防队或微型消防站应当根据本单位火灾危险特性配备相应的消防装备器材，储备足够的灭火救援药剂和物资，定期组织消防业务学习和灭火技能训练。

（四）按照国家标准配备应急逃生设施设备和疏散引导器材。

（五）建立消防安全评估制度，由具有资质的机构定期开展评估，评估结果向社会公开。

（六）参加火灾公众责任保险。

5.《国家地震应急预案》（2012年8月28日）

8.4 避难场所保障

县级以上地方人民政府及其有关部门，利用广场、绿地、公园、学校、体育场馆等公共设施，因地制宜设立地震应急避难场所，统筹安排所必需的交通、通信、供水、供电、排污、环保、物资储备等设备设施。

学校、医院、影剧院、商场、酒店、体育场馆等人员密集场所设置地震应急疏散通道，配备必要的救生避险设施，保证通道、出口的畅通。有关单位定期检测、维护报警装置和应急救援设施，使其处于良好状态，确保正常使用。

6.《消防监督检查规定》（2012年7月17日）

第七条 公安机关消防机构根据本地区火灾规律、特点等消防安全需要组织监督抽查；在火灾多发季节，重大节日、重大活动前或者期间，应当组织监督抽查。

消防安全重点单位应当作为监督抽查的重点，非消防安全重点单位必须在监督抽查的单位数量中占有一定比例。对属于人员密集场所的消防安全重点单位每年至少监督检查一次。

第三十八条　应对管理培训制度

县级以上人民政府应当建立健全突发事件应对管理培训制度，对人民政府及其有关部门负有突发事件应对管理职责的工作人员以及居民委员会、村民委员会有关人员定期进行培训。

要点提示

对人民政府及其有关部门负有突发事件应对管理职责的工作人员以及居民委员会、村民委员会有关人员定期进行培训。如制定本级政府的培训规划，将应急管理知识培训纳入干部教育的课程体系；明确承担培训任务的单位如各级行政学院、具备一定条件的高等院校；明确培训任务分工，如各级政府重点负责培训本级政府各有关部门的领导、负有处置突发事件职责的工作人员和下一级政府有关领导；根据不同岗位的要求，编写培训教材、建立多元化的培训课程体系。

关联规定

1.《突发事件应急预案管理办法》（2024年1月31日）

第三条　应急预案的规划、编制、审批、发布、备案、培训、宣传、演练、评估、修订等工作，适用本办法。

第二十九条　应急预案发布后，其编制单位应做好组织实施和解读工作，并跟踪应急预案落实情况，了解有关方面和社会公众的意见建议。

第三十条　应急预案编制单位应当通过编发培训材料、举办培训班、开展工作研讨等方式，对与应急预案实施密切相关的管理人员、专业救援人员等进行培训。

各级人民政府及其有关部门应将应急预案培训作为有关业务培训的重要内容，纳入领导干部、公务员等日常培训内容。

第三十八条　各级人民政府及其有关部门、各有关单位要指定专门机构和人员负责相关具体工作，将应急预案规划、编制、审批、发布、备案、培训、宣传、演练、评估、修订等所需经费纳入预算统筹安排。

2.《国家地震应急预案》（2012年8月28日）

8.6　宣传、培训与演练

宣传、教育、文化、广播电视、新闻出版、地震等主管部门密切配合，开展防震减灾科学、法律知识普及和宣传教育，动员社会公众积极参与防震减灾活动，提高全社会防震避险和自救互救能力。学校把防震减灾知识教育纳入教学内容，加强防震减灾专业人才培养，教育、地震等主管部门加强指导和监督。

地方各级人民政府建立健全地震应急管理培训制度，结合本地区实际，组织应急管理人员、救援人员、志愿者等进行地震应急知识和技能培训。

各级人民政府及其有关部门要制定演练计划并定期组织开展地震应急演练。机关、学校、医院、企事业单位和居委会、村委会、基层组织等，要结合实际开展地震应急演练。

第三十九条　应急救援队伍

国家综合性消防救援队伍是应急救援的综合性常备骨干力量，按照国家有关规定执行综合应急救援任务。县级以上人民政府有关部门可以根据实际需要设立专业应急救援队伍。

县级以上人民政府及其有关部门可以建立由成年志愿者组成的应急救援队伍。乡级人民政府、街道办事处和有条件的居民委员会、村民委员会可以建立基层应急救援队伍，及时、就近开展应急救援。单位应当建立由本单位职工组成的专职或者兼职应急救援队伍。

> 国家鼓励和支持社会力量建立提供社会化应急救援服务的应急救援队伍。社会力量建立的应急救援队伍参与突发事件应对工作应当服从履行统一领导职责或者组织处置突发事件的人民政府、突发事件应急指挥机构的统一指挥。
>
> 县级以上人民政府应当推动专业应急救援队伍与非专业应急救援队伍联合培训、联合演练，提高合成应急、协同应急的能力。

要点提示

本条规定各级各类应急救援队伍，明确国家综合性消防救援队伍是应急救援的综合性常备骨干力量，增加规定基层应急救援队伍、社会力量建立的应急救援队伍，并明确政府应当推动专业应急救援队伍与非专业应急救援队伍联合培训、联合演练，提高合成应急、协同应急的能力。[1]

关联规定

1.《生产安全事故应急条例》（2019年2月17日）

第十一条 应急救援队伍的应急救援人员应当具备必要的专业知识、技能、身体素质和心理素质。

应急救援队伍建立单位或者兼职应急救援人员所在单位应当按照国家有关规定对应急救援人员进行培训；应急救援人员经培训合格后，方可参加应急救援工作。

应急救援队伍应当配备必要的应急救援装备和物资，并定期组织训练。

第十二条 生产经营单位应当及时将本单位应急救援队伍建立情况按照国家有关规定报送县级以上人民政府负有安全生产监督管理职责的部

---

[1] 《"坚持人民至上、生命至上"》，载人民法院报微信公众号，2024年6月28日发布，https://mp.weixin.qq.com/s/MFkw2xWy4S3z9hvAilBGyQ，2024年7月3日访问。

门，并依法向社会公布。

县级以上人民政府负有安全生产监督管理职责的部门应当定期将本行业、本领域的应急救援队伍建立情况报送本级人民政府，并依法向社会公布。

2.《安全生产预防和应急救援能力建设补助资金管理办法》（2022年8月2日）

第十一条　国家专业应急救援队伍是指由应急部牵头规划，在重点行业领域依托国有企业和有关单位建设的专业应急救援队伍，是国家综合性常备应急骨干力量。重特大生产安全事故发生后，由应急部统一调度指挥，承担应急救援任务。

国家专业应急救援队伍人员工资、日常训练、通用装备购置等资金由企业和单位投入，安全生产应急救援力量建设支出对队伍建设给予必要支持。

第四十条　应急救援人员人身保险和资格要求

地方各级人民政府、县级以上人民政府有关部门、有关单位应当为其组建的应急救援队伍购买人身意外伤害保险，配备必要的防护装备和器材，防范和减少应急救援人员的人身伤害风险。

专业应急救援人员应当具备相应的身体条件、专业技能和心理素质，取得国家规定的应急救援职业资格，具体办法由国务院应急管理部门会同国务院有关部门制定。

❖ 关联规定

1.《国家海上搜救应急预案》（2006年1月23日）

　　6.3　保险

　　6.3.1　参加现场救助的政府公务人员由其所在单位办理人身意外伤

害保险。

6.3.2 参加救助的专业救助人员由其所属单位办理人身意外伤害保险。

6.3.3 国家金融保险机构要及时介入海上突发事件的处置工作，按规定开展赔付工作。

2.《交通运输突发事件应急管理规定》（2011年11月14日）

第十七条 所有列入应急队伍的交通运输应急人员，其所属单位应当为其购买人身意外伤害保险，配备必要的防护装备和器材，减少应急人员的人身风险。

3.《突发事件医疗应急工作管理办法（试行）》（2023年12月8日）

第二十四条 各地按规定落实参加突发事件应急处置的医疗卫生人员补助，为参与突发事件处置的专业应急救援人员购买人身意外伤害保险。

第四十一条　解放军、武警和民兵专门训练

中国人民解放军、中国人民武装警察部队和民兵组织应当有计划地组织开展应急救援的专门训练。

第四十二条　应急知识宣传普及和应急演练

县级人民政府及其有关部门、乡级人民政府、街道办事处应当组织开展面向社会公众的应急知识宣传普及活动和必要的应急演练。

居民委员会、村民委员会、企业事业单位、社会组织应当根据所在地人民政府的要求，结合各自的实际情况，开展面向居民、村民、职工等的应急知识宣传普及活动和必要的应急演练。

要点提示

基层的应急能力是应急管理工作的基础,人民群众的积极参与是国家应急管理体系的重要组成部分。因此,县级人民政府及其有关部门、乡级人民政府、街道办事处应当组织开展应急知识的宣传普及活动和必要的应急演练。

关联规定

1.《核安全法》(2017年9月1日)

第五十六条 核设施营运单位应当按照应急预案,配备应急设备,开展应急工作人员培训和演练,做好应急准备。

核设施所在地省、自治区、直辖市人民政府指定的部门,应当开展核事故应急知识普及活动,按照应急预案组织有关企业、事业单位和社区开展核事故应急演练。

2.《自然灾害救助条例》(2019年3月2日)

第六条 各级人民政府应当加强防灾减灾宣传教育,提高公民的防灾避险意识和自救互救能力。

村民委员会、居民委员会、企业事业单位应当根据所在地人民政府的要求,结合各自的实际情况,开展防灾减灾应急知识的宣传普及活动。

3.《建设工程抗震管理条例》(2021年7月19日)

第六条 国家鼓励和支持建设工程抗震技术的研究、开发和应用。

各级人民政府应当组织开展建设工程抗震知识宣传普及,提高社会公众抗震防灾意识。

4.《突发公共卫生事件应急条例》(2011年1月8日)

第十八条 县级以上地方人民政府卫生行政主管部门,应当定期对医疗卫生机构和人员开展突发事件应急处理相关知识、技能的培训,定期组织医疗卫生机构进行突发事件应急演练，推广最新知识和先进技术。

5.《突发事件应急预案管理办法》（2024年1月31日）

第三条　应急预案的规划、编制、审批、发布、备案、培训、宣传、演练、评估、修订等工作，适用本办法。

第三十一条　对需要公众广泛参与的非涉密的应急预案，编制单位应当充分利用互联网、广播、电视、报刊等多种媒体广泛宣传，制作通俗易懂、好记管用的宣传普及材料，向公众免费发放。

第三十八条　各级人民政府及其有关部门、各有关单位要指定专门机构和人员负责相关具体工作，将应急预案规划、编制、审批、发布、备案、培训、宣传、演练、评估、修订等所需经费纳入预算统筹安排。

> **第四十三条**　**学校的应急教育和演练义务**
>
> 各级各类学校应当把应急教育纳入教育教学计划，对学生及教职工开展应急知识教育和应急演练，培养安全意识，提高自救与互救能力。
>
> 教育主管部门应当对学校开展应急教育进行指导和监督，应急管理等部门应当给予支持。

❖ 关联规定

1.《防震减灾法》（2008年12月27日）

第四十四条　县级人民政府及其有关部门和乡、镇人民政府、城市街道办事处等基层组织，应当组织开展地震应急知识的宣传普及活动和必要的地震应急救援演练，提高公民在地震灾害中自救互救的能力。

机关、团体、企业、事业等单位，应当按照所在地人民政府的要求，结合各自实际情况，加强对本单位人员的地震应急知识宣传教育，开展地震应急救援演练。

学校应当进行地震应急知识教育，组织开展必要的地震应急救援演练，培养学生的安全意识和自救互救能力。

新闻媒体应当开展地震灾害预防和应急、自救互救知识的公益宣传。

国务院地震工作主管部门和县级以上地方人民政府负责管理地震工作的部门或者机构，应当指导、协助、督促有关单位做好防震减灾知识的宣传教育和地震应急救援演练等工作。

2.《森林法》（2019年12月28日）

第十二条 各级人民政府应当加强森林资源保护的宣传教育和知识普及工作，鼓励和支持基层群众性自治组织、新闻媒体、林业企业事业单位、志愿者等开展森林资源保护宣传活动。

教育行政部门、学校应当对学生进行森林资源保护教育。

3.《安全生产法》（2021年6月10日）

第二十八条 生产经营单位应当对从业人员进行安全生产教育和培训，保证从业人员具备必要的安全生产知识，熟悉有关的安全生产规章制度和安全操作规程，掌握本岗位的安全操作技能，了解事故应急处理措施，知悉自身在安全生产方面的权利和义务。未经安全生产教育和培训合格的从业人员，不得上岗作业。

生产经营单位使用被派遣劳动者的，应当将被派遣劳动者纳入本单位从业人员统一管理，对被派遣劳动者进行岗位安全操作规程和安全操作技能的教育和培训。劳务派遣单位应当对被派遣劳动者进行必要的安全生产教育和培训。

生产经营单位接收中等职业学校、高等学校学生实习的，应当对实习学生进行相应的安全生产教育和培训，提供必要的劳动防护用品。学校应当协助生产经营单位对实习学生进行安全生产教育和培训。

生产经营单位应当建立安全生产教育和培训档案，如实记录安全生产教育和培训的时间、内容、参加人员以及考核结果等情况。

4.《突发事件医疗应急工作管理办法（试行）》（2023年12月8日）

第二十二条　加强医疗应急科普宣教，利用广播、电视、报纸和网络等大众媒体，及时将宣传信息传递到有关目标人群，将切合实际的有关自救互救等知识反复向公众宣传，通过开展医疗应急科普知识进企业、进农村、进社区、进学校、进家庭等活动，倡导卫生行为，群策、群防、群控，提高公众突发事件医疗应急意识和能力。

第四十四条　经费保障

各级人民政府应当将突发事件应对工作所需经费纳入本级预算，并加强资金管理，提高资金使用绩效。

❋ 关联规定

1.《预算法》（2018年12月29日）

第四十条　各级一般公共预算应当按照本级一般公共预算支出额的百分之一至百分之三设置预备费，用于当年预算执行中的自然灾害等突发事件处理增加的支出及其他难以预见的开支。

第五十二条　各级预算经本级人民代表大会批准后，本级政府财政部门应当在二十日内向本级各部门批复预算。各部门应当在接到本级政府财政部门批复的本部门预算后十五日内向所属各单位批复预算。

中央对地方的一般性转移支付应当在全国人民代表大会批准预算后三十日内正式下达。中央对地方的专项转移支付应当在全国人民代表大会批准预算后九十日内正式下达。

省、自治区、直辖市政府接到中央一般性转移支付和专项转移支付后，应当在三十日内正式下达到本行政区域县级以上各级政府。

县级以上地方各级预算安排对下级政府的一般性转移支付和专项转移支付，应当分别在本级人民代表大会批准预算后的三十日和六十日内正式下达。

对自然灾害等突发事件处理的转移支付，应当及时下达预算；对据实结算等特殊项目的转移支付，可以分期下达预算，或者先预付后结算。

县级以上各级政府财政部门应当将批复本级各部门的预算和批复下级政府的转移支付预算，抄送本级人民代表大会财政经济委员会、有关专门委员会和常务委员会有关工作机构。

第五十四条　预算年度开始后，各级预算草案在本级人民代表大会批准前，可以安排下列支出：

（一）上一年度结转的支出；

（二）参照上一年同期的预算支出数额安排必须支付的本年度部门基本支出、项目支出，以及对下级政府的转移性支出；

（三）法律规定必须履行支付义务的支出，以及用于自然灾害等突发事件处理的支出。

根据前款规定安排支出的情况，应当在预算草案的报告中作出说明。

预算经本级人民代表大会批准后，按照批准的预算执行。

第六十九条　在预算执行中，各级政府对于必须进行的预算调整，应当编制预算调整方案。预算调整方案应当说明预算调整的理由、项目和数额。

在预算执行中，由于发生自然灾害等突发事件，必须及时增加预算支出的，应当先动支预备费；预备费不足支出的，各级政府可以先安排支出，属于预算调整的，列入预算调整方案。

国务院财政部门应当在全国人民代表大会常务委员会举行会议审查和批准预算调整方案的三十日前，将预算调整初步方案送交全国人民代表大会财政经济委员会进行初步审查。

省、自治区、直辖市政府财政部门应当在本级人民代表大会常务委员会举行会议审查和批准预算调整方案的三十日前，将预算调整初步方案送交本级人民代表大会有关专门委员会进行初步审查。

设区的市、自治州政府财政部门应当在本级人民代表大会常务委员会举行会议审查和批准预算调整方案的三十日前，将预算调整初步方案送交本级人民代表大会有关专门委员会进行初步审查，或者送交本级人民代表大会常务委员会有关工作机构征求意见。

县、自治县、不设区的市、市辖区政府财政部门应当在本级人民代表大会常务委员会举行会议审查和批准预算调整方案的三十日前，将预算调整初步方案送交本级人民代表大会常务委员会有关工作机构征求意见。

中央预算的调整方案应当提请全国人民代表大会常务委员会审查和批准。县级以上地方各级预算的调整方案应当提请本级人民代表大会常务委员会审查和批准；乡、民族乡、镇预算的调整方案应当提请本级人民代表大会审查和批准。未经批准，不得调整预算。

2.《自然灾害救助条例》（2019年3月2日）

第四条　县级以上人民政府应当将自然灾害救助工作纳入国民经济和社会发展规划，建立健全与自然灾害救助需求相适应的资金、物资保障机制，将人民政府安排的自然灾害救助资金和自然灾害救助工作经费纳入财政预算。

3.《中华人民共和国抗旱条例》（2009年2月26日）

第四条　县级以上人民政府应当将抗旱工作纳入本级国民经济和社会发展规划，所需经费纳入本级财政预算，保障抗旱工作的正常开展。

第五十条　各级人民政府应当建立和完善与经济社会发展水平以及抗旱减灾要求相适应的资金投入机制，在本级财政预算中安排必要的资金，保障抗旱减灾投入。

第四十五条　应急物资储备保障制度和目录

国家按照集中管理、统一调拨、平时服务、灾时应急、采储结合、节约高效的原则，建立健全应急物资储备保障制度，动态更新应急物资储备品种目录，完善重要应急物资的监管、生产、采购、储备、调拨和紧急配送体系，促进安全应急产业发展，优化产业布局。

国家储备物资品种目录、总体发展规划，由国务院发展改革部门会同国务院有关部门拟订。国务院应急管理等部门依据职责制定应急物资储备规划、品种目录，并组织实施。应急物资储备规划应当纳入国家储备总体发展规划。

❋ 关联规定

1.《自然灾害救助条例》（2019年3月2日）

第十条 国家建立自然灾害救助物资储备制度，由国务院应急管理部门分别会同国务院财政部门、发展改革部门、工业和信息化部门、粮食和物资储备部门制定全国自然灾害救助物资储备规划和储备库规划，并组织实施。其中，由国务院粮食和物资储备部门会同相关部门制定中央救灾物资储备库规划，并组织实施。

设区的市级以上人民政府和自然灾害多发、易发地区的县级人民政府应当根据自然灾害特点、居民人口数量和分布等情况，按照布局合理、规模适度的原则，设立自然灾害救助物资储备库。

2.《中华人民共和国抗旱条例》（2009年2月26日）

第十九条 干旱灾害频繁发生地区的县级以上地方人民政府，应当根据抗旱工作需要储备必要的抗旱物资，并加强日常管理。

3.《国家突发公共事件总体应急预案》（2006年1月8日）

4.3 物资保障

要建立健全应急物资监测网络、预警体系和应急物资生产、储备、调拨及紧急配送体系，完善应急工作程序，确保应急所需物资和生活用品的及时供应，并加强对物资储备的监督管理，及时予以补充和更新。

地方各级人民政府应根据有关法律、法规和应急预案的规定，做好物资储备工作。

4.《国家地震应急预案》（2012年8月28日）

8.3 物资与资金保障

国务院有关部门建立健全应急物资储备网络和生产、调拨及紧急配送体系，保障地震灾害应急工作所需生活救助物资、地震救援和工程抢险装备、医疗器械和药品等的生产供应。县级以上地方人民政府及其有关部门根据有关法律法规，做好应急物资储备工作，并通过与有关生产经营企业签订协议等方式，保障应急物资、生活必需品和应急处置装备的生产、供给。

县级以上人民政府保障抗震救灾工作所需经费。中央财政对达到国家级灾害应急响应、受地震灾害影响较大和财政困难的地区给予适当支持。

5.《国家安全生产事故灾难应急预案》（2006年1月22日）

6.2.5 物资保障

国务院有关部门和县级以上人民政府及其有关部门、企业，应当建立应急救援设施、设备、救治药品和医疗器械等储备制度，储备必要的应急物资和装备。

各专业应急救援机构根据实际情况，负责监督应急物资的储备情况、掌握应急物资的生产加工能力储备情况。

6.《生产安全事故应急预案管理办法》（2019年7月11日）

第三十八条　生产经营单位应当按照应急预案的规定，落实应急指挥体系、应急救援队伍、应急物资及装备，建立应急物资、装备配备及其使用档案，并对应急物资、装备进行定期检测和维护，使其处于适用状态。

7.《应急管理标准化工作管理办法》（2019年7月7日）

第九条　应急管理标准化工作应当注重军民融合，推动应急救援装备、应急物资储备、应急工程建设、应急管理信息平台建设等基础领域军民标准通用衔接和相互转化。

8.《交通运输突发事件应急管理规定》（2011 年 11 月 14 日）

第六条 国务院交通运输主管部门负责编制并发布国家交通运输应急保障体系建设规划，统筹规划、建设国家级交通运输突发事件应急队伍、应急装备和应急物资保障基地，储备应急运力，相关内容纳入国家应急保障体系规划。

各省、自治区、直辖市交通运输主管部门负责编制并发布地方交通运输应急保障体系建设规划，统筹规划、建设本辖区应急队伍、应急装备和应急物资保障基地，储备应急运力，相关内容纳入地方应急保障体系规划。

第十三条 交通运输主管部门、交通运输企业应当按照有关规划和应急预案的要求，根据应急工作的实际需要，建立健全应急装备和应急物资储备、维护、管理和调拨制度，储备必需的应急物资和运力，配备必要的专用应急指挥交通工具和应急通信装备，并确保应急物资装备处于正常使用状态。

第四十六条　应急救援物资、装备等生产、供应和储备

设区的市级以上人民政府和突发事件易发、多发地区的县级人民政府应当建立应急救援物资、生活必需品和应急处置装备的储备保障制度。

县级以上地方人民政府应当根据本地区的实际情况和突发事件应对工作的需要，依法与有条件的企业签订协议，保障应急救援物资、生活必需品和应急处置装备的生产、供给。有关企业应当根据协议，按照县级以上地方人民政府要求，进行应急救援物资、生活必需品和应急处置装备的生产、供给，并确保符合国家有关产品质量的标准和要求。

国家鼓励公民、法人和其他组织储备基本的应急自救物资和生活必需品。有关部门可以向社会公布相关物资、物品的储备指南和建议清单。

要点提示

本条规定县级以上地方人民政府根据需要，依法与有条件的企业签订协议，企业根据协议进行应急救援物资等的生产、供给。

关联规定

1.《自然灾害救助条例》（2019年3月2日）

第十条　国家建立自然灾害救助物资储备制度，由国务院应急管理部门分别会同国务院财政部门、发展改革部门、工业和信息化部门、粮食和物资储备部门制定全国自然灾害救助物资储备规划和储备库规划，并组织实施。其中，由国务院粮食和物资储备部门会同相关部门制定中央救灾物资储备库规划，并组织实施。

设区的市级以上人民政府和自然灾害多发、易发地区的县级人民政府应当根据自然灾害特点、居民人口数量和分布等情况，按照布局合理、规模适度的原则，设立自然灾害救助物资储备库。

2.《中华人民共和国抗旱条例》（2009年2月26日）

第十九条　干旱灾害频繁发生地区的县级以上地方人民政府，应当根据抗旱工作需要储备必要的抗旱物资，并加强日常管理。

3.《国家突发公共事件总体应急预案》（2006年1月8日）

4.3　物资保障

要建立健全应急物资监测网络、预警体系和应急物资生产、储备、调拨及紧急配送体系，完善应急工作程序，确保应急所需物资和生活用品的及时供应，并加强对物资储备的监督管理，及时予以补充和更新。

地方各级人民政府应根据有关法律、法规和应急预案的规定，做好物资储备工作。

4.《突发事件医疗应急工作管理办法（试行）》（2023年12月8日）

第十六条　各级卫生健康行政部门要依托综合实力强的医疗机构加强紧急医学救援基地、重大传染病防治基地的建设和管理，提高大规模收治伤病员能力和医疗应急演训、科研、物资储备能力。

第二十三条　加强医疗应急科技交流与合作，有计划地开展应对突发事件医疗应急相关的科学研究，探索事件发生、发展的规律。加强医疗应急工作的法制、体制、机制和预案建设的相关政策研究，应急指挥平台的开发应用，现场应急处置相关技术，应急能力评估，社会经济评价，队伍装备标准，应急物资储备，现场快速检测技术和实验室诊断方法等医疗应急科研成果的综合评价和推广应用工作。

第四十七条　应急运输保障

国家建立健全应急运输保障体系，统筹铁路、公路、水运、民航、邮政、快递等运输和服务方式，制定应急运输保障方案，保障应急物资、装备和人员及时运输。

县级以上地方人民政府和有关主管部门应当根据国家应急运输保障方案，结合本地区实际做好应急调度和运力保障，确保运输通道和客货运枢纽畅通。

国家发挥社会力量在应急运输保障中的积极作用。社会力量参与突发事件应急运输保障，应当服从突发事件应急指挥机构的统一指挥。

要点提示

本条是新增条款，规定国家建立健全应急运输保障体系，县级以上地方人民政府和有关主管部门做好应急调度和运力保障，并发挥社会力量在应急运输保障中的积极作用。

❋ 关联规定

1.《自然灾害救助条例》（2019年3月2日）

第九条 县级以上人民政府应当建立健全自然灾害救助应急指挥技术支撑系统，并为自然灾害救助工作提供必要的交通、通信等装备。

2.《国家海上搜救应急预案》（2006年1月23日）

7.2.2 交通运输保障

（1）建立海上应急运输保障机制，为海上应急指挥人员赶赴事发现场，以及应急器材的运送提供保障。

（2）省级海上搜救机构及其分支机构应配备应急专用交通工具，确保应急指挥人员、器材及时到位。

（3）省级海上搜救机构及其分支机构应与本地区的运输部门建立交通工具紧急征用机制，为应急行动提供保障。

3.《交通运输突发事件应急管理规定》（2011年11月14日）

第二条 交通运输突发事件的应急准备、监测与预警、应急处置、终止与善后等活动，适用本规定。

本规定所称交通运输突发事件，是指突然发生，造成或者可能造成交通运输设施毁损，交通运输中断、阻塞，重大船舶污染及海上溢油应急处置等，需要采取应急处置措施，疏散或者救援人员，提供应急运输保障的自然灾害、事故灾难、公共卫生事件和社会安全事件。

第三十六条 在需要组织开展大规模人员疏散、物资疏运的情况下，交通运输主管部门应当根据本级人民政府或者上级交通运输主管部门的指令，及时组织运力参与应急运输。

第四十八条 能源应急保障

国家建立健全能源应急保障体系，提高能源安全保障能力，确保受突发事件影响地区的能源供应。

❉ 要点提示

本条是新增条款,规定国家建立能源应急保障体系。

能源应急保障,是指国家为应对能源供应严重短缺、供应中断、价格剧烈波动等能源紧急事态,采取各种措施确保社会生产和生活的基本能源供应,以保障经济平稳和社会稳定的一种制度。此次修法,增加规定能源应急保障体系建设,以及能源应急保障的目的和功能。

❉ 关联规定

《自然灾害救助条例》(2019年3月2日)

第九条 县级以上人民政府应当建立健全自然灾害救助应急指挥技术支撑系统,并为自然灾害救助工作提供必要的交通、通信等装备。

第四十九条 应急通信和广播保障

> 国家建立健全应急通信、应急广播保障体系,加强应急通信系统、应急广播系统建设,确保突发事件应对工作的通信、广播安全畅通。

❉ 关联规定

1. 《自然灾害救助条例》(2019年3月2日)

第九条 县级以上人民政府应当建立健全自然灾害救助应急指挥技术支撑系统,并为自然灾害救助工作提供必要的交通、通信等装备。

2. 《地质灾害防治条例》(2003年11月24日)

第二十六条 突发性地质灾害应急预案包括下列内容:

(一) 应急机构和有关部门的职责分工;

(二) 抢险救援人员的组织和应急、救助装备、资金、物资的准备;

(三) 地质灾害的等级与影响分析准备;

（四）地质灾害调查、报告和处理程序；

（五）发生地质灾害时的预警信号、应急通信保障；

（六）人员财产撤离、转移路线、医疗救治、疾病控制等应急行动方案。

3.《破坏性地震应急条例》（2011年1月8日）

第十三条 破坏性地震应急预案应当包括下列主要内容：

（一）应急机构的组成和职责；

（二）应急通信保障；

（三）抢险救援的人员、资金、物资准备；

（四）灾害评估准备；

（五）应急行动方案。

4.《中华人民共和国抗旱条例》（2009年2月26日）

第四十九条 国家建立抗旱信息统一发布制度。旱情由县级以上人民政府防汛抗旱指挥机构统一审核、发布；旱灾由县级以上人民政府水行政主管部门会同同级民政部门审核、发布；农业灾情由县级以上人民政府农业主管部门发布；与抗旱有关的气象信息由气象主管机构发布。

报刊、广播、电视和互联网等媒体，应当及时刊播抗旱信息并标明发布机构名称和发布时间。

5.《国家气象灾害应急预案》（2009年12月11日）

6 应急保障

以公用通信网为主体，建立跨部门、跨地区气象灾害应急通信保障系统。灾区通信管理部门应及时采取措施恢复遭破坏的通信线路和设施，确保灾区通信畅通。

交通运输、铁路、民航部门应当完善抢险救灾、灾区群众安全转移所需车辆、火车、船舶、飞机的调配方案，确保抢险救灾物资的运输畅通。

工业和信息化部门应会同相关部门做好抢险救灾需要的救援装备、医药和防护用品等重要工业品保障方案。

民政部门加强生活类救灾物资储备，完善应急采购、调运机制。

公安部门保障道路交通安全畅通，做好灾区治安管理和救助、服务群众等工作。

农业部门做好救灾备荒种子储备、调运工作，会同相关部门做好农业救灾物资、生产资料的储备、调剂和调运工作。地方各级人民政府及其防灾减灾部门应按规范储备重大气象灾害抢险物资，并做好生产流程和生产能力储备的有关工作。

中央财政对达到《国家自然灾害救助应急预案》规定的应急响应等级的灾害，根据灾情及中央自然灾害救助标准，给予相应支持。

6.《国家地震应急预案》（2012 年 8 月 28 日）

8.5 基础设施保障

工业和信息化部门建立健全应急通信工作体系，建立有线和无线相结合、基础通信网络与机动通信系统相配套的应急通信保障系统，确保地震应急救援工作的通信畅通。在基础通信网络等基础设施遭到严重损毁且短时间难以修复的极端情况下，立即启动应急卫星、短波等无线通信系统和终端设备，确保至少有一种以上临时通信手段有效、畅通。

广电部门完善广播电视传输覆盖网，建立完善国家应急广播体系，确保群众能及时准确地获取政府发布的权威信息。

发展改革和电力监管部门指导、协调、监督电力运营企业加强电力基础设施、电力调度系统建设，保障地震现场应急装备的临时供电需求和灾区电力供应。

公安、交通运输、铁道、民航等主管部门建立健全公路、铁路、航空、水运紧急运输保障体系，加强统一指挥调度，采取必要的交通管制措施，建立应急救援"绿色通道"机制。

7.《国家大面积停电事件应急预案》（2015 年 11 月 13 日）

6.3 通信、交通与运输保障

地方各级人民政府及通信主管部门要建立健全大面积停电事件应急通信保障体系，形成可靠的通信保障能力，确保应急期间通信联络和信息传递需要。交通运输部门要健全紧急运输保障体系，保障应急响应所需人员、物资、装备、器材等的运输；公安部门要加强交通应急管理，保障应急救援车辆优先通行；根据全面推进公务用车制度改革有关规定，有关单位应配备必要的应急车辆，保障应急救援需要。

第五十条　卫生应急体系

国家建立健全突发事件卫生应急体系，组织开展突发事件中的医疗救治、卫生学调查处置和心理援助等卫生应急工作，有效控制和消除危害。

❖ 关联规定

1.《气象灾害防御条例》（2017 年 10 月 7 日）

第三十八条　县级以上人民政府有关部门应当按照各自职责，做好相应的应急工作。

民政部门应当设置避难场所和救济物资供应点，开展受灾群众救助工作，并按照规定职责核查灾情、发布灾情信息。

卫生主管部门应当组织医疗救治、卫生防疫等卫生应急工作。

交通运输、铁路等部门应当优先运送救灾物资、设备、药物、食品，及时抢修被毁的道路交通设施。

住房城乡建设部门应当保障供水、供气、供热等市政公用设施的安全运行。

电力、通信主管部门应当组织做好电力、通信应急保障工作。

国土资源部门应当组织开展地质灾害监测、预防工作。

农业主管部门应当组织开展农业抗灾救灾和农业生产技术指导工作。

水利主管部门应当统筹协调主要河流、水库的水量调度，组织开展防汛抗旱工作。

公安部门应当负责灾区的社会治安和道路交通秩序维护工作，协助组织灾区群众进行紧急转移。

2.《国家突发公共事件总体应急预案》（2006 年 1 月 8 日）

4.5 医疗卫生保障

卫生部门负责组建医疗卫生应急专业技术队伍，根据需要及时赴现场开展医疗救治、疾病预防控制等卫生应急工作。及时为受灾地区提供药品、器械等卫生和医疗设备。必要时，组织动员红十字会等社会卫生力量参与医疗卫生救助工作。

3.《国家防汛抗旱应急预案》（2022 年 5 月 30 日）

6.1.3 卫生健康部门负责调配卫生应急力量，开展灾区伤病人员医疗救治，指导对污染源进行消毒处理，指导落实灾后各项卫生防疫措施，严防灾区传染病疫情发生。

4.《国家森林草原火灾应急预案》（2020 年 10 月 26 日）

6.2.3 救治伤员

组织医护人员和救护车辆在扑救现场待命，如有伤病员迅速送医院治疗，必要时对重伤员实施异地救治。视情派出卫生应急队伍赶赴火灾发生地，成立临时医院或者医疗点，实施现场救治。

5.《国家突发公共事件医疗卫生救援应急预案》（2006 年 2 月 26 日）

3.1 医疗卫生救援领导小组

国务院卫生行政部门成立突发公共事件医疗卫生救援领导小组，领导、组织、协调、部署特别重大突发公共事件的医疗卫生救援工作。国务院卫生行政部门卫生应急办公室负责日常工作。

省、市（地）、县级卫生行政部门成立相应的突发公共事件医疗卫生救援领导小组，领导本行政区域内突发公共事件医疗卫生救援工作，承担各类突发公共事件医疗卫生救援的组织、协调任务，并指定机构负责日常工作。

第五十一条　急救医疗服务网络建设

县级以上人民政府应当加强急救医疗服务网络的建设，配备相应的医疗救治物资、设施设备和人员，提高医疗卫生机构应对各类突发事件的救治能力。

❖ 关联规定

1.《突发公共卫生事件应急条例》（2011年1月8日）

第十七条　县级以上各级人民政府应当加强急救医疗服务网络的建设，配备相应的医疗救治药物、技术、设备和人员，提高医疗卫生机构应对各类突发事件的救治能力。

设区的市级以上地方人民政府应当设置与传染病防治工作需要相适应的传染病专科医院，或者指定具备传染病防治条件和能力的医疗机构承担传染病防治任务。

2.《自然灾害救助条例》（2019年3月2日）

第九条　县级以上人民政府应当建立健全自然灾害救助应急指挥技术支撑系统，并为自然灾害救助工作提供必要的交通、通信等装备。

3.《国家安全生产事故灾难应急预案》（2006年1月22日）

6.2.4　医疗卫生保障

县级以上各级人民政府应当加强急救医疗服务网络的建设，配备相应的医疗救治药物、技术、设备和人员，提高医疗卫生机构应对安全生产事故灾难的救治能力。

第五十二条　鼓励社会力量支持

国家鼓励公民、法人和其他组织为突发事件应对工作提供物资、资金、技术支持和捐赠。

接受捐赠的单位应当及时公开接受捐赠的情况和受赠财产的使用、管理情况，接受社会监督。

✦ 要点提示

做好突发事件的应对工作，需要建立政府主导、全社会共同参与的体制，尤其是在发生重特大突发事件或者多种突发事件同时发生的情况下，往往需要投入大量的人力、物力、财力，因而需要社会各方面力量的支持。

✦ 关联规定

《自然灾害救助条例》（2019年3月2日）

第五条　村民委员会、居民委员会以及红十字会、慈善会和公募基金会等社会组织，依法协助人民政府开展自然灾害救助工作。

国家鼓励和引导单位和个人参与自然灾害救助捐赠、志愿服务等活动。

第五十三条　紧急救援、人道救助和应急慈善

红十字会在突发事件中，应当对伤病人员和其他受害者提供紧急救援和人道救助，并协助人民政府开展与其职责相关的其他人道主义服务活动。有关人民政府应当给予红十字会支持和资助，保障其依法参与应对突发事件。

慈善组织在发生重大突发事件时开展募捐和救助活动，应当在有关人民政府的统筹协调、有序引导下依法进行。有关人民政府应当通过提供必要的需求信息、政府购买服务等方式，对慈善组织参与应对突发事件、开展应急慈善活动予以支持。

关联规定

1.《红十字会法》（2017年2月24日）

第十一条　红十字会履行下列职责：

（一）开展救援、救灾的相关工作，建立红十字应急救援体系。在战争、武装冲突和自然灾害、事故灾难、公共卫生事件等突发事件中，对伤病人员和其他受害者提供紧急救援和人道救助；

（二）开展应急救护培训，普及应急救护、防灾避险和卫生健康知识，组织志愿者参与现场救护；

（三）参与、推动无偿献血、遗体和人体器官捐献工作，参与开展造血干细胞捐献的相关工作；

（四）组织开展红十字志愿服务、红十字青少年工作；

（五）参加国际人道主义救援工作；

（六）宣传国际红十字和红新月运动的基本原则和日内瓦公约及其附加议定书；

（七）依照国际红十字和红新月运动的基本原则，完成人民政府委托事宜；

（八）依照日内瓦公约及其附加议定书的有关规定开展工作；

（九）协助人民政府开展与其职责相关的其他人道主义服务活动。

2.《慈善法》（2023年12月29日）

第三条　本法所称慈善活动，是指自然人、法人和非法人组织以捐赠财产或者提供服务等方式，自愿开展的下列公益活动：

（一）扶贫、济困；

（二）扶老、救孤、恤病、助残、优抚；

（三）救助自然灾害、事故灾难和公共卫生事件等突发事件造成的损害；

（四）促进教育、科学、文化、卫生、体育等事业的发展；

（五）防治污染和其他公害，保护和改善生态环境；

（六）符合本法规定的其他公益活动。

第七十条 发生重大突发事件需要迅速开展救助时，履行统一领导职责或者组织处置突发事件的人民政府应当依法建立协调机制，明确专门机构、人员，提供需求信息，及时有序引导慈善组织、志愿者等社会力量开展募捐和救助活动。

第七十一条 国家鼓励慈善组织、慈善行业组织建立应急机制，加强信息共享、协商合作，提高慈善组织运行和慈善资源使用的效率。

在发生重大突发事件时，鼓励慈善组织、志愿者等在有关人民政府的协调引导下依法开展或者参与慈善活动。

3.《破坏性地震应急条例》（2011年1月8日）

第三十四条 破坏性地震发生后，国内非灾区提供的紧急救援，由抗震救灾指挥部负责接受和安排；国际社会提供的紧急救援，由国务院民政部门负责接受和安排；国外红十字会和国际社会通过中国红十字会提供的紧急救援，由中国红十字会负责接受和安排。

4.《自然灾害救助条例》（2019年3月2日）

第五条 村民委员会、居民委员会以及红十字会、慈善会和公募基金会等社会组织，依法协助人民政府开展自然灾害救助工作。

国家鼓励和引导单位和个人参与自然灾害救助捐赠、志愿服务等活动。

5.《国家突发公共事件医疗卫生救援应急预案》（2006年2月26日）

5.8 其他保障

公安机关负责维护突发公共事件现场治安秩序，保证现场医疗卫生救援工作的顺利进行。

科技部门制定突发公共事件医疗卫生救援应急技术研究方案，组织科研力量开展医疗卫生救援应急技术科研攻关，统一协调、解决检测技术及药物研发和应用中的科技问题。

海关负责突发公共事件医疗卫生救援急需进口特殊药品、试剂、器材的优先通关验放工作。

食品药品监管部门负责突发公共事件医疗卫生救援药品、医疗器械和设备的监督管理，参与组织特殊药品的研发和生产，并组织对特殊药品进口的审批。

红十字会按照《中国红十字会总会自然灾害与突发公共事件应急预案》，负责组织群众开展现场自救和互救，做好相关工作。并根据突发公共事件的具体情况，向国内外发出呼吁，依法接受国内外组织和个人的捐赠，提供急需的人道主义援助。

总后卫生部负责组织军队有关医疗卫生技术人员和力量，支持和配合突发公共事件医疗卫生救援工作。

6.《灾害事故医疗救援工作管理办法》（1995年4月27日）

第二十六条 各级红十字会、爱国卫生运动委员会办公室要协同卫生行政部门，参与灾害事故的医疗救援工作。

第五十四条 救援资金和物资管理

有关单位应当加强应急救援资金、物资的管理，提高使用效率。

任何单位和个人不得截留、挪用、私分或者变相私分应急救援资金、物资。

✦ 要点提示

本条是新增条款，是关于应急救援资金、物资的管理的规定，有关单位应当加强应急救援资金、物资的管理。

✦ 关联规定

《国家安全生产事故灾难应急预案》（2006年1月22日）

6.2.6　资金保障

生产经营单位应当做好事故应急救援必要的资金准备。安全生产事故灾难应急救援资金首先由事故责任单位承担，事故责任单位暂时无力承担的，由当地政府协调解决。国家处置安全生产事故灾难所需工作经费按照《财政应急保障预案》的规定解决。

第五十五条　巨灾风险保险体系

国家发展保险事业，建立政府支持、社会力量参与、市场化运作的巨灾风险保险体系，并鼓励单位和个人参加保险。

✦ 关联规定

《国务院办公厅关于认真贯彻实施突发事件应对法的通知》（2007年11月7日）

（二）抓紧研究制定相关配套制度和措施。

1. 根据突发事件应对法第5条的相关规定，由国务院办公厅会同民政部、安全监管总局、卫生部、公安部等有关部门，对建立和完善国家重大突发事件风险评估体系研究提出意见。

2. 根据突发事件应对法第6条、第26条的相关规定，由国务院办公厅会同民政部等有关部门研究提出完善社会动员机制的意见和措施，鼓励和规范社会各界开展应急救援志愿服务。

3. 根据突发事件应对法第9条的相关规定，由中央编办会同有关部门，对国务院和县级以上地方各级人民政府应急管理办事机构及具体职责研究提出意见后报批。

4. 根据突发事件应对法第12条、第34条的相关规定，由国务院办公厅会同财政部、民政部、水利部等有关部门，研究建立完善应急财产征收、征用补偿制度；研究建立应急管理公益性基金，鼓励公民、法人和其他组织通过开展捐赠等活动，积极参与突发事件的应对处置工作。

5. 根据突发事件应对法第17条的相关规定，由国务院办公厅会同有关部门，对应急预案制定、修订的程序做出具体规定。

6. 根据突发事件应对法第35条的相关规定，由财政部会同有关部门研究建立国家财政支持的巨灾风险保险体系，有效防范、控制和分散突发事件风险。

7. 根据突发事件应对法第36条的相关规定，由国务院办公厅、发展改革委、科技部牵头，会同有关部门研究提出促进应急产业发展的扶持政策，鼓励研发用于突发事件预防、监测、预警、应急处置与救援的新技术、新设备和新工具，提高应急产品科技含量；由教育部、科技部牵头，会同有关部门研究提出鼓励、扶持具备相应条件的教学科研机构培养应急管理专门人才的具体措施。

第五十六条　技术应用、人才培养和研究开发

国家加强应急管理基础科学、重点行业领域关键核心技术的研究，加强互联网、云计算、大数据、人工智能等现代技术手段在突发事件应对工作中的应用，鼓励、扶持有条件的教学科研机构、企业培养应急管理人才和科技人才，研发、推广新技术、新材料、新设备和新工具，提高突发事件应对能力。

要点提示

本条规定发挥科学技术在突发事件应对中的作用，在突发事件应对中加强现代技术手段的依法应用，加强应急科学和核心技术研究，加大应急管理人才和科技人才培养力度，不断提高突发事件应对能力。

关联规定

1.《突发公共卫生事件应急条例》（2011年1月8日）

第六条　县级以上各级人民政府应当组织开展防治突发事件相关科学研究，建立突发事件应急流行病学调查、传染源隔离、医疗救护、现场处置、监督检查、监测检验、卫生防护等有关物资、设备、设施、技术与人才资源储备，所需经费列入本级政府财政预算。

国家对边远贫困地区突发事件应急工作给予财政支持。

2.《海洋观测预报管理条例》（2023年7月20日）

第五条　国家鼓励、支持海洋观测预报科学技术的研究，推广先进的技术和设备，培养海洋观测预报人才，促进海洋观测预报业务水平的提高。

对在海洋观测预报工作中作出突出贡献的单位和个人，给予表彰和奖励。

3.《建设工程抗震管理条例》（2021年7月19日）

第三十一条　国家鼓励科研教育机构设立建设工程抗震技术实验室和人才实训基地。

县级以上人民政府应当依法对建设工程抗震新技术产业化项目用地、融资等给予政策支持。

4.《国家突发公共事件总体应急预案》（2006年1月8日）

2.5　专家组

国务院和各应急管理机构建立各类专业人才库，可以根据实际需要聘请有关专家组成专家组，为应急管理提供决策建议，必要时参加突发公共事件的应急处置工作。

5.《国务院关于加强地质灾害防治工作的决定》（2011年6月13日）

（二十二）加强地质灾害防治队伍建设。地质灾害易发区省、市、县级人民政府要建立健全与本地区地质灾害防治需要相适应的专业监测、应急管理和技术保障队伍，加大资源整合和经费保障力度，确保各项工作正常开展。支持高等院校、科研院所加大地质灾害防治专业技术人才培养力度，对长期在基层一线从事地质灾害调查、监测等防治工作的专业技术人员，在职务、职称等方面给予政策倾斜。

6.《应急管理行政执法人员依法履职管理规定》（2022年10月13日）

第十八条 各级应急管理部门应当加强对应急管理行政执法人员的专业培训，建立标准化制度化培训机制，提升应急管理行政执法人员依法履职能力。

应急管理部门应当适应综合行政执法体制改革需要，组织开展应急管理领域综合行政执法人才能力提升行动，培养应急管理行政执法骨干人才。

第五十七条 专家咨询论证制度

> 县级以上人民政府及其有关部门应当建立健全突发事件专家咨询论证制度，发挥专业人员在突发事件应对工作中的作用。

❖ 要点提示

本条是新增条款。建立健全突发事件专家咨询论证制度，加强专家队伍建设，健全专家咨询、会商突发事件信息的工作机制，使政府决策获得更多的智力支持和技术支持，使应急决策和危机管理建立在科学的基础上。

关联规定

1.《突发公共卫生事件应急条例》（2011年1月8日）

第二十六条　突发事件发生后，卫生行政主管部门应当组织专家对突发事件进行综合评估，初步判断突发事件的类型，提出是否启动突发事件应急预案的建议。

2.《火灾事故调查规定》（2012年7月17日）

第十五条　公安部和省级人民政府公安机关应当成立火灾事故调查专家组，协助调查复杂、疑难的火灾。专家组的专家协助调查火灾的，应当出具专家意见。

3.《突发事件医疗应急工作管理办法（试行）》（2023年12月8日）

第十七条　各级卫生健康行政部门建立辖区内的医疗应急专家库，负责更新本级医疗应急专家库。发生突发事件时，卫生健康行政部门应及时从专家库调用专家，书面通知派出人员所在单位，紧急情况下可先电话通知。

（一）专家遴选。政治合格，在临床医学、灾害管理学、法学等领域工作5年以上，具有一定专业学术地位或影响和应对突发事件处置经验并具备副高级及其以上专业职称，年龄在65周岁以下、身体健康、能够胜任相关工作的，经推荐审核后可作为医疗应急专家，入选医疗应急专家库。医疗应急专家推荐与审核按照突发事件类别和所需相关专业进行推荐，包括医疗救治、卫生管理、危机管理、心理学、社会学等专业专家。

（二）专家库管理。医疗应急专家库按国家、省、地市三级分级管理、动态维护、实时更新。国家卫生健康委依托国家突发事件医疗应急指挥信息系统，建立和维护医疗应急专家库，指导省级专家库系统管理。省级卫生健康行政部门负责省级医疗应急专家库的建立、管理，按要求推荐国家级专家，指导省级以下医疗应急专家库管理。

4.《矿山生产安全事故报告和调查处理办法》(2023年1月17日)

第二十条 重大及以下等级煤矿事故，由国家矿山安全监察局省级局、有关地方人民政府、煤矿安全监管部门、煤炭行业管理部门、负有煤矿安全生产监督管理职责的其他有关部门、公安机关以及工会组织派人组成事故调查组，并邀请当地有管辖权的监察机关介入。

非煤矿山重大事故，由省级人民政府及其应急管理部门、负有非煤矿山安全生产监督管理职责的有关部门、公安机关以及工会组织派人组成事故调查组，并邀请省级监察机关介入。国家矿山安全监察局省级局参加事故调查。

较大及以下等级非煤矿山事故，由有关地方人民政府及其应急管理部门、负有非煤矿山安全生产监督管理职责的有关部门、公安机关以及工会组织派人组成事故调查组，并邀请当地监察机关介入。国家矿山安全监察局省级局派人参与并指导监督事故调查。

事故调查组可以聘请有关专家参与调查。专家应实行回避制度。原则上重大事故应当聘请事故发生省（区、市）以外人员担任专家组组长，事故发生省（区、市）以外专家占比不低于三分之二。

事故调查组成员应当做到诚信公正、恪尽职守、廉洁自律，遵守事故调查纪律，保守事故调查秘密。

5.《建设项目职业病防护设施"三同时"监督管理办法》(2017年3月9日)

第七条 安全生产监督管理部门应当建立职业卫生专家库（以下简称专家库），并根据需要聘请专家库专家参与建设项目职业病防护设施"三同时"的监督检查工作。

专家库专家应当熟悉职业病危害防治有关法律、法规、规章、标准，具有较高的专业技术水平、实践经验和有关业务背景及良好的职业道德，按照客观、公正的原则，对所参与的工作提出技术意见，并对该意见负责。

专家库专家实行回避制度，参加监督检查的专家库专家不得参与该建设项目职业病防护设施"三同时"的评审及验收等相应工作，不得与该建设项目建设单位、评价单位、设计单位、施工单位或者监理单位等相关单位存在直接利害关系。

第四章　监测与预警

第五十八条　**突发事件监测制度**

国家建立健全突发事件监测制度。

县级以上人民政府及其有关部门应当根据自然灾害、事故灾难和公共卫生事件的种类和特点，建立健全基础信息数据库，完善监测网络，划分监测区域，确定监测点，明确监测项目，提供必要的设备、设施，配备专职或者兼职人员，对可能发生的突发事件进行监测。

要点提示

加强监测制度建设，建立健全监测网络和体系，是提高政府信息收集能力，及时做好突发事件预警工作，有效预防、减少突发事件的发生，控制、减轻、消除突发事件引起的严重社会危害的基础。

关联规定

1.《突发公共卫生事件应急条例》（2011年1月8日）

第十一条　全国突发事件应急预案应当包括以下主要内容：

（一）突发事件应急处理指挥部的组成和相关部门的职责；

（二）突发事件的监测与预警；

（三）突发事件信息的收集、分析、报告、通报制度；

（四）突发事件应急处理技术和监测机构及其任务；

（五）突发事件的分级和应急处理工作方案；

（六）突发事件预防、现场控制，应急设施、设备、救治药品和医疗器械以及其他物资和技术的储备与调度；

（七）突发事件应急处理专业队伍的建设和培训。

第十四条 国家建立统一的突发事件预防控制体系。

县级以上地方人民政府应当建立和完善突发事件监测与预警系统。

县级以上各级人民政府卫生行政主管部门，应当指定机构负责开展突发事件的日常监测，并确保监测与预警系统的正常运行。

2.《重特大自然灾害调查评估暂行办法》（2023年9月22日）

第十六条 重特大自然灾害调查评估报告包含下列内容：

（一）灾害情况。主要包括灾害经过与致灾成灾原因、人员伤亡情况、财产损失及灾害影响等。

（二）预防与应急准备。主要包括灾害风险识别与评估、城乡规划与工程措施、防灾减灾救灾责任制、应急管理制度、应急指挥体系、应急预案与演练、应急救援队伍建设、应急联动机制建设、救灾物资储备保障、应急通信保障、预警响应、应急培训与宣传教育以及灾前应急工作部署、措施落实、社会动员等情况。

（三）监测与预警。主要包括灾害及其灾害链相关信息的监测、统计、分析评估、灾害预警、信息发布、科技信息化应用等情况。

（四）应急处置与救援。主要包括信息报告、应急响应与指挥、应急联动、应急避险、抢险救援、转移安置与救助、资金物资及装备调拨、通信保障、交通保障、基本生活保障、医疗救治、次生衍生灾害处置等情况。

（五）调查评估结论。全面分析灾害原因和经过，综合分析防灾减灾救灾能力，系统评估灾害防治和应急处置情况和效果，总结经验和做法，剖析存在问题和深层次原因，形成调查评估结论。

（六）措施建议。针对存在问题，举一反三，提出改进灾害防治和应急处置工作，提升防灾减灾救灾能力的措施建议。可以根据需要，提出灾害防治建设或灾后恢复重建实施计划的建议。

3.《防雷减灾管理办法》(2013 年 5 月 31 日)

第二章　监测与预警

第七条　国务院气象主管机构应当组织有关部门按照合理布局、信息共享、有效利用的原则,规划全国雷电监测网,避免重复建设。

地方各级气象主管机构应当组织本行政区域内的雷电监测网建设,以防御雷电灾害。

第八条　各级气象主管机构应当加强雷电灾害预警系统的建设工作,提高雷电灾害预警和防雷减灾服务能力。

第九条　各级气象主管机构所属气象台站应当根据雷电灾害防御的需要,按照职责开展雷电监测,并及时向气象主管机构和有关灾害防御、救助部门提供雷电监测信息。

有条件的气象主管机构所属气象台站可以开展雷电预报,并及时向社会发布。

第十条　各级气象主管机构应当组织有关部门加强对雷电和雷电灾害的发生机理等基础理论和防御技术等应用理论的研究,并加强对防雷减灾技术和雷电监测、预警系统的研究和开发。

4.《交通运输突发事件应急管理规定》(2011 年 11 月 14 日)

第二条　交通运输突发事件的应急准备、监测与预警、应急处置、终止与善后等活动,适用本规定。

本规定所称交通运输突发事件,是指突然发生,造成或者可能造成交通运输设施毁损,交通运输中断、阻塞、重大船舶污染及海上溢油应急处置等,需要采取应急处置措施,疏散或者救援人员,提供应急运输保障的自然灾害、事故灾难、公共卫生事件和社会安全事件。

第八条　应急预案应当根据有关法律、法规的规定,针对交通运输突发事件的性质、特点、社会危害程度以及可能需要提供的交通运输应急保障措施,明确应急管理的组织指挥体系与职责、监测与预警、处置程序、应急保障措施、恢复与重建、培训与演练等具体内容。

第三章 监测与预警

第二十四条 交通运输主管部门应当建立并完善交通运输突发事件信息管理制度，及时收集、统计、分析、报告交通运输突发事件信息。

交通运输主管部门应当与各有关部门建立信息共享机制，及时获取与交通运输有关的突发事件信息。

第二十五条 交通运输主管部门应当建立交通运输突发事件风险评估机制，对影响或者可能影响交通运输的相关信息及时进行汇总分析，必要时同相关部门进行会商，评估突发事件发生的可能性及可能造成的损害，研究确定应对措施，制定应对方案。对可能发生重大或者特别重大突发事件的，应当立即向本级人民政府及上一级交通运输主管部门报告相关信息。

第二十六条 交通运输主管部门负责本辖区内交通运输突发事件危险源管理工作。对危险源、危险区域进行调查、登记、风险评估，组织检查、监控，并责令有关单位采取安全防范措施。

交通运输企业应当组织开展企业内交通运输突发事件危险源辨识、评估工作，采取相应安全防范措施，加强危险源监控与管理，并按规定及时向交通运输主管部门报告。

第二十七条 交通运输主管部门应当根据自然灾害、事故灾难、公共卫生事件和社会安全事件的种类和特点，建立健全交通运输突发事件基础信息数据库，配备必要的监测设备、设施和人员，对突发事件易发区域加强监测。

第二十八条 交通运输主管部门应当建立交通运输突发事件应急指挥通信系统。

第二十九条 交通运输主管部门、交通运输企业应当建立应急值班制度，根据交通运输突发事件的种类、特点和实际需要，配备必要值班设施和人员。

第三十条 县级以上地方人民政府宣布进入预警期后，交通运输主管部门应当根据预警级别和可能发生的交通运输突发事件的特点，采取下列措施：

（一）启动相应的交通运输突发事件应急预案；

（二）根据需要启动应急协作机制，加强与相关部门的协调沟通；

（三）按照所属地方人民政府和上级交通运输主管部门的要求，指导交通运输企业采取相关预防措施；

（四）加强对突发事件发生、发展情况的跟踪监测，加强值班和信息报告；

（五）按照地方人民政府的授权，发布相关信息，宣传避免、减轻危害的常识，提出采取特定措施避免或者减轻危害的建议、劝告；

（六）组织应急救援队伍和相关人员进入待命状态，调集应急处置所需的运力和装备，检测用于疏运转移的交通运输工具和应急通信设备，确保其处于良好状态；

（七）加强对交通运输枢纽、重点通航建筑物、重点场站、重点港口、码头、重点运输线路及航道的巡查维护；

（八）法律、法规或者所属地方人民政府提出的其他应急措施。

第三十一条　交通运输主管部门应当根据事态发展以及所属地方人民政府的决定，相应调整或者停止所采取的措施。

第五十九条　突发事件信息系统

国务院建立全国统一的突发事件信息系统。

县级以上地方人民政府应当建立或者确定本地区统一的突发事件信息系统，汇集、储存、分析、传输有关突发事件的信息，并与上级人民政府及其有关部门、下级人民政府及其有关部门、专业机构、监测网点和重点企业的突发事件信息系统实现互联互通，加强跨部门、跨地区的信息共享与情报合作。

关联规定

1.《地质灾害防治条例》（2003年11月24日）

第十四条 国家建立地质灾害监测网络和预警信息系统。

县级以上人民政府国土资源主管部门应当会同建设、水利、交通等部门加强对地质灾害险情的动态监测。

因工程建设可能引发地质灾害的，建设单位应当加强地质灾害监测。

2.《森林防火条例》（2008年12月1日）

第十五条 国务院有关部门和县级以上地方人民政府应当按照森林防火规划，加强森林防火基础设施建设，储备必要的森林防火物资，根据实际需要整合、完善森林防火指挥信息系统。

国务院和省、自治区、直辖市人民政府根据森林防火实际需要，充分利用卫星遥感技术和现有军用、民用航空基础设施，建立相关单位参与的航空护林协作机制，完善航空护林基础设施，并保障航空护林所需经费。

3.《草原防火条例》（2008年11月29日）

第十四条 县级以上人民政府应当组织有关部门和单位，按照草原防火规划，加强草原火情瞭望和监测设施、防火隔离带、防火道路、防火物资储备库（站）等基础设施建设，配备草原防火交通工具、灭火器械、观察和通信器材等装备，储存必要的防火物资，建立和完善草原防火指挥信息系统。

4.《国家突发公共卫生事件应急预案》（2006年2月26日）

6.1.1 信息系统

国家建立突发公共卫生事件应急决策指挥系统的信息、技术平台，承担突发公共卫生事件及相关信息收集、处理、分析、发布和传递等工作，采取分级负责的方式进行实施。

要在充分利用现有资源的基础上建设医疗救治信息网络，实现卫生行政部门、医疗救治机构与疾病预防控制机构之间的信息共享。

5.《国家突发地质灾害应急预案》（2006年1月10日）

　　6.2　通信与信息传递

　　加强地质灾害监测、预报、预警信息系统建设，充分利用现代通信手段，把有线电话、卫星电话、移动手机、无线电台及互联网等有机结合起来，建立覆盖全国的地质灾害应急防治信息网，并实现各部门间的信息共享。

6.《突发事件医疗应急工作管理办法（试行）》（2023年12月8日）

　　第十五条　各级卫生健康行政部门应当按照"统一组织、平急结合、因地制宜、分类管理、分级负责、协调运转"的原则，根据灾害灾难、传染病疫情、中毒、核辐射等不同类别的紧急医学救援组建医疗应急队伍，以有效应对辖区内发生的突发事件，必要时根据有关指令开展辖区外处置支援。各级各类医疗机构根据本单位的职能，成立相应的应急队伍。医疗应急队伍以现场救援、转运后送、院内救治为主要任务。

　　（一）队员组成。队伍成员应根据应对事件的不同类型，从医疗卫生机构等选择政治合格、年富力强、有实践经验的人员组成。

　　（二）队伍装备。队伍装备应实现集成化和自我保障化，分为通用性和专业类装备。通用性保障装备主要包括个人生活用品（携行）、后勤保障装备、指挥通讯装备、办公装备、徽章标志和交通装备等；医疗救治专业类装备根据重大灾害、传染病、中毒、核辐射等不同事件类别配备，主要包括救治设备、防护装备，诊断、检测装备，现场处置类装备，药品器材等。

　　（三）队伍管理。国家医疗应急队伍的建设和管理具体按照《国家卫生应急队伍管理办法（试行）》执行，地方各级医疗应急队伍管理参照执行。各级卫生健康行政部门可依托"医疗应急指挥信息系统"建立队伍成员和装备资料库，实行信息化管理，及时更新信息资料。

第六十条 突发事件信息收集制度

县级以上人民政府及其有关部门、专业机构应当通过多种途径收集突发事件信息。

县级人民政府应当在居民委员会、村民委员会和有关单位建立专职或者兼职信息报告员制度。

公民、法人或者其他组织发现发生突发事件，或者发现可能发生突发事件的异常情况，应当立即向所在地人民政府、有关主管部门或者指定的专业机构报告。接到报告的单位应当按照规定立即核实处理，对于不属于其职责的，应当立即移送相关单位核实处理。

要点提示

许多突发事件的发生都是有苗头和征兆的。完善突发事件的信息收集制度至关重要。县级以上人民政府及其有关部门、专业机构应当主动多渠道收集突发事件信息。县级人民政府应当在居民委员会、村民委员会和有关单位应建立专职或者兼职信息报告员制度，通过信息报告员收集信息。公民、法人或者其他组织发现发生突发事件，或者发现可能发生突发事件的异常情况，有报告义务。

关联规定

1.《突发公共卫生事件应急条例》（2011年1月8日）

第十一条　全国突发事件应急预案应当包括以下主要内容：

（一）突发事件应急处理指挥部的组成和相关部门的职责；

（二）突发事件的监测与预警；

（三）突发事件信息的收集、分析、报告、通报制度；

（四）突发事件应急处理技术和监测机构及其任务；

（五）突发事件的分级和应急处理工作方案；

（六）突发事件预防、现场控制，应急设施、设备、救治药品和医疗

器械以及其他物资和技术的储备与调度;

（七）突发事件应急处理专业队伍的建设和培训。

2. 《国家气象灾害应急预案》（2009年12月11日）

4.1 信息报告

有关部门按职责收集和提供气象灾害发生、发展、损失以及防御等情况，及时向当地人民政府或相应的应急指挥机构报告。各地区、各部门要按照有关规定逐级向上报告，特别重大、重大突发事件信息，要向国务院报告。

3. 《国家海上搜救应急预案》（2006年1月23日）

5.4 指挥与控制

5.4.1 最初接到海上突发事件信息的海上搜救机构自动承担应急指挥机构的职责，并启动预案反应，直至海上突发事件应急反应工作已明确移交给责任区海上搜救机构或上一级海上搜救机构指定新的应急指挥机构时为止。

5.4.2 应急指挥机构按规定程序向上一级搜救机构请示、报告和做出搜救决策。实施应急行动时，应急指挥机构可指定现场指挥。

4. 《突发事件医疗应急工作管理办法（试行）》（2023年12月8日）

第二条 按照"人民至上、生命至上、报告及时、快速处置、分级响应、平急结合"的原则，以高度负责的精神，做到早发现、早报告、早处置，拓宽信息渠道，及时、准确、全面报告突发事件信息，有力、有序、有效开展医疗应急工作。

第五条 突发事件医疗应急相关信息的发现途径包括：

（一）各地、各有关单位报告的信息。地方各级卫生健康行政部门要重视发挥院前医疗急救网络作用。相关医疗机构获悉事发地人员伤亡情况后，应第一时间向属地卫生健康行政部门报告信息。

（二）新闻媒体报道中涉及的信息、社会公众报告、其他部门通报和上级部门反馈等。建立健全与应急管理、市场监管等部门的信息报送机制，及时共享突发事件信息。

要加强应急值守，保持通讯24小时畅通，提高信息报告人员素质，提升信息时效和质量，力争第一时间获取有效信息，为保障人民群众身体健康赢得宝贵时间。

第九条　建立倒查追究制度。加强检查指导，努力提高信息报告的时效性和准确性。对迟报、漏报、谎报、瞒报的单位，坚决按照相关规定，依法依规追究相关人员责任。地方各级卫生健康行政部门应每年对各地突发事件信息报送工作进行评估。任何单位和个人均有权向政府部门举报不履行或不按规定履行突发事件医疗应急职责的部门、单位及个人。

第六十一条　突发事件信息报告制度

地方各级人民政府应当按照国家有关规定向上级人民政府报送突发事件信息。县级以上人民政府有关主管部门应当向本级人民政府相关部门通报突发事件信息，并报告上级人民政府主管部门。专业机构、监测网点和信息报告员应当及时向所在地人民政府及其有关主管部门报告突发事件信息。

有关单位和人员报送、报告突发事件信息，应当做到及时、客观、真实，不得迟报、谎报、瞒报、漏报，不得授意他人迟报、谎报、瞒报，不得阻碍他人报告。

关联规定

1.《突发公共卫生事件应急条例》（2011年1月8日）

第二十四条　国家建立突发事件举报制度，公布统一的突发事件报告、举报电话。

任何单位和个人有权向人民政府及其有关部门报告突发事件隐患，有权向上级人民政府及其有关部门举报地方人民政府及其有关部门不履行突发事件应急处理职责，或者不按照规定履行职责的情况。接到报告、举报的有关人民政府及其有关部门，应当立即组织对突发事件隐患、不履行或者不按照规定履行突发事件应急处理职责的情况进行调查处理。

对举报突发事件有功的单位和个人，县级以上各级人民政府及其有关部门应当予以奖励。

2. 《突发事件应急预案管理办法》（2024 年 1 月 31 日）

第十条　针对突发事件应对的专项和部门应急预案，主要规定县级以上人民政府或有关部门相关突发事件应对工作的组织指挥体系和专项工作安排，不同层级预案内容各有侧重，涉及相邻或相关地方人民政府、部门、单位任务的应当沟通一致后明确。

国家层面专项和部门应急预案侧重明确突发事件的应对原则、组织指挥机制、预警分级和事件分级标准、响应分级、信息报告要求、应急保障措施等，重点规范国家层面应对行动，同时体现政策性和指导性。

省级专项和部门应急预案侧重明确突发事件的组织指挥机制、监测预警、分级响应及响应行动、队伍物资保障及市县级人民政府职责等，重点规范省级层面应对行动，同时体现指导性和实用性。

市县级专项和部门应急预案侧重明确突发事件的组织指挥机制、风险管控、监测预警、信息报告、组织自救互救、应急处置措施、现场管控、队伍物资保障等内容，重点规范市（地）级和县级层面应对行动，落实相关任务，细化工作流程，体现应急处置的主体职责和针对性、可操作性。

第十一条　为突发事件应对工作提供通信、交通运输、医学救援、物资装备、能源、资金以及新闻宣传、秩序维护、慈善捐赠、灾害救助等保障功能的专项和部门应急预案侧重明确组织指挥机制、主要任务、资源布局、资源调用或应急响应程序、具体措施等内容。

针对重要基础设施、生命线工程等重要目标保护的专项和部门应急预案，侧重明确关键功能和部位、风险隐患及防范措施、监测预警、信息报告、应急处置和紧急恢复、应急联动等内容。

第十二条　重大活动主办或承办机构应当结合实际情况组织编制重大

活动保障应急预案，侧重明确组织指挥体系、主要任务、安全风险及防范措施、应急联动、监测预警、信息报告、应急处置、人员疏散撤离组织和路线等内容。

第十五条　乡镇（街道）应急预案重点规范乡镇（街道）层面应对行动，侧重明确突发事件的预警信息传播、任务分工、处置措施、信息收集报告、现场管理、人员疏散与安置等内容。

村（社区）应急预案侧重明确风险点位、应急响应责任人、预警信息传播与响应、人员转移避险、应急处置措施、应急资源调用等内容。

乡镇（街道）、村（社区）应急预案的形式、要素和内容等，可结合实际灵活确定，力求简明实用，突出人员转移避险，体现先期处置特点。

第十六条　单位应急预案侧重明确应急响应责任人、风险隐患监测、主要任务、信息报告、预警和应急响应、应急处置措施、人员疏散转移、应急资源调用等内容。

大型企业集团可根据相关标准规范和实际工作需要，建立本集团应急预案体系。

安全风险单一、危险性小的生产经营单位，可结合实际简化应急预案要素和内容。

3.《国家突发公共卫生事件应急预案》（2006年2月26日）

3.3　报告

任何单位和个人都有权向国务院卫生行政部门和地方各级人民政府及其有关部门报告突发公共卫生事件及其隐患，也有权向上级政府部门举报不履行或者不按照规定履行突发公共卫生事件应急处理职责的部门、单位及个人。

县级以上各级人民政府卫生行政部门指定的突发公共卫生事件监测机构、各级各类医疗卫生机构、卫生行政部门、县级以上地方人民政府和检验检疫机构、食品药品监督管理机构、环境保护监测机构、教育机构等有关单位为突发公共卫生事件的责任报告单位。执行职务的各级各类医疗卫生机构的医疗卫生人员、个体开业医生为突发公共卫生事件的责任报告人。

突发公共卫生事件责任报告单位要按照有关规定及时、准确地报告突发公共卫生事件及其处置情况。

4.《突发事件医疗应急工作管理办法（试行）》（2023年12月8日）

第二条　按照"人民至上、生命至上、报告及时、快速处置、分级响应、平急结合"的原则，以高度负责的精神，做到早发现、早报告、早处置，拓宽信息渠道，及时、准确、全面报告突发事件信息，有力、有序、有效开展医疗应急工作。

第五条　突发事件医疗应急相关信息的发现途径包括：

（一）各地、各有关单位报告的信息。地方各级卫生健康行政部门要重视发挥院前医疗急救网络作用。相关医疗机构获悉事发地人员伤亡情况后，应第一时间向属地卫生健康行政部门报告信息。

（二）新闻媒体报道中涉及的信息、社会公众报告、其他部门通报和上级部门反馈等。建立健全与应急管理、市场监管等部门的信息报送机制，及时共享突发事件信息。

要加强应急值守，保持通讯24小时畅通，提高信息报告人员素质，提升信息时效和质量，力争第一时间获取有效信息，为保障人民群众身体健康赢得宝贵时间。

第六条　任何单位和个人均有权向所在地人民政府、有关主管部门或者指定的专业机构报告突发事件及其隐患。县级以上卫生健康行政部门、各级各类医疗卫生机构及卫生健康行政部门指定的突发事件监测机构等为突发事件医疗应急信息责任报告单位，应依据各自职责和相关要求向地方人民政府和（或）卫生健康行政部门报告。

第七条　责任报告单位应当按照有关规定及时报告突发事件及其处置情况。获得突发事件相关信息，责任报告单位应当在2小时内向属地卫生健康行政部门报告。属地卫生健康行政部门应当尽快组织现场医疗应急处置，同时进行信息报告；接到突发事件相关信息报告的卫生健康行政部门，应根据事件的不同级别，采取相应的应对措施，并在2小时内同时向本级人民政府和上一级卫生健康行政部门报告。如尚未达到突发事件标准，应当密切跟踪事态发展，及时报告事态变化。

对死亡和危重病例超过5例的重大及以上级别突发事件，或可能引发重大及以上级别突发事件的，省级卫生健康行政部门接到报告2小时内报告国家卫生健康委，伤亡情况暂时不清时先报告事件情况，伤亡情况通过进展报告报送，省级以下卫生健康行政部门可直接上报国家卫生健康委，同时抄送上级卫生健康行政部门，国家卫生健康委接到报告后应当及时向国务院报告。

第九条 建立倒查追究制度。加强检查指导，努力提高信息报告的时效性和准确性。对迟报、漏报、谎报、瞒报的单位，坚决按照相关规定，依法依规追究相关人员责任。地方各级卫生健康行政部门应每年对各地突发事件信息报送工作进行评估。任何单位和个人均有权向政府部门举报不履行或不按规定履行突发事件医疗应急职责的部门、单位及个人。

5.《交通运输突发事件应急管理规定》（2011年11月14日）

第三十四条 交通运输突发事件发生后，负责或者参与应急处置的交通运输主管部门应当根据有关规定和实际需要，采取以下措施：

（一）组织运力疏散、撤离受困人员，组织搜救突发事件中的遇险人员，组织应急物资运输；

（二）调集人员、物资、设备、工具，对受损的交通基础设施进行抢修、抢通或搭建临时性设施；

（三）对危险源和危险区域进行控制，设立警示标志；

（四）采取必要措施，防止次生、衍生灾害发生；

（五）必要时请求本级人民政府和上级交通运输主管部门协调有关部门，启动联合机制，开展联合应急行动；

（六）按照应急预案规定的程序报告突发事件信息以及应急处置的进展情况；

（七）建立新闻发言人制度，按照本级人民政府的委托或者授权及相关规定，统一、及时、准确的向社会和媒体发布应急处置信息；

（八）其他有利于控制、减轻和消除危害的必要措施。

第六十二条　突发事件信息评估制度

县级以上地方人民政府应当及时汇总分析突发事件隐患和监测信息，必要时组织相关部门、专业技术人员、专家学者进行会商，对发生突发事件的可能性及其可能造成的影响进行评估；认为可能发生重大或者特别重大突发事件的，应当立即向上级人民政府报告，并向上级人民政府有关部门、当地驻军和可能受到危害的毗邻或者相关地区的人民政府通报，及时采取预防措施。

要点提示

本条一是规定了县级以上地方人民政府对突发事件信息的处理职责，二是规定了突发事件信息咨询、会商机制，三是县级以上地方人民政府的信息报告和通报义务。

关联规定

1.《突发事件应急预案管理办法》（2024年1月31日）

第十四条　国家有关部门和超大特大城市人民政府可以结合行业（地区）风险评估实际，制定巨灾应急预案，统筹本部门（行业、领域）、本地区巨灾应对工作。

第二十一条　编制应急预案应当依据有关法律、法规、规章和标准，紧密结合实际，在开展风险评估、资源调查、案例分析的基础上进行。

风险评估主要是识别突发事件风险及其可能产生的后果和次生（衍生）灾害事件，评估可能造成的危害程度和影响范围等。

资源调查主要是全面调查本地区、本单位应对突发事件可用的应急救援队伍、物资装备、场所和通过改造可以利用的应急资源状况，合作区域内可以请求援助的应急资源状况，重要基础设施容灾保障及备用状况，以及可以通过潜力转换提供应急资源的状况，为制定应急响应措施提供依据。必要时，也可根据突发事件应对需要，对本地区相关单位和居民所掌握的应急资源情况进行调查。

案例分析主要是对典型突发事件的发生演化规律、造成的后果和处置救援等情况进行复盘研究，必要时构建突发事件情景，总结经验教训，明确应对流程、职责任务和应对措施，为制定应急预案提供参考借鉴。

第三十三条 应急预案演练组织单位应当加强演练评估，主要内容包括：演练的执行情况，应急预案的实用性和可操作性，指挥协调和应急联动机制运行情况，应急人员的处置情况，演练所用设备装备的适用性，对完善应急预案、应急准备、应急机制、应急措施等方面的意见和建议等。

各地区各有关部门加强对本行政区域、本部门（行业、领域）应急预案演练的评估指导。根据需要，应急管理部门会同有关部门组织对下级人民政府及其有关部门组织的应急预案演练情况进行评估指导。

鼓励委托第三方专业机构进行应急预案演练评估。

第三十四条 应急预案编制单位应当建立应急预案定期评估制度，分析应急预案内容的针对性、实用性和可操作性等，实现应急预案的动态优化和科学规范管理。

县级以上地方人民政府及其有关部门应急预案原则上每3年评估一次。应急预案的评估工作，可以委托第三方专业机构组织实施。

第三十八条 各级人民政府及其有关部门、各有关单位要指定专门机构和人员负责相关具体工作，将应急预案规划、编制、审批、发布、备案、培训、宣传、演练、评估、修订等所需经费纳入预算统筹安排。

2.《突发事件医疗应急工作管理办法（试行）》（2023年12月8日）

第十四条 伤病员救治应按照集中资源、集中专家、集中伤病员、集中救治的"四集中"原则，首选收治在医疗救治能力和综合水平强的二级以上综合医院、中医医院和中西医结合医院，成立医疗救治工作组，统一指挥、统一部署、统筹资源开展医疗救治工作。根据分级分层分类救治的原则，相应的卫生健康行政部门组织成立专家组，对伤病员病情进行评估，重症患者应按照"一人一策"原则进行救治，必要时开展多学科会诊和远程会诊，保证救治质量。同时，做好伤病员及家属、相关工作人员等重点人群以及公众的心理援助工作。特别重大、重大和较大突发事件伤病员集中收治工作完成、批量伤病员得到有效救治、结束集中收治工作后，对医疗应急工作进行总结，提出工作建议。

第十八条　各级卫生健康行政部门和医疗机构根据突发事件风险评估制定相应的医疗应急预案，针对预案定期开展医疗应急演练，并根据形势变化、预案实施和演练中发现的问题及时修订。

第二十三条　加强医疗应急科技交流与合作，有计划地开展应对突发事件医疗应急相关的科学研究，探索事件发生、发展的规律。加强医疗应急工作的法制、体制、机制和预案建设的相关政策研究，应急指挥平台的开发应用，现场应急处置相关技术，应急能力评估，社会经济评价，队伍装备标准，应急物资储备，现场快速检测技术和实验室诊断方法等医疗应急科研成果的综合评价和推广应用工作。

典型案例

某县政府与方某等行政纠纷案[1]

◎ 裁判要点

被告某县政府认为涉案房屋被鉴定为D级危房，位于危房集中连片的棚户区，涉及公共安全，存在众多安全隐患，属重大危险源，可能发生突发事件造成严重社会危害，因此适用《突发事件应对法》对涉案房屋强制拆除，以消除安全隐患。但《突发事件应对法》第十条、第十六条、第二十条、第三十九条、第四十条、第四十三条、第四十六条[2]分别规定县级以上人民政府应当将作出的决定、命令向社会公布；作出的应对突发事件的决定、命令，应当报本级人民代表大会常务委员会备案，突发事件应急处置工作结束后，应当向本级人民代表大会常务委员会作出专项工作报告；对本行政区域内容易引发自然灾害、事故灾难和公共卫生事件的危险源、危险区域进行登记、风险评估，并应当按照国家规定及时向社会公

---

[1] 案号：（2020）陕71行终1350号。
[2] 分别对应2024年修订后《突发事件应对法》第七条、第二十五条、第三十三条、第六十一条、第六十二条、第六十四条、第六十九条。

布；应当按照国家有关规定向上级人民政府报送突发事件信息；应当及时汇总分析突发事件隐患和预警信息，必要时组织相关部门、专业技术人员、专家学者进行会商，对发生突发事件的可能性及其可能造成的影响进行评估，认为可能发生重大或者特别重大突发事件的，应当立即向上级人民政府报告；可以预警的自然灾害、事故灾难或者公共卫生事件即将发生或者发生的可能性增大时，县级以上地方各级人民政府应当根据有关法律、行政法规和国务院规定的权限和程序，发布相应级别的警报，决定并宣布有关地区进入预警期，同时向上一级人民政府报告；对即将发生或者已经发生的社会安全事件，县级以上地方各级人民政府及其有关主管部门应当按照规定向上一级人民政府及其有关主管部门报告。然而被告某县政府除向方某户发出重大危险源排查通知书、对方某（户）危房应急排险解危工作社会稳定风险进行评估、向方某户发出应急排危告知书之外，并未履行上述法定程序。综上，被告某县政府对方某户的涉案房屋进行强制拆除，主要证据不足，程序违法。

第六十三条　突发事件预警制度

国家建立健全突发事件预警制度。

可以预警的自然灾害、事故灾难和公共卫生事件的预警级别，按照突发事件发生的紧急程度、发展势态和可能造成的危害程度分为一级、二级、三级和四级，分别用红色、橙色、黄色和蓝色标示，一级为最高级别。

预警级别的划分标准由国务院或者国务院确定的部门制定。

要点提示

预警制度是指根据有关突发事件的预测信息和风险评估结果，依据突发事件可能造成的危害程度、紧急程度和发展态势，确定相应预警级别，标示预警颜色，并向社会发布相关信息的制度。建立健全突发事件预警制度是做好突发事件应急响应的根据。本条的主要内容是：一是各类突发事件都应当建立健全预警制度，但应当建立划分预警级别的突发事件是自然灾害、事故灾难、公共卫生事件。二是预警级别根据突发事件发生的紧急程度、发展态势和可能造成的危害程度，分为四级，并分别用不同的颜色标示。本条规定，预警级别分为一级、二级、三级和四级，分别用红色、橙色、黄色和蓝色标示，一级为最高级别。三是预警级别的划分标准由国务院或者国务院确定的部门制定。

❀ 关联规定

《国家突发地质灾害应急预案》（2006年1月10日）

3.2.4 建立地质灾害预报预警制度

地方各级人民政府国土资源主管部门和气象主管机构要加强合作，联合开展地质灾害气象预报预警工作，并将预报预警结果及时报告本级人民政府，同时通过媒体向社会发布。当发出某个区域有可能发生地质灾害的预警预报后，当地人民政府要依照群测群防责任制的规定，立即将有关信息通知到地质灾害危险点的防灾责任人、监测人和该区域内的群众；各单位和当地群众要对照"防灾明白卡"的要求，做好防灾的各项准备工作。

第六十四条　预警信息发布、报告和通报

可以预警的自然灾害、事故灾难或者公共卫生事件即将发生或者发生的可能性增大时，县级以上地方人民政府应当根据有关法律、行政法规和国务院规定的权限和程序，发布相应级别的警报，决定并宣布有关地区进入预警期，同时向上一级人民政府报告，必要时可以越级上报；具备条件的，应当进行网络直报或者自动速报；同时向当地驻军和可能受到危害的毗邻或者相关地区的人民政府通报。

发布警报应当明确预警类别、级别、起始时间、可能影响的范围、警示事项、应当采取的措施、发布单位和发布时间等。

关联规定

1.《气象灾害防御条例》（2017年10月7日）

第三十二条 县级以上地方人民政府应当建立和完善气象灾害预警信息发布系统，并根据气象灾害防御的需要，在交通枢纽、公共活动场所等人口密集区域和气象灾害易发区域建立灾害性天气警报、气象灾害预警信号接收和播发设施，并保证设施的正常运转。

乡（镇）人民政府、街道办事处应当确定人员，协助气象主管机构、民政部门开展气象灾害防御知识宣传、应急联络、信息传递、灾害报告和灾情调查等工作。

2.《国务院办公厅关于加强气象灾害监测预警及信息发布工作的意见》（2011年7月11日）

加强气象灾害监测预警及信息发布是防灾减灾工作的关键环节，是防御和减轻灾害损失的重要基础。经过多年不懈努力，我国气象灾害监测预警及信息发布能力大幅提升，但局地性和突发性气象灾害监测预警能力不够强、信息快速发布传播机制不完善、预警信息覆盖存在"盲区"等问题在一些地方仍然比较突出。为有效应对全球气候变化加剧、极端气象灾害多发频发的严峻形势，切实做好气象灾害监测预警及信息发布工作，经国务院同意，现提出如下意见：

一、总体要求和工作目标

（一）总体要求。深入贯彻落实科学发展观，坚持以人为本、预防为主，政府主导、部门联动、统一发布、分级负责，以保障人民生命财产安全为根本，以提高预警信息发布时效性和覆盖面为重点，依靠法制、依靠科技、依靠基层，进一步完善气象灾害监测预报网络，加快推进信息发布系统建设，积极拓宽预警信息传播渠道，着力健全预警联动工作机制，努力做到监测到位、预报准确、预警及时、应对高效，最大程度减轻灾害损失，为经济社会发展创造良好条件。

（二）工作目标。加快构建气象灾害实时监测、短临预警和中短期预报无缝衔接，预警信息发布、传播、接收快捷高效的监测预警体系。力争到2015年，灾害性天气预警信息提前15—30分钟以上发出，气象灾害预警信息公众覆盖率达到90%以上。到2020年，建成功能齐全、科学高效、覆盖城乡和沿海的气象灾害监测预警及信息发布系统，气象灾害监测预报预警能力进一步提升，预警信息发布时效性进一步提高，基本消除预警信息发布"盲区"。

二、提高监测预报能力

（三）加强监测网络建设。加快推进气象卫星、新一代天气雷达、高性能计算机系统等工程建设，建成气象灾害立体观测网，实现对重点区域气象灾害的全天候、高时空分辨率、高精度连续监测。加强交通和通信干线、重要输电线路沿线、重要输油（气）设施、重要水利工程、重点经济开发区、重点林区和旅游区等的气象监测设施建设，尽快构建国土、气象、水利等部门联合的监测预警信息共享平台。加强海上、青藏高原及边远地区等监测站点稀疏区气象灾害监测设施建设，加密台风、风暴潮易发地气象、海洋监测网络布点，实现灾害易发区乡村两级气象灾害监测设施全覆盖。强化粮食主产区、重点林区、生态保护重点区、水资源开发利用和保护重点区旱情监测，加密布设土壤水分、墒情和地下水监测设施。加强移动应急观测系统、应急通信保障系统建设，提升预报预警和信息发布支撑能力。

（四）强化监测预报工作。进一步加强城市、乡村、江河流域、水库库区等重点区域气象灾害监测预报，着力提高对中小尺度灾害性天气的预报精度。在台风、强降雨、暴雪、冰冻、沙尘暴等灾害性天气来临前，要加密观测、滚动会商和准确预报，特别要针对突发暴雨、强对流天气等强化实况监测和实时预警，对灾害发生时间、强度、变化趋势以及影响区域等进行科学研判，提高预报精细化水平。要建立综合临近报警系统，在人口密集区及其上游高山峡谷地带加强气象、水文、地质联合监测，及早发现山洪及滑坡、泥石流等地质灾害险情。加强农村、林区及雷电多发区域的雷电灾害监测。充分利用卫星遥感等技术和手段，加强森林草原致灾因子监测，及时发布高火险天气预报。

（五）开展气象灾害影响风险评估。地方各级人民政府要组织做好气象灾害普查、风险评估和隐患排查工作，全面查清本区域内发生的气象灾害种类、次数、强度和造成的损失等情况，建立以社区、乡村为单元的气象灾害调查收集网络，组织开展基础设施、建筑物等抵御气象灾害能力普查，推进气象灾害风险数据库建设，编制分灾种气象灾害风险区划图。在城乡规划编制和重大工程项目、区域性经济开发项目建设前，要严格按规定开展气候可行性论证，充分考虑气候变化因素，避免、减轻气象灾害的影响。

三、加强预警信息发布

（六）完善预警信息发布制度。各地区要抓紧制定突发事件预警信息发布管理办法，明确气象灾害预警信息发布权限、流程、渠道和工作机制等。建立完善重大气象灾害预警信息紧急发布制度，对于台风、暴雨、暴雪等气象灾害红色预警和局地暴雨、雷雨大风、冰雹、龙卷风、沙尘暴等突发性气象灾害预警，要减少审批环节，建立快速发布的"绿色通道"，通过广播、电视、互联网、手机短信等各种手段和渠道第一时间无偿向社会公众发布。

（七）加快预警信息发布系统建设。积极推进国家突发公共事件预警信息发布系统建设，形成国家、省、地、县四级相互衔接、规范统一的气象灾害预警信息发布体系，实现预警信息的多手段综合发布。加快推进国家通信网应急指挥调度系统升级完善，提升公众通信网应急服务能力。各地区、各有关部门要积极适应气象灾害预警信息快捷发布的需要，加快气象灾害预警信息接收传递设备设施建设。

（八）加强预警信息发布规范管理。气象灾害预警信息由各级气象部门负责制作，因气象因素引发的次生、衍生灾害预警信息由有关部门和单位制作，根据政府授权按预警级别分级发布，其他组织和个人不得自行向社会发布。气象部门要会同有关部门细化气象灾害预警信息发布标准，分类别明确灾害预警级别、起始时间、可能影响范围、警示事项等，提高预警信息的科学性和有效性。

四、强化预警信息传播

（九）充分发挥新闻媒体和手机短信的作用。各级广电、新闻出版、通信主管部门及有关媒体、企业要大力支持预警信息发布工作。广播、电视、报纸、互联网等社会媒体要切实承担社会责任，及时、准确、无偿播发或刊载气象灾害预警信息，紧急情况下要采用滚动字幕、加开视频窗口甚至中断正常播出等方式迅速播报预警信息及有关防范知识。各基础电信运营企业要根据应急需求对手机短信平台进行升级改造，提高预警信息发送效率，按照政府及其授权部门的要求及时向灾害预警区域手机用户免费发布预警信息。

（十）完善预警信息传播手段。地方各级人民政府和相关部门要在充分利用已有资源的基础上，在学校、社区、机场、港口、车站、旅游景点等人员密集区和公共场所建设电子显示屏等畅通、有效的预警信息接收与传播设施。完善和扩充气象频道传播预警信息功能。重点加强农村偏远地区预警信息接收终端建设，因地制宜地利用有线广播、高音喇叭、鸣锣吹哨等多种方式及时将灾害预警信息传递给受影响群众。要加快推进国家应急广播体系建设，实现与气象灾害预警信息发布体系有效衔接，进一步提升预警信息在偏远农村、牧区、山区、渔区的传播能力。

（十一）加强基层预警信息接收传递。县、乡级人民政府有关部门，学校、医院、社区、工矿企业、建筑工地等要指定专人负责气象灾害预警信息接收传递工作，重点健全向基层社区传递机制，形成县—乡—村—户直通的气象灾害预警信息传播渠道。居民委员会、村民委员会等基层组织要第一时间传递预警信息，迅速组织群众防灾避险。充分发挥气象信息员、灾害信息员、群测群防员传播预警信息的作用，为其配备必要的装备，给予必要经费补助。

五、有效发挥预警信息作用

（十二）健全预警联动机制。气象部门要及时发布气象灾害监测预报信息，并与工业和信息化、公安、民政、国土资源、环境保护、交通运输、铁道、水利、农业、卫生、安全监管、林业、旅游、地震、电力监管、海洋等部门及军队有关单位和武警部队建立气象灾害监测预报预警联动机制，实现信息实时共享；各有关部门要及时研判预警信息对本行业领域的影响，科学安排部署防灾减灾工作。建立气象灾害预警部际联席会议制度，定期沟通预警联动情况，会商重大气象灾害预警工作，协调解决气象灾害监测预警及信息发布中的重要事项。

（十三）加强军地信息共享。军地有关部门要进一步完善自然灾害信息军地共享机制，通过建立网络专线等方式，加快省、地、县各级气象灾害预警信息发布系统与当地驻军、武警部队互联互通。发布气象灾害预警信息时，各级人民政府有关部门要及时通报军队有关单位和武警部队，共同做好各类气象灾害应对工作。

（十四）落实防灾避险措施。预警信息发布后，地方各级人民政府及有关部门要及时组织采取防范措施，做好队伍、装备、资金、物资等应急准备，加强交通、供电、通信等基础设施监控和水利工程调度等，并组织对高风险部位进行巡查巡检，根据应急预案适时启动应急响应，做好受威胁群众转移疏散、救助安置等工作。灾害影响区内的社区、乡村和企事业单位，要组织居民群众和本单位职工做好先期防范和灾害应对。

六、加强组织领导和支持保障

（十五）强化组织保障。地方各级人民政府要切实加强组织协调，明确部门职责分工，将气象灾害防御工作纳入政府绩效考核，综合运用法律、行政、工程、科技、经济等手段，大力推进气象灾害监测预警及信息发布工作。要认真落实气象灾害防范应对法律法规和应急预案，定期组织开展预警信息发布及各相关部门应急联动情况专项检查，做好预警信息发布、传播、应用效果的评估工作。

（十六）加大资金投入。各级发展改革、财政部门要加大支持力度，在年度预算中安排资金，保证气象灾害监测设施及预警信息发布系统建设和运行维护。各地区要把气象灾害预警工作作为气象灾害防御的重要内容，纳入当地经济社会发展规划，多渠道增加投入。建立国家财政支持的灾害风险保险体系，探索发挥金融、保险在支持气象灾害预警预防工作中的作用。

（十七）推进科普宣教。各地区要把气象灾害科普工作纳入当地全民科学素质行动计划纲要，通过气象科普基地、主题公园等，广泛宣传普及气象灾害预警和防范避险知识。要采取多种形式开展对各级领导干部、防灾减灾责任人和基层信息员的教育培训工作。面向社区、乡村、学校、企事业单位，加强对中小学生、农民、进城务工人员、海上作业人员等的防灾避险知识普及，提高公众自救互救能力。

（十八）加强舆论引导。各有关部门要加强同宣传部门和新闻媒体的联系沟通，及时准确提供信息，做好气象灾害监测预警工作宣传报道，引导社会公众正确理解和使用气象灾害预警信息，防止歪曲报道、恶意炒作，营造全社会共同关心、重视和支持预警信息发布、传播和应用工作的良好氛围。

3.《国务院关于加强地质灾害防治工作的决定》（2011年6月13日）

（八）**加强预警信息发布手段建设**。进一步完善国家突发公共事件预警信息发布系统，建立国家应急广播体系，充分利用广播、电视、互联网、手机短信、电话、宣传车和电子显示屏等各种媒体和手段，及时发布地质灾害预警信息。重点加强农村山区等偏远地区紧急预警信息发布手段建设，并因地制宜地利用有线广播、高音喇叭、鸣锣吹哨、逐户通知等方式，将灾害预警信息及时传递给受威胁群众。

4.《国家防汛抗旱应急预案》（2022年5月30日）

3.4 预警响应衔接

（1）自然资源、住房城乡建设、交通运输、水利、应急管理、气象等部门按任务分工健全预警机制，规范预警发布内容、范围、程序等。有关部门应按专群有别、规范有序的原则，科学做好预警信息发布。

（2）自然资源、住房城乡建设、交通运输、水利、应急管理、气象等部门要加强监测预报和信息共享。

（3）各级防汛抗旱指挥机构要健全多部门联合会商机制，预测可能出现致灾天气过程或有关部门发布预警时，防汛抗旱指挥机构办公室要组织联合会商，分析研判灾害风险，综合考虑可能造成的危害和影响程度，及时提出启动、调整应急响应的意见和建议。

（4）各级防汛抗旱指挥机构应急响应原则上与本级有关部门的预警挂钩，把预警纳入应急响应的启动条件。省级防汛抗旱指挥机构要指导督促下级防汛抗旱指挥机构做好相关预警与应急响应的衔接工作。

（5）预警发布部门发布预警后，要滚动预报预警，及时向本级防汛抗旱指挥机构报告。

（6）有关部门要建立预报预警评估制度，每年汛后对预报预警精确性、有效性进行评估。

5.《国家气象灾害应急预案》（2009年12月11日）

3.2 预警信息发布

3.2.1 发布制度

气象灾害预警信息发布遵循"归口管理、统一发布、快速传播"原则。气象灾害预警信息由气象部门负责制作并按预警级别分级发布，其他任何组织、个人不得制作和向社会发布气象灾害预警信息。

3.2.2 发布内容

气象部门根据对各类气象灾害的发展态势，综合预评估分析确定预警级别。预警级别分为Ⅰ级（特别重大）、Ⅱ级（重大）、Ⅲ级（较大）、Ⅳ级（一般），分别用红、橙、黄、蓝四种颜色标示，Ⅰ级为最高级别，具体分级标准见附则。

气象灾害预警信息内容包括气象灾害的类别、预警级别、起始时间、可能影响范围、警示事项、应采取的措施和发布机关等。

3.2.3 发布途径

建立和完善公共媒体、国家应急广播系统、卫星专用广播系统、无线电数据系统、专用海洋气象广播短波电台、移动通信群发系统、无线电数据系统、中国气象频道等多种手段互补的气象灾害预警信息发布系统，发布气象灾害预警信息。同时，通过国家应急广播和广播、电视、报刊、互联网、手机短信、电子显示屏、有线广播等相关媒体以及一切可能的传播手段及时向社会公众发布气象灾害预警信息。涉及可能引发次生、衍生灾害的预警信息通过有关信息共享平台向相关部门发布。

地方各级人民政府要在学校、机场、港口、车站、旅游景点等人员密集公共场所，高速公路、国道、省道等重要道路和易受气象灾害影响的桥梁、涵洞、弯道、坡路等重点路段，以及农牧区、山区等建立起畅通、有效的预警信息发布与传播渠道，扩大预警信息覆盖面。对老、幼、病、残、孕等特殊人群以及学校等特殊场所和警报盲区应当采取有针对性的公告方式。

气象部门组织实施人工影响天气作业前，要及时通知相关地方和部门，并根据具体情况提前公告。

6.《国家森林草原火灾应急预案》（2020年10月26日）

5.1.2 预警发布

由应急管理部门组织，各级林草、公安和气象主管部门加强会商，联合制作森林草原火险预警信息，并通过预警信息发布平台和广播、电视、报刊、网络、微信公众号以及应急广播等方式向涉险区域相关部门和社会公众发布。国家森林草原防灭火指挥部办公室适时向省级森林（草原）防（灭）火指挥机构发送预警信息，提出工作要求。

5.1.3 预警响应

当发布蓝色、黄色预警信息后，预警地区县级以上地方人民政府及其有关部门密切关注天气情况和森林草原火险预警变化，加强森林草原防火巡护、卫星林火监测和瞭望监测，做好预警信息发布和森林草原防火宣传工作，加强火源管理，落实防火装备、物资等各项扑火准备，当地各级各类森林消防队伍进入待命状态。

当发布橙色、红色预警信息后，预警地区县级以上地方人民政府及其有关部门在蓝色、黄色预警响应措施的基础上，进一步加强野外火源管理，开展森林草原防火检查，加大预警信息播报频次，做好物资调拨准备，地方专业防扑火队伍、国家综合性消防救援队伍视情对力量部署进行调整，靠前驻防。

各级森林（草原）防（灭）火指挥机构视情对预警地区森林草原防

灭火工作进行督促和指导。

7.《国家大面积停电事件应急预案》(2015年11月13日)

3.2 预警

3.2.1 预警信息发布

电力企业研判可能造成大面积停电事件时，要及时将有关情况报告受影响区域地方人民政府电力运行主管部门和能源局相关派出机构，提出预警信息发布建议，并视情通知重要电力用户。地方人民政府电力运行主管部门应及时组织研判，必要时报请当地人民政府批准后向社会公众发布预警，并通报同级其他相关部门和单位。当可能发生重大以上大面积停电事件时，中央电力企业同时报告能源局。

3.2.2 预警行动

预警信息发布后，电力企业要加强设备巡查检修和运行监测，采取有效措施控制事态发展；组织相关应急救援队伍和人员进入待命状态，动员后备人员做好参加应急救援和处置工作准备，并做好大面积停电事件应急所需物资、装备和设备等应急保障准备工作。重要电力用户做好自备应急电源启用准备。受影响区域地方人民政府启动应急联动机制，组织有关部门和单位做好维持公共秩序、供水供气供热、商品供应、交通物流等方面的应急准备；加强相关舆情监测，主动回应社会公众关注的热点问题，及时澄清谣言传言，做好舆论引导工作。

3.2.3 预警解除

根据事态发展，经研判不会发生大面积停电事件时，按照"谁发布、谁解除"的原则，由发布单位宣布解除预警，适时终止相关措施。

第六十五条 预警信息发布

国家建立健全突发事件预警发布平台，按照有关规定及时、准确向社会发布突发事件预警信息。

> 广播、电视、报刊以及网络服务提供者、电信运营商应当按照国家有关规定，建立突发事件预警信息快速发布通道，及时、准确、无偿播发或者刊载突发事件预警信息。
>
> 公共场所和其他人员密集场所，应当指定专门人员负责突发事件预警信息接收和传播工作，做好相关设备、设施维护，确保突发事件预警信息及时、准确接收和传播。

要点提示

本条是新增规定。要建立广泛的预警信息发布渠道，充分利用广播、电视、报纸、电话、手机短信、街区显示屏和互联网等多种形式发布预警信息，确保广大人民群众第一时间内掌握预警信息，使他们有机会采取有效防御措施，达到减少人员伤亡和财产损失的目的。同时还要确定预警信息的发布主体，信息的发布要有权威性和连续性，这是由危机事件发展的动态性特点决定的。作为预警信息发布主体的有关政府要及时发布、更新有关危机事件的新信息，让公众随时了解事态的发展变化，以便主动参与和配合政府的应急管理。

关联规定

1.《海洋观测预报管理条例》（2023年7月20日）

第二十六条　沿海县级以上地方人民政府应当建立和完善海洋灾害信息发布平台，根据海洋灾害防御需要，在沿海交通枢纽、公共活动场所等人口密集区和海洋灾害易发区建立海洋灾害警报信息接收和播发设施。

2.《国家森林草原火灾应急预案》（2020年10月26日）

5.1.2　预警发布

由应急管理部门组织，各级林草、公安和气象主管部门加强会商，联合制作森林草原火险预警信息，并通过预警信息发布平台和广播、电视、报刊、网络、微信公众号以及应急广播等方式向涉险区域相关部门和社会公众发布。国家森林草原防灭火指挥部办公室适时向省级森林（草原）防（灭）火指挥机构发送预警信息，提出工作要求。

第六十六条　三级、四级预警措施

发布三级、四级警报，宣布进入预警期后，县级以上地方人民政府应当根据即将发生的突发事件的特点和可能造成的危害，采取下列措施：

（一）启动应急预案；

（二）责令有关部门、专业机构、监测网点和负有特定职责的人员及时收集、报告有关信息，向社会公布反映突发事件信息的渠道，加强对突发事件发生、发展情况的监测、预报和预警工作；

（三）组织有关部门和机构、专业技术人员、有关专家学者，随时对突发事件信息进行分析评估，预测发生突发事件可能性的大小、影响范围和强度以及可能发生的突发事件的级别；

（四）定时向社会发布与公众有关的突发事件预测信息和分析评估结果，并对相关信息的报道工作进行管理；

（五）及时按照有关规定向社会发布可能受到突发事件危害的警告，宣传避免、减轻危害的常识，公布咨询或者求助电话等联络方式和渠道。

❋ 要点提示

突发事件即将发生时，有关政府应当根据突发事件发生的紧急程度、发展态势和可能造成的危害程度，发布相应的预警级别。其中，三级、四级预警是比较低的预警级别。发布三级、四级预警级别后，预警工作的作用主要是及时、全面地收集、交流、沟通有关突发事件的信息，并在组织综合评估和分析判断的基础上，对突发事件可能出现的趋势和问题，由政府及其有关部门发布警报，决定和宣布进入预警期，并及时采取相应的预警措施，有效消除产生突发事件的各种因素，尽量避免突发事件的发生。

关联规定

1.《国家防汛抗旱应急预案》（2022年5月30日）

4.4 三级应急响应

4.4.1 出现下列情况之一者，为三级应急响应：

（1）多个省（自治区、直辖市）同时发生洪涝灾害；

（2）一省（自治区、直辖市）发生较大洪水；

（3）多个省（自治区、直辖市）启动防汛抗旱三级或以上应急响应；

（4）大江大河干流堤防出现重大险情；

（5）大中型水库出现严重险情或小型水库发生垮坝；

（6）预报强台风登陆或严重影响我国；

（7）正在发生大范围强降雨过程，中央气象台发布暴雨橙色预警，会商研判有两个以上省（自治区、直辖市）大部地区可能发生较重洪涝灾害；

（8）发生极高风险的堰塞湖；

（9）多个省（自治区、直辖市）同时发生中度干旱；

（10）多座中等以上城市同时发生中度干旱或一座大城市发生严重干旱；

（11）其他需要启动三级应急响应的情况。

根据汛情、险情、灾情、旱情发展变化，当发生符合启动三级应急响应条件的事件时，国家防总办公室提出启动三级应急响应的建议，报国家防总秘书长批准；遇紧急情况，由国家防总秘书长决定。

4.4.2 三级应急响应行动

（1）国家防总秘书长主持会商，中国气象局、水利部、自然资源部等国家防总有关成员单位参加，作出相应工作安排，加强防汛抗旱工作的指导，有关情况及时上报国务院并通报国家防总成员单位。水利部密切监视汛情、旱情发展变化。国家防总办公室在18小时内派出由司局级领导带队的工作组、专家组赴一线指导防汛抗旱工作。

（2）有关流域防汛抗旱指挥机构加强汛（旱）情监视，加强洪水预测预报，做好相关工程调度，派出工作组、专家组到一线协助防汛抗旱。

（3）有关省、自治区、直辖市的防汛抗旱指挥机构，由防汛抗旱指挥机构负责同志主持会商，具体安排防汛抗旱工作；按照权限调度水利、防洪工程；根据预案组织防汛抢险或组织抗旱，派出工作组、专家组，并将防汛抗旱的工作情况上报当地人民政府分管负责同志、国家防总及流域防总。省级防汛抗旱指挥机构在省级主要媒体及新媒体平台发布防汛抗旱有关情况。省级防汛抗旱指挥机构各成员单位按照任务分工做好有关工作。

4.5 四级应急响应

4.5.1 出现下列情况之一者，为四级应急响应：

（1）多个省（自治区、直辖市）启动防汛抗旱四级或以上应急响应；

（2）多个省（自治区、直辖市）同时发生一般洪水；

（3）大江大河干流堤防出现险情；

（4）大中型水库出现险情；

（5）预报热带风暴、强热带风暴、台风登陆或影响我国；

（6）预测或正在发生大范围强降雨过程，中央气象台发布暴雨黄色预警，会商研判有两个以上省（自治区、直辖市）可能发生洪涝灾害；

（7）发生高风险的堰塞湖；

（8）多个省（自治区、直辖市）同时发生轻度干旱；

（9）多座中等以上城市同时因旱影响正常供水；

（10）其他需要启动四级应急响应的情况。

根据汛情、险情、灾情、旱情发展变化，当发生符合启动四级应急响应条件的事件时，国家防总办公室主任决定并宣布启动四级应急响应。

4.5.2 四级应急响应行动

（1）国家防总办公室负责同志主持会商，中国气象局、水利部、自然资源部等国家防总有关成员单位参加，分析防汛抗旱形势，作出相应工作安排，加强对汛（旱）情的监视，在 24 小时内派出由司局级领导带队的工作组、专家组赴一线指导防汛抗旱工作，将情况上报国务院并通报国家防总成员单位。

（2）有关流域防总加强汛情、旱情监视，做好洪水预测预报，并将情况及时报国家防总办公室。

（3）有关省、自治区、直辖市的防汛抗旱指挥机构由防汛抗旱指挥机构负责同志主持会商，具体安排防汛抗旱工作；按照权限调度水利、防洪工程；按照预案采取相应防守措施或组织抗旱；派出工作组、专家组赴一线指导防汛抗旱工作；将防汛抗旱的工作情况上报当地人民政府和国家防总办公室。

2.《高速公路交通应急管理程序规定》（2008 年 12 月 3 日）

第九条 根据道路交通中断造成车辆滞留的影响范围和严重程度，高速公路应急响应从高到低分为一级、二级、三级和四级应急响应级别。各级公安机关应当完善高速公路交通管理应急预案体系，根据职权制定相应级别的应急预案，在应急预案中分别对交通事故、危险化学品泄漏、恶劣天气、自然灾害等不同突发情况做出具体规定。

第十三条 道路交通中断 24 小时以上，造成车辆滞留严重影响相邻三个以上省（自治区、直辖市）高速公路通行的为一级响应；道路交通中断 24 小时以上，造成车辆滞留涉及相邻两个以上省（自治区、直辖市）高速公路通行的为二级响应；道路交通中断 24 小时以上，造成车辆滞留影响省（自治区、直辖市）内相邻三个以上地市辖区高速公路通行的为三级响应；道路交通中断 12 小时以上，造成车辆滞留影响两个以上地市辖区内高速公路通行的为四级响应。

第十七条 三级响应时，省级公安机关启动三级响应应急预案，宣布进入三级应急状态，成立高速公路交通应急管理指挥部，指挥本省（自治区、直辖市）内各级公安机关开展交通应急管理工作。

第三十七条 高速公路实施交通应急管理需启动一级响应的，应当在初步确定启动一级响应 1 小时内将基本信息逐级上报至公安部；需启动二级响应的，应当在初步确定启动二级响应 30 分钟内将基本信息逐级上报至省级公安机关；需启动三级和四级响应的，应当及时将基本信息逐级上报至省级公安机关。公安部指令要求查报的，可由当地公安机关在规定时间内直接报告。

第六十七条　一级、二级预警措施

发布一级、二级警报，宣布进入预警期后，县级以上地方人民政府除采取本法第六十六条规定的措施外，还应当针对即将发生的突发事件的特点和可能造成的危害，采取下列一项或者多项措施：

（一）责令应急救援队伍、负有特定职责的人员进入待命状态，并动员后备人员做好参加应急救援和处置工作的准备；

（二）调集应急救援所需物资、设备、工具，准备应急设施和应急避难、封闭隔离、紧急医疗救治等场所，并确保其处于良好状态、随时可以投入正常使用；

（三）加强对重点单位、重要部位和重要基础设施的安全保卫，维护社会治安秩序；

（四）采取必要措施，确保交通、通信、供水、排水、供电、供气、供热、医疗卫生、广播电视、气象等公共设施的安全和正常运行；

（五）及时向社会发布有关采取特定措施避免或者减轻危害的建议、劝告；

（六）转移、疏散或者撤离易受突发事件危害的人员并予以妥善安置，转移重要财产；

（七）关闭或者限制使用易受突发事件危害的场所，控制或者限制容易导致危害扩大的公共场所的活动；

（八）法律、法规、规章规定的其他必要的防范性、保护性措施。

要点提示

一级、二级预警相对于三级、四级预警而言级别更高，突发事件即将发生的时间更为紧迫，事件发展态势已经一触即发，人民生命财产安全即将面临威胁。因此，有关政府除了继续采取三级、四级预警期间的措施外，还应当及时采取有关防范、部署、保护性的先期应急处置措施，努力做好应急准备，避免人员伤亡和财产损失，尽量减少突发事件所造成的不利影响，并防止其演变为重大事件。

关联规定

《国家防汛抗旱应急预案》（2022年5月30日）

4.2 一级应急响应

4.2.1 出现下列情况之一者，为一级应急响应：

（1）某个流域发生特大洪水；

（2）多个流域同时发生大洪水；

（3）多个省（自治区、直辖市）启动防汛抗旱一级应急响应；

（4）大江大河干流重要河段堤防发生决口；

（5）重点大型水库发生垮坝；

（6）多个省（自治区、直辖市）发生特大干旱；

（7）多座特大及以上城市发生特大干旱；

（8）其他需要启动一级应急响应的情况。

根据汛情、险情、灾情、旱情发展变化，当发生符合启动一级应急响应条件的事件时，国家防总办公室提出启动一级应急响应的建议，由副总指挥审核后，报总指挥批准；遇紧急情况，由总指挥决定。必要时，国务院直接决定启动一级应急响应。

4.2.2 一级应急响应行动

（1）由国家防总总指挥或党中央、国务院指定的负责同志主持会商，统一指挥调度，国家防总成员参加。视情启动经国务院批准的防御特大洪水方案，作出防汛抗旱应急工作部署，加强工作指导，并将情况上报党中央、国务院。应急响应期内，根据汛情、险情、灾情、旱情发展变化，可由副总指挥主持，有关成员单位参加，随时滚动会商，并将情况报总指挥。按照党中央、国务院安排派出工作组赴一线指导防汛抗旱工作。国家防总加强值守，密切监视汛情、险情、灾情、旱情，做好预测预报，做好重点工程调度，并在8小时内派出由国家防总领导或成员带队的工作组、专家组赴一线指导防汛抗旱工作，及时在中央主要媒体及新媒体通报有关情况，报道汛（旱）情及抗洪抢险、抗旱减灾工作。财政部为灾区及时提供资金帮助。国家粮食和储备局按照国家防总办公室要求为灾区紧急调运防汛抗旱物资；铁路、交通运输、民航部门为防汛抗旱物资提供运输保障。水利部做好汛情旱情预测预报，做好重点工程调度和防汛抢险技术支撑。应急部组织协调水旱灾害抢险和应急救援工作，转移安置受洪水威胁人员，及时救助受灾群众。国家卫生健康委根据需要，及时派出卫生应急队伍或专家赴灾区协助开展紧急医学救援、灾后卫生防疫和应急心理干预等工作。国家防总其他成员单位按照任务分工，全力做好有关工作。

（2）有关流域防汛抗旱指挥机构按照权限调度水利、防洪工程，为国家防总和水利部提供调度参谋意见。派出工作组、专家组，支援地方抗洪抢险和抗旱减灾。

（3）有关省、自治区、直辖市的防汛抗旱指挥机构启动一级应急响应，可依法宣布本地区进入紧急防汛期或紧急抗旱期，按照《中华人民共和国防洪法》和突发事件应对相关法律的规定行使权力。同时，增加值班人员，加强值班，由防汛抗旱指挥机构的主要负责同志主持会商，动员部署防汛抗旱工作；按照权限组织调度水利、防洪工程；根据预案转移危险地区群众，组织强化巡堤查险和堤防防守，及时控制险情或组织强化抗旱工作。受灾地区的各级防汛抗旱指挥机构负责人、成员单位负责人，应按照职责到分管的区域组织指挥防汛抗旱工作，或驻点具体帮助重灾区做好防汛抗旱工作。有关省、自治区、直辖市的防汛抗旱指挥机构应将工作情况上报当地人民政府、国家防总及流域防汛抗旱指挥机构。有关省、自治区、直辖市的防汛抗旱指挥机构成员单位按任务分工全力配合做好防汛抗旱和抗灾救灾工作。

4.3 二级应急响应

4.3.1 出现下列情况之一者，为二级应急响应：

（1）一个流域发生大洪水；

（2）多个省（自治区、直辖市）启动防汛抗旱二级或以上应急响应；

（3）大江大河干流一般河段及主要支流堤防发生决口；

（4）多个省（自治区、直辖市）发生严重洪涝灾害；

（5）一般大中型水库发生垮坝；

（6）预报超强台风登陆或严重影响我国；

（7）正在发生大范围强降雨过程，中央气象台发布暴雨红色预警，会商研判有两个以上省（自治区、直辖市）大部地区可能发生严重洪涝灾害；

（8）同一时间发生两个以上极高风险的堰塞湖；

（9）一省（自治区、直辖市）发生特大干旱或多个省（自治区、直辖市）发生严重干旱；

（10）多个大城市发生严重干旱；

（11）其他需要启动二级应急响应的情况。

根据汛情、险情、灾情、旱情发展变化，当发生符合启动二级应急响应条件的事件时，国家防总办公室提出启动二级应急响应的建议，由国家防总秘书长审核后，报副总指挥批准；遇紧急情况，由副总指挥决定。

4.3.2 二级应急响应行动

（1）国家防总副总指挥主持会商，国家防总成员单位派员参加会商，作出相应工作部署，加强防汛抗旱工作的指导，在 2 小时内将情况上报国务院领导同志并通报国家防总成员单位。应急响应期内，根据汛情、险情、灾情、旱情发展变化，可由国家防总秘书长主持，随时滚动会商。国家防总加强值班力量，密切监视汛情、险情、灾情、旱情，做好预测预报，做好重点工程调度，并在12小时内派出由成员单位组成的联合工作组、专家组赴一线指导防汛抗旱工作。水利部密切监视汛情、旱情、工情发展变化，做好汛情、旱情预测预报预警，做好重点工程调度和抗洪应急抢险技术支撑。国家防总组织协调有关方面不定期在中央主要媒体及新媒体平台通报有关情况。根据灾区请求及时调派抢险救援队伍、调拨防汛抗旱物资支援地方抢险救灾。国家防总各成员单位按照任务分工做好有关工作。

（2）有关流域防汛抗旱指挥机构密切监视汛情、险情、灾情、旱情发展变化，做好洪水预测预报，派出工作组、专家组，支援地方抗洪抢险救援和抗旱救灾；按照权限调度水利、防洪工程；为国家防总和水利部提供调度参谋意见。

（3）有关省、自治区、直辖市防汛抗旱指挥机构可根据情况，依法宣布本地区进入紧急防汛期或紧急抗旱期，按照《中华人民共和国防洪法》和突发事件应对相关法律的规定行使相关权力。同时，增加值班人员，加强值班。有关省级防汛抗旱指挥机构应将工作情况上报当地人民政府主要负责同志、国家防总及流域防汛抗旱指挥机构。有关省、自治区、直辖市的防汛抗旱指挥机构成员单位按任务分工全力配合做好防汛抗旱和抗灾救灾工作。

典型案例

刘某、戴某与某街道办行政纠纷案[1]

◎ 裁判要点

《行政诉讼法》第三十四条规定，"被告对作出的行政行为负有举证责任，应当提供作出该行政行为的证据和所依据的规范性文件。被告不提供或者无正当理由逾期提供证据，视为没有相应证据。但是，被诉行政行为

---

[1] 案号：（2021）湘01行终42号。

涉及第三人合法权益，第三人提供证据的除外"。《城市危险房屋管理规定》第七条第一款、第十三条规定，危房委托鉴定方应是房屋所有人或使用人或受理涉及危险房屋纠纷案件的仲裁、审判机关。《突发事件应对法》第四十五条①规定："发布一级、二级警报，宣布进入预警期后，县级以上地方各级人民政府除采取本法第四十四条规定的措施外，还应当针对即将发生的突发事件的特点和可能造成的危害，采取下列一项或者多项措施……（六）转移、疏散或者撤离易受突发事件危害的人员并予以妥善安置，转移重要财产……（八）法律、法规、规章规定的其他必要的防范性、保护性措施。"本案中，某街道办对刘某所有的涉案房屋委托鉴定，其既不是涉案房屋所有人和使用人，也不是仲裁和审判机关，无权委托第三方进行鉴定，其委托主体不适格。同时，某街道办不具有对涉案房屋采取转移人员并强制拆除房屋的处置措施的法定职权，亦未提供有关证据证明所在地区已发布一级、二级警报并进入预警期，故应当承担不利后果。某街道办辩称其在连续暴雨天气为维护公共安全而采取紧急排危措施的主张，于法无据，法院不予采纳。

第六十八条　预警期保障措施

发布警报，宣布进入预警期后，县级以上人民政府应当对重要商品和服务市场情况加强监测，根据实际需要及时保障供应、稳定市场。必要时，国务院和省、自治区、直辖市人民政府可以按照《中华人民共和国价格法》等有关法律规定采取相应措施。

关联规定

《交通运输突发事件应急管理规定》（2011年11月14日）

第三十条　县级以上地方人民政府宣布进入预警期后，交通运输主管部门应当根据预警级别和可能发生的交通运输突发事件的特点，采取下列

---

① 对应2024年修订后《突发事件应对法》第六十七条。

措施：

（一）启动相应的交通运输突发事件应急预案；

（二）根据需要启动应急协作机制，加强与相关部门的协调沟通；

（三）按照所属地方人民政府和上级交通运输主管部门的要求，指导交通运输企业采取相关预防措施；

（四）加强对突发事件发生、发展情况的跟踪监测，加强值班和信息报告；

（五）按照地方人民政府的授权，发布相关信息，宣传避免、减轻危害的常识，提出采取特定措施避免或者减轻危害的建议、劝告；

（六）组织应急救援队伍和相关人员进入待命状态，调集应急处置所需的运力和装备，检测用于疏运转移的交通运输工具和应急通信设备，确保其处于良好状态；

（七）加强对交通运输枢纽、重点通航建筑物、重点场站、重点港口、码头、重点运输线路及航道的巡查维护；

（八）法律、法规或者所属地方人民政府提出的其他应急措施。

第六十九条　社会安全事件信息报告制度

对即将发生或者已经发生的社会安全事件，县级以上地方人民政府及其有关主管部门应当按照规定向上一级人民政府及其有关主管部门报告，必要时可以越级上报，具备条件的，应当进行网络直报或者自动速报。

❋ 要点提示

各有关政府及其部门应当加大对社会安全事件情报信息的开发力度，做到早发现、早预警、早处置。一旦发生社会安全事件，有关政府及其部门要进一步加快信息的报送速度，尽量争取在第一时间报送有关信息，不能因瞒报漏报而丧失处理问题的最佳时机。

关联规定

1.《自然灾害救助条例》（2019 年 3 月 2 日）

第三十三条　发生事故灾难、公共卫生事件、社会安全事件等突发事件，需要由县级以上人民政府应急管理部门开展生活救助的，参照本条例执行。

2.《突发事件应急预案管理办法》（2024 年 1 月 31 日）

第三条　应急预案的规划、编制、审批、发布、备案、培训、宣传、演练、评估、修订等工作，适用本办法。

3.《国家突发公共事件医疗卫生救援应急预案》（2006 年 2 月 26 日）

1.1　编制目的

保障自然灾害、事故灾难、公共卫生、社会安全事件等突发公共事件（以下简称突发公共事件）发生后，各项医疗卫生救援工作迅速、高效、有序地进行，提高卫生部门应对各类突发公共事件的应急反应能力和医疗卫生救援水平，最大程度地减少人员伤亡和健康危害，保障人民群众身体健康和生命安全，维护社会稳定。

4.《国家城市轨道交通运营突发事件应急预案》（2015 年 4 月 30 日）

1.3　适用范围

本预案适用于城市轨道交通运营过程中发生的因列车撞击、脱轨，设施设备故障、损毁，以及大客流等情况，造成人员伤亡、行车中断、财产损失的突发事件应对工作。

因地震、洪涝、气象灾害等自然灾害和恐怖袭击、刑事案件等社会安全事件以及其他因素影响或可能影响城市轨道交通正常运营时，依据国家相关预案执行，同时参照本预案组织做好监测预警、信息报告、应急响应、后期处置等相关应对工作。

5.《交通运输突发事件应急管理规定》(2011年11月14日)

第二条　交通运输突发事件的应急准备、监测与预警、应急处置、终止与善后等活动，适用本规定。

本规定所称交通运输突发事件，是指突然发生，造成或者可能造成交通运输设施毁损，交通运输中断、阻塞，重大船舶污染及海上溢油应急处置等，需要采取应急处置措施，疏散或者救援人员，提供应急运输保障的自然灾害、事故灾难、公共卫生事件和社会安全事件。

第二十七条　交通运输主管部门应当根据自然灾害、事故灾难、公共卫生事件和社会安全事件的种类和特点，建立健全交通运输突发事件基础信息数据库，配备必要的监测设备、设施和人员，对突发事件易发区域加强监测。

6.《突发事件医疗应急工作管理办法（试行）》(2023年12月8日)

第三条　本办法所称突发事件，是指突然发生，造成或者可能造成严重社会危害，需要采取应急处置措施予以应对的自然灾害、事故灾难、公共卫生事件和社会安全事件。

第七十条　预警调整和解除

发布突发事件警报的人民政府应当根据事态的发展，按照有关规定适时调整预警级别并重新发布。

有事实证明不可能发生突发事件或者危险已经解除的，发布警报的人民政府应当立即宣布解除警报，终止预警期，并解除已经采取的有关措施。

要点提示

在应急预警阶段，预警级别的确定、警报的宣布和解除、预警期的开始和终止、有关措施的采取和解除，都要与紧急危险等级及相应的紧急危险阶段保持一致。即使是具有极其严重社会危害的最高级别突发事件，也有不同的发展阶段，并不需要在每一个阶段都采取同样严厉的应对措施。因此，一旦突发事件的事态发展出现了变化，以及有事实证明不可能发生突发事件或者危险已经解除的，发布突发事件警报的人民政府应当适时调整预警级别并重新发布，并立即宣布解除相应的预警警报，或者终止预警期，解除已经采取的有关措施。

❖ 关联规定

1.《气象法》（2016年11月7日）

第二十一条 新建、扩建、改建建设工程，应当避免危害气象探测环境；确实无法避免的，建设单位应当事先征得省、自治区、直辖市气象主管机构的同意，并采取相应的措施后，方可建设。

第二十二条 国家对公众气象预报和灾害性天气警报实行统一发布制度。

各级气象主管机构所属的气象台站应当按照职责向社会发布公众气象预报和灾害性天气警报，并根据天气变化情况及时补充或者订正。其他任何组织或者个人不得向社会发布公众气象预报和灾害性天气警报。

国务院其他有关部门和省、自治区、直辖市人民政府其他有关部门所属的气象台站，可以发布供本系统使用的专项气象预报。

各级气象主管机构及其所属的气象台站应当提高公众气象预报和灾害性天气警报的准确性、及时性和服务水平。

第二十三条 各级气象主管机构所属的气象台站应当根据需要，发布农业气象预报、城市环境气象预报、火险气象等级预报等专业气象预报，并配合军事气象部门进行国防建设所需的气象服务工作。

第二十四条 各级广播、电视台站和省级人民政府指定的报纸，应当安排专门的时间或者版面，每天播发或者刊登公众气象预报或者灾害性天气警报。

各级气象主管机构所属的气象台站应当保证其制作的气象预报节目的质量。

广播、电视播出单位改变气象预报节目播发时间安排的，应当事先征得有关气象台站的同意；对国计民生可能产生重大影响的灾害性天气警报和补充、订正的气象预报，应当及时增播或者插播。

第二十五条　广播、电视、报纸、电信等媒体向社会传播气象预报和灾害性天气警报，必须使用气象主管机构所属的气象台站提供的适时气象信息，并标明发布时间和气象台站的名称。通过传播气象信息获得的收益，应当提取一部分支持气象事业的发展。

第二十六条　信息产业部门应当与气象主管机构密切配合，确保气象通信畅通，准确、及时地传递气象情报、气象预报和灾害性天气警报。

气象无线电专用频道和信道受国家保护，任何组织或者个人不得挤占和干扰。

2.《中华人民共和国防汛条例》（2011年1月8日）

第十七条　蓄滞洪区所在地的省级人民政府应当按照国务院的有关规定，组织有关部门和市、县，制定所管辖的蓄滞洪区的安全与建设规划，并予实施。

各级地方人民政府必须对所管辖的蓄滞洪区的通信、预报警报、避洪、撤退道路等安全设施，以及紧急撤离和救生的准备工作进行汛前检查，发现影响安全的问题，及时处理。

第二十条　有防汛任务的地方人民政府应当建设和完善江河堤防、水库、蓄滞洪区等防洪设施，以及该地区的防汛通信、预报警报系统。

3.《海洋观测预报管理条例》（2023年7月20日）

第二十一条　国务院海洋主管部门和沿海县级以上地方人民政府海洋主管部门所属的海洋预报机构应当根据海洋观测资料，分析、预测海洋状况变化趋势及其影响，及时制作海洋预报和海洋灾害警报，做好海洋预报工作。

国务院海洋主管部门和沿海县级以上地方人民政府海洋主管部门所属的海洋预报机构应当适时进行海洋预报和海洋灾害警报会商，提高海洋预报和海洋灾害警报的准确性、及时性。

第二十二条 海洋预报和海洋灾害警报由国务院海洋主管部门和沿海县级以上地方人民政府海洋主管部门所属的海洋预报机构按照职责向公众统一发布。其他任何单位和个人不得向公众发布海洋预报和海洋灾害警报。

第二十三条 国务院有关部门、沿海地方各级人民政府和沿海县级以上地方人民政府有关部门应当根据海洋预报机构提供的海洋灾害警报信息采取必要措施，并根据防御海洋灾害的需要，启动相应的海洋灾害应急预案，避免或者减轻海洋灾害。

第二十四条 沿海县级以上地方人民政府指定的当地广播、电视和报纸等媒体应当安排固定的时段或者版面，及时刊播海洋预报和海洋灾害警报。

广播、电视等媒体改变海洋预报播发时段的，应当事先与有关海洋主管部门协商一致，但是因特殊需要，广播电视行政部门要求改变播发时段的除外。对国计民生可能产生重大影响的海洋灾害警报，应当及时增播或者插播。

第二十五条 广播、电视和报纸等媒体刊播海洋预报和海洋灾害警报，应当使用国务院海洋主管部门和沿海县级以上地方人民政府海洋主管部门所属的海洋预报机构提供的信息，并明示海洋预报机构的名称。

第二十六条 沿海县级以上地方人民政府应当建立和完善海洋灾害信息发布平台，根据海洋灾害防御需要，在沿海交通枢纽、公共活动场所等人口密集区和海洋灾害易发区建立海洋灾害警报信息接收和播发设施。

4.《国家突发公共事件总体应急预案》（2006年1月8日）

3.1.1 预警级别和发布

根据预测分析结果，对可能发生和可以预警的突发公共事件进行预警。预警级别依据突发公共事件可能造成的危害程度、紧急程度和发展势态，一般划分为四级：Ⅰ级（特别严重）、Ⅱ级（严重）、Ⅲ级（较重）

和Ⅳ级（一般），依次用红色、橙色、黄色和蓝色表示。

预警信息包括突发公共事件的类别、预警级别、起始时间、可能影响范围、警示事项、应采取的措施和发布机关等。

预警信息的发布、调整和解除可通过广播、电视、报刊、通信、信息网络、警报器、宣传车或组织人员逐户通知等方式进行，对老、幼、病、残、孕等特殊人群以及学校等特殊场所和警报盲区应当采取有针对性的公告方式。

第五章　应急处置与救援

第七十一条　应急响应制度

国家建立健全突发事件应急响应制度。

突发事件的应急响应级别，按照突发事件的性质、特点、可能造成的危害程度和影响范围等因素分为一级、二级、三级和四级，一级为最高级别。

突发事件应急响应级别划分标准由国务院或者国务院确定的部门制定。县级以上人民政府及其有关部门应当在突发事件应急预案中确定应急响应级别。

要点提示

本条是新增条款，在规定突发事件应急响应级别划分标准由国务院或者国务院确定的部门制定的基础上，增加规定县级以上人民政府及其有关部门应当在突发事件应急预案中确定应急响应级别，给予地方一定自主权。[1]

---

[1]《"坚持人民至上、生命至上"》，载人民法院报微信公众号，2024年6月28日发布，https://mp.weixin.qq.com/s/MFkw2xWy4S3z9hvAilBGyQ，2024年7月3日访问。

关联规定

1.《森林防火条例》（2008年12月1日）

第十七条 森林火灾应急预案应当包括下列内容：

（一）森林火灾应急组织指挥机构及其职责；

（二）森林火灾的预警、监测、信息报告和处理；

（三）森林火灾的应急响应机制和措施；

（四）资金、物资和技术等保障措施；

（五）灾后处置。

2.《突发事件应急预案管理办法》（2024年1月31日）

第四条 应急预案管理遵循统一规划、综合协调、分类指导、分级负责、动态管理的原则。

第七条 按照制定主体划分，应急预案分为政府及其部门应急预案、单位和基层组织应急预案两大类。

政府及其部门应急预案包括总体应急预案、专项应急预案、部门应急预案等。

单位和基层组织应急预案包括企事业单位、村民委员会、居民委员会、社会组织等编制的应急预案。

第八条 总体应急预案是人民政府组织应对突发事件的总体制度安排。

总体应急预案围绕突发事件事前、事中、事后全过程，主要明确应对工作的总体要求、事件分类分级、预案体系构成、组织指挥体系与职责，以及风险防控、监测预警、处置救援、应急保障、恢复重建、预案管理等内容。

第十条 针对突发事件应对的专项和部门应急预案，主要规定县级以上人民政府或有关部门相关突发事件应对工作的组织指挥体系和专项工作安排，不同层级预案内容各有侧重，涉及相邻或相关地方人民政府、部门、单位任务的应当沟通一致后明确。

国家层面专项和部门应急预案侧重明确突发事件的应对原则、组织指挥机制、预警分级和事件分级标准、响应分级、信息报告要求、应急保障措施等，重点规范国家层面应对行动，同时体现政策性和指导性。

省级专项和部门应急预案侧重明确突发事件的组织指挥机制、监测预警、分级响应及响应行动、队伍物资保障及市县级人民政府职责等，重点规范省级层面应对行动，同时体现指导性和实用性。

市县级专项和部门应急预案侧重明确突发事件的组织指挥机制、风险管控、监测预警、信息报告、组织自救互救、应急处置措施、现场管控、队伍物资保障等内容，重点规范市（地）级和县级层面应对行动，落实相关任务，细化工作流程，体现应急处置的主体职责和针对性、可操作性。

第三十六条 应急预案修订涉及组织指挥体系与职责、应急处置程序、主要处置措施、突发事件分级标准等重要内容的，修订工作应参照本办法规定的应急预案编制、审批、备案、发布程序组织进行。仅涉及其他内容的，修订程序可根据情况适当简化。

3.《国家突发重大动物疫情应急预案》（2006年2月27日）

4.2.2 重大突发动物疫情（Ⅱ级）的应急响应

确认重大突发动物疫情后，按程序启动省级疫情应急响应机制。

（1）省级人民政府

省级人民政府根据省级人民政府兽医行政管理部门的建议，启动应急预案，统一领导和指挥本行政区域内突发重大动物疫情应急处理工作。组织有关部门和人员扑疫；紧急调集各种应急处理物资、交通工具和相关设施设备；发布或督导发布封锁令，对疫区实施封锁；依法设置临时动物防疫监督检查站查堵疫源；限制或停止动物及动物产品交易、扑杀染疫或相关动物；封锁被动物疫源污染的公共饮用水源等；按国家规定做好信息发布工作；组织乡镇、街道、社区及居委会、村委会，开展群防群控；组织有关部门保障商品供应，平抑物价，维护社会稳定。必要时，可请求中央予以支持，保证应急处理工作顺利进行。

（2）省级人民政府兽医行政管理部门

重大突发动物疫情确认后，向农业部报告疫情。必要时，提出省级人民政府启动应急预案的建议。同时，迅速组织有关单位开展疫情应急处置工作。组织开展突发重大动物疫情的调查与处理；划定疫点、疫区、受威胁区；组织对突发重大动物疫情应急处理的评估；负责对本行政区域内应急处理工作的督导和检查；开展有关技术培训工作；有针对性地开展动物防疫知识宣教，提高群众防控意识和自我防护能力。

（3）省级以下地方人民政府

疫情发生地人民政府及有关部门在省级人民政府或省级突发重大动物疫情应急指挥部的统一指挥下，按照要求认真履行职责，落实有关控制措施。具体组织实施突发重大动物疫情应急处理工作。

（4）农业部

加强对省级兽医行政管理部门应急处理突发重大动物疫情工作的督导，根据需要组织有关专家协助疫情应急处置；并及时向有关省份通报情况。必要时，建议国务院协调有关部门给予必要的技术和物资支持。

4.《国家气象灾害应急预案》（2009年12月11日）

1.1 编制目的

建立健全气象灾害应急响应机制，提高气象灾害防范、处置能力，最大限度地减轻或者避免气象灾害造成人员伤亡、财产损失，为经济和社会发展提供保障。

5.《国家突发公共事件总体应急预案》（2006年1月8日）

3.2.3 应急响应

对于先期处置未能有效控制事态的特别重大突发公共事件，要及时启动相关预案，由国务院相关应急指挥机构或国务院工作组统一指挥或指导有关地区、部门开展处置工作。

现场应急指挥机构负责现场的应急处置工作。

需要多个国务院相关部门共同参与处置的突发公共事件，由该类突发公共事件的业务主管部门牵头，其他部门予以协助。

6.《突发事件医疗应急工作管理办法（试行）》（2023年12月8日）

第十条 突发事件医疗应急处置遵循分级负责、属地管理为主的原则，地方各级卫生健康行政部门应当建立突发事件的应急响应机制，根据突发事件类型，启动应急响应，在属地党委和人民政府领导下，加强部门协同，完善应急力量，快速反应、高效应对各类突发事件，开展医疗救援。

7.《高速公路交通应急管理程序规定》（2008年12月3日）

第五条 各级公安机关应当建立高速公路分级应急响应机制。公安部指导各级公安机关开展高速公路交通应急管理工作，省级公安机关指导或指挥本省（自治区、直辖市）公安机关开展高速公路交通应急管理工作，地市级以下公安机关根据职责负责辖区内高速公路交通应急管理工作。

第七十二条　应急处置机制

突发事件发生后，履行统一领导职责或者组织处置突发事件的人民政府应当针对其性质、特点、危害程度和影响范围等，立即启动应急响应，组织有关部门，调动应急救援队伍和社会力量，依照法律、法规、规章和应急预案的规定，采取应急处置措施，并向上级人民政府报告；必要时，可以设立现场指挥部，负责现场应急处置与救援，统一指挥进入突发事件现场的单位和个人。

启动应急响应，应当明确响应事项、级别、预计期限、应急处置措施等。

履行统一领导职责或者组织处置突发事件的人民政府，应当建立协调机制，提供需求信息，引导志愿服务组织和志愿者等社会力量及时有序参与应急处置与救援工作。

❋ 关联规定

1.《国务院办公厅关于进一步加强煤矿安全生产工作的意见》（2013 年 10 月 2 日）

（十九）加快煤矿应急救援能力建设。加强国家（区域）矿山应急救援基地建设，其运行维护费用由中央财政和所在地省级财政给予支持。加强地方矿山救护队伍建设，其运行维护费用由地方财政给予支持。煤矿企业按照相关规定建立专职应急救援队伍。没有建立专职救援队伍的，必须建设兼职辅助救护队。煤矿企业要统一生产、通风、安全监控调度，建立快速有效的应急处置机制；每年至少组织一次全员应急演练。加强煤矿事故应急救援指挥，发生重大及以上事故，省级人民政府主要负责人或分管负责人要及时赶赴事故现场。在煤矿抢险救灾中牺牲的救援人员，应当按照国家有关规定申报烈士。

2.《国家突发重大动物疫情应急预案》（2006 年 2 月 27 日）

1.5 工作原则

（1）统一领导，分级管理。各级人民政府统一领导和指挥突发重大动物疫情应急处理工作；疫情应急处理工作实行属地管理；地方各级人民政府负责扑灭本行政区域内的突发重大动物疫情，各有关部门按照预案规定，在各自的职责范围内做好疫情应急处理的有关工作。根据突发重大动物疫情的范围、性质和危害程度，对突发重大动物疫情实行分级管理。

（2）快速反应，高效运转。各级人民政府和兽医行政管理部门要依照有关法律、法规，建立和完善突发重大动物疫情应急体系、应急反应机制和应急处置制度，提高突发重大动物疫情应急处理能力；发生突发重大动物疫情时，各级人民政府要迅速作出反应，采取果断措施，及时控制和扑灭突发重大动物疫情。

（3）预防为主，群防群控。贯彻预防为主的方针，加强防疫知识的宣传，提高全社会防范突发重大动物疫情的意识；落实各项防范措施，做好人员、技术、物资和设备的应急储备工作，并根据需要定期开展技术培训和应急演练；开展疫情监测和预警预报，对各类可能引发突发重大动物疫情的情况要及时分析、预警，做到疫情早发现、快行动、严处理。突发重大动物疫情应急处理工作要依靠群众，全民防疫，动员一切资源，做到群防群控。

3.《国家突发公共事件总体应急预案》（2006年1月8日）

4.1 人力资源

公安（消防）、医疗卫生、地震救援、海上搜救、矿山救护、森林消防、防洪抢险、核与辐射、环境监控、危险化学品事故救援、铁路事故、民航事故、基础信息网络和重要信息系统事故处置，以及水、电、油、气等工程抢险救援队伍是应急救援的专业队伍和骨干力量。地方各级人民政府和有关部门、单位要加强应急救援队伍的业务培训和应急演练，建立联动协调机制，提高装备水平；动员社会团体、企事业单位以及志愿者等各种社会力量参与应急救援工作；增进国际间的交流与合作。要加强以乡镇和社区为单位的公众应急能力建设，发挥其在应对突发公共事件中的重要作用。

中国人民解放军和中国人民武装警察部队是处置突发公共事件的骨干和突击力量，按照有关规定参加应急处置工作。

4.《重特大自然灾害调查评估暂行办法》（2023年9月22日）

第八条 调查评估组应当制定调查评估工作方案和工作制度，明确目标任务、职责分工、重点事项、方法步骤等内容，以及协调配合、会商研判、调查回避、保密工作、档案管理等要求，注重加强调查评估各项工作的统筹协调和过程管理。

附：《对十三届全国人大二次会议第4417号建议的答复———关于基层应急管理标准化建设的建议》（2019年6月24日）

二、关于建立高标准、高规格应急管理指挥系统。应急管理部组建以来，紧紧围绕有效处置灾害事故，全面落实24小时在岗应急值守制度，及时指导各地应急管理部门、应急救援队伍统筹安排应急值守工作，时刻保持与有关方面的联络畅通；研究制定了部门应急预案和灾种响应手册等，探索建立应急响应专题会商机制，形成了救援扁平化组织指挥模式、防范救援救灾一体化运作模式等适应应急管理特点的工作模式；充分发挥国家应对特别重大灾害指挥部作用，与相关部门和单位建立会商研判、协同响应、救援联动等机制，建立特别重大灾害由应急管理部牵头处置和一般性灾害由地方各级政府负责、应急管理部统一响应支援的应急处置机制。针对您关注的应急指挥中心规范化建设，应急管理部将出台相关指导意见，科学定位各层级应急指挥中心功能、技术和能力要求，提升应急指挥能力水平，努力构建"纵向到底、横向到边"的全国一体化应急指挥体系；进一步强化信息报送科技支撑，开发建设突发事件信息报送系统，作为信息汇聚的平台，提升信息报送效率，同时配套建设语音调度系统，实现日常应急值守和突发情况下应急通信联络和指挥调度，确保第一时间响应和调度。

第七十三条 自然灾害、事故灾难和公共卫生事件应急处置措施

自然灾害、事故灾难或者公共卫生事件发生后，履行统一领导职责的人民政府应当采取下列一项或者多项应急处置措施：

（一）组织营救和救治受害人员，转移、疏散、撤离并妥善安置受到威胁的人员以及采取其他救助措施；

（二）迅速控制危险源，标明危险区域，封锁危险场所，划定警戒区，实行交通管制、限制人员流动、封闭管理以及其他控制措施；

（三）立即抢修被损坏的交通、通信、供水、排水、供电、供气、供热、医疗卫生、广播电视、气象等公共设施，向受到危害的人员提供避难场所和生活必需品，实施医疗救护和卫生防疫以及其他保障措施；

（四）禁止或者限制使用有关设备、设施，关闭或者限制使用有关场所，中止人员密集的活动或者可能导致危害扩大的生产经营活动以及采取其他保护措施；

（五）启用本级人民政府设置的财政预备费和储备的应急救援物资，必要时调用其他急需物资、设备、设施、工具；

（六）组织公民、法人和其他组织参加应急救援和处置工作，要求具有特定专长的人员提供服务；

（七）保障食品、饮用水、药品、燃料等基本生活必需品的供应；

（八）依法从严惩处囤积居奇、哄抬价格、牟取暴利、制假售假等扰乱市场秩序的行为，维护市场秩序；

（九）依法从严惩处哄抢财物、干扰破坏应急处置工作等扰乱社会秩序的行为，维护社会治安；

（十）开展生态环境应急监测，保护集中式饮用水水源地等环境敏感目标，控制和处置污染物；

（十一）采取防止发生次生、衍生事件的必要措施。

要点提示

突发事件发生后，政府必须在第一时间组织各方面力量，依法及时采取有力措施控制事态发展，开展应急救援工作，避免其发展为特别严重的事件，防止灾害的扩大和次生灾害的滋生，努力减轻和消除其对人民生命财产造成的损害。因此，承担处置突发事件职责的人民政府应当立即组织政府有关部门、下级人民政府和其他有关单位，调动应急救援队伍和社会力量，根据实际情况与需要采取各类应急措施。

❖ 关联规定

1.《气象灾害防御条例》（2017年10月7日）

　　第十六条　气象灾害应急预案应当包括应急预案启动标准、应急组织指挥体系与职责、预防与预警机制、应急处置措施和保障措施等内容。

　　第三十六条　县级以上地方人民政府、有关部门应当根据气象灾害发生情况，依照《中华人民共和国突发事件应对法》的规定及时采取应急处置措施；情况紧急时，及时动员、组织受到灾害威胁的人员转移、疏散，开展自救互救。

　　对当地人民政府、有关部门采取的气象灾害应急处置措施，任何单位和个人应当配合实施，不得妨碍气象灾害救助活动。

2.《突发事件应急预案管理办法》（2024年1月31日）

第七章　保障措施

　　第三十八条　各级人民政府及其有关部门、各有关单位要指定专门机构和人员负责相关具体工作，将应急预案规划、编制、审批、发布、备案、培训、宣传、演练、评估、修订等所需经费纳入预算统筹安排。

　　第三十九条　国务院有关部门应加强对本部门（行业、领域）应急预案管理工作的指导和监督，并根据需要编写应急预案编制指南。县级以上地方人民政府及其有关部门应对本行政区域、本部门（行业、领域）应急预案管理工作加强指导和监督。

3.《工贸企业粉尘防爆安全规定》（2021年7月25日）

　　第十条　粉尘涉爆企业应当制定有关粉尘爆炸事故应急救援预案，并依法定期组织演练。发生火灾或者粉尘爆炸事故后，粉尘涉爆企业应当立即启动应急响应并撤离疏散全部作业人员至安全场所，不得采用可能引起扬尘的应急处置措施。

4. 《生产安全事故应急预案管理办法》（2019 年 7 月 11 日）

第十五条　对于危险性较大的场所、装置或者设施，生产经营单位应当编制现场处置方案。

现场处置方案应当规定应急工作职责、应急处置措施和注意事项等内容。

事故风险单一、危险性小的生产经营单位，可以只编制现场处置方案。

5. 《突发事件医疗应急工作管理办法（试行）》（2023 年 12 月 8 日）

第三条　本办法所称突发事件，是指突然发生，造成或者可能造成严重社会危害，需要采取应急处置措施予以应对的自然灾害、事故灾难、公共卫生事件和社会安全事件。

第七十四条　社会安全事件应急处置措施

社会安全事件发生后，组织处置工作的人民政府应当立即启动应急响应，组织有关部门针对事件的性质和特点，依照有关法律、行政法规和国家其他有关规定，采取下列一项或者多项应急处置措施：

（一）强制隔离使用器械相互对抗或者以暴力行为参与冲突的当事人，妥善解决现场纠纷和争端，控制事态发展；

（二）对特定区域内的建筑物、交通工具、设备、设施以及燃料、燃气、电力、水的供应进行控制；

（三）封锁有关场所、道路，查验现场人员的身份证件，限制有关公共场所内的活动；

（四）加强对易受冲击的核心机关和单位的警卫，在国家机关、军事机关、国家通讯社、广播电台、电视台、外国驻华使领馆等单位附近设置临时警戒线；

（五）法律、行政法规和国务院规定的其他必要措施。

❖ 关联规定

1.《自然灾害救助条例》（2019 年 3 月 2 日）

　　第三十三条　发生事故灾难、公共卫生事件、社会安全事件等突发事件，需要由县级以上人民政府应急管理部门开展生活救助的，参照本条例执行。

2.《国家城市轨道交通运营突发事件应急预案》（2015 年 4 月 30 日）

　　1.3　适用范围

　　本预案适用于城市轨道交通运营过程中发生的因列车撞击、脱轨，设施设备故障、损毁，以及大客流等情况，造成人员伤亡、行车中断、财产损失的突发事件应对工作。

　　因地震、洪涝、气象灾害等自然灾害和恐怖袭击、刑事案件等社会安全事件以及其他因素影响或可能影响城市轨道交通正常运营时，依据国家相关预案执行，同时参照本预案组织做好监测预警、信息报告、应急响应、后期处置等相关应对工作。

3.《交通运输突发事件应急管理规定》（2011 年 11 月 14 日）

　　第二十七条　交通运输主管部门应当根据自然灾害、事故灾难、公共卫生事件和社会安全事件的种类和特点，建立健全交通运输突发事件基础信息数据库，配备必要的监测设备、设施和人员，对突发事件易发区域加强监测。

第七十五条　严重影响国民经济运行的突发事件应急处置机制

　　发生突发事件，严重影响国民经济正常运行时，国务院或者国务院授权的有关主管部门可以采取保障、控制等必要的应急措施，保障人民群众的基本生活需要，最大限度地减轻突发事件的影响。

关联规定

1.《消防法》（2021年4月29日）

第三条　国务院领导全国的消防工作。地方各级人民政府负责本行政区域内的消防工作。

各级人民政府应当将消防工作纳入国民经济和社会发展计划，保障消防工作与经济社会发展相适应。

2.《防震减灾法》（2008年12月27日）

第四条　县级以上人民政府应当加强对防震减灾工作的领导，将防震减灾工作纳入本级国民经济和社会发展规划，所需经费列入财政预算。

3.《地震监测管理条例》（2011年1月8日）

第三条　地震监测工作是服务于经济建设、国防建设和社会发展的公益事业。

县级以上人民政府应当将地震监测工作纳入本级国民经济和社会发展规划。

4.《气象灾害防御条例》（2017年10月7日）

第四条　县级以上人民政府应当加强对气象灾害防御工作的组织、领导和协调，将气象灾害的防御纳入本级国民经济和社会发展规划，所需经费纳入本级财政预算。

5.《建设工程抗震管理条例》（2021年7月19日）

第二十八条　县级以上人民政府应当加强对建设工程抗震管理工作的组织领导，建立建设工程抗震管理工作机制，将相关工作纳入本级国民经济和社会发展规划。

县级以上人民政府应当将建设工程抗震工作所需经费列入本级预算。

县级以上地方人民政府应当组织有关部门,结合本地区实际开展地震风险分析,并按照风险程度实行分类管理。

6.《灾害事故医疗救援工作管理办法》(1995年4月27日)

第四条　县级以上政府卫生行政部门主管灾害事故医疗救援工作。

典型案例

柏某与某市政府行政纠纷案[①]

◎ 裁判要点

法院经审查认为,根据原审查明的事实,2016年5月10日,某市所发生的急降雨导致该市某生活垃圾填埋场的挡坝出现明显断裂。在发现紧急险情后,某市政府立即组织相关部门实施了勘查现场、制定方案、专家论证、研究决策、及时报告、发出通知等行为,将该挡坝断裂移位情况认定为突发性地质灾害,并为避免人员生命安全和社会公共安全受到危害而作出了紧急排险处置决定。同时,某市政府及时向省政府报告情况,指示某镇人民政府作出《关于启动某镇突发性地质灾害应急预案的通告》并在发生险情区域内,采取人员撤离、设施拆除、水渠抢修等应急措施。上述措施均符合《突发事件应对法》的相关规定。某市政府又根据专家现场论证意见,将某生活垃圾填埋场挡坝出现断裂、进而可能危及坝下群众生命财产安全并致使高速铁路干线中断的突发性地质灾害认定为"重大险情",进而开展必要的论证、报告、通知等工作,并组织相关部门采取封锁坝下区域、疏散和撤离人员、拆除临近坝体搭建的养猪设施、将养猪户的生猪集中转移和卖出等应急处置措施,具有必要性和紧迫性,并未超过法律规定的限度。某市政府集中转移生猪后,临时委托具有养猪资质的企业集中收存了全部生猪,后按高出同时期生猪市场价格约50%的价格集中出售了案涉生猪,该措施有利于减少养猪从业人员的经济损失。柏某虽主张某市政府实施的上述紧急处置行为违法并超过必要限度,但并未提交充分证据

[①] 案号:(2020)最高法行申4536号。

予以证明，故其该项主张不能成立。省政府受理柏某的行政复议申请，经过调查后作出522号复议决定，认定某市政府所采取的案涉应急处置措施合法，符合法律规定。

第七十六条　应急协作机制和救援帮扶制度

> 履行统一领导职责或者组织处置突发事件的人民政府及其有关部门，必要时可以向单位和个人征用应急救援所需设备、设施、场地、交通工具和其他物资，请求其他地方人民政府及其有关部门提供人力、物力、财力或者技术支援，要求生产、供应生活必需品和应急救援物资的企业组织生产、保证供给，要求提供医疗、交通等公共服务的组织提供相应的服务。
>
> 履行统一领导职责或者组织处置突发事件的人民政府和有关主管部门，应当组织协调运输经营单位，优先运送处置突发事件所需物资、设备、工具、应急救援人员和受到突发事件危害的人员。
>
> 履行统一领导职责或者组织处置突发事件的人民政府及其有关部门，应当为受突发事件影响无人照料的无民事行为能力人、限制民事行为能力人提供及时有效帮助；建立健全联系帮扶应急救援人员家庭制度，帮助解决实际困难。

❋ 要点提示

本条第三款为新增内容。为建立和完善突发事件应急处置的协作机制，明确各级政府及其相关部门的职责，从人、财、物等多个方面为突发事件应急工作提供支持，本法规定了各级政府及其相关部门、企业组织、公共服务组织、运输经营单位以及社会公众的支持、参与机制。

❖ 关联规定

《交通运输突发事件应急管理规定》（2011 年 11 月 14 日）

第三十条 县级以上地方人民政府宣布进入预警期后，交通运输主管部门应当根据预警级别和可能发生的交通运输突发事件的特点，采取下列措施：

（一）启动相应的交通运输突发事件应急预案；

（二）根据需要启动应急协作机制，加强与相关部门的协调沟通；

（三）按照所属地方人民政府和上级交通运输主管部门的要求，指导交通运输企业采取相关预防措施；

（四）加强对突发事件发生、发展情况的跟踪监测，加强值班和信息报告；

（五）按照地方人民政府的授权，发布相关信息，宣传避免、减轻危害的常识，提出采取特定措施避免或者减轻危害的建议、劝告；

（六）组织应急救援队伍和相关人员进入待命状态，调集应急处置所需的运力和装备，检测用于疏运转移的交通运输工具和应急通信设备，确保其处于良好状态；

（七）加强对交通运输枢纽、重点通航建筑物、重点场站、重点港口、码头、重点运输线路及航道的巡查维护；

（八）法律、法规或者所属地方人民政府提出的其他应急措施。

第三十五条 交通运输突发事件超出本级交通运输主管部门处置能力或管辖范围的，交通运输主管部门可以采取以下措施：

（一）根据应急处置需要请求上级交通运输主管部门在资金、物资、设备设施、应急队伍等方面给予支持；

（二）请求上级交通运输主管部门协调突发事件发生地周边交通运输主管部门给予支持；

（三）请求上级交通运输主管部门派出现场工作组及有关专业技术人员给予指导；

（四）按照建立的应急协作机制，协调有关部门参与应急处置。

典型案例

彭某与甲区政府、（甲区）乙镇政府行政纠纷案①

◎ **裁判要点**

《突发事件应对法》第三条第一款②规定："本法所称突发事件，是指突然发生，造成或者可能造成严重社会危害，需要采取应急处置措施予以应对的自然灾害、事故灾难、公共卫生事件和社会安全事件。"第五十二条③第一款规定："履行统一领导职责或者组织处置突发事件的人民政府，必要时可以向单位和个人征用应急救援所需设备、设施、场地、交通工具和其他物资，请求其他地方人民政府提供人力、物力、财力或者技术支援，要求生产、供应生活必需品和应急救援物资的企业组织生产、保证供给，要求提供医疗、交通等公共服务的组织提供相应的服务。"公共卫生事件，主要包括群体性不明原因疾病、食品安全和职业危害、动物疫情以及其他严重影响公众健康和生命安全的事件。××猪瘟疫情属于公共卫生事件，甲区政府有权按照突发事件采取应急处置措施，在必要时可以向单位和个人征用疫情应急处置所需设备、设施、场地、交通工具和其他物资。本案中，乙镇政府在彭某的承包地上实施无害化处理，实质上是临时征用了彭某的承包地作为无害化处理场所，但具有征用疫情应急处置所需场地的职权的行政机关系履行统一领导职责或者组织处置突发事件的人民政府即甲区政府，乙镇政府并不具有这一法定职权。因此，乙镇政府临时征用彭某的承包地作为无害化处理场所也属于超越职权。

---

① 案号：(2020) 甘 01 行终 16 号。
② 对应 2024 年修订后《突发事件应对法》第二条。
③ 对应 2024 年修订后《突发事件应对法》第七十六条。

第七十七条 群众性基层自治组织组织自救与互助

突发事件发生地的居民委员会、村民委员会和其他组织应当按照当地人民政府的决定、命令，进行宣传动员，组织群众开展自救与互救，协助维护社会秩序；情况紧急的，应当立即组织群众开展自救与互救等先期处置工作。

关联规定

1.《消防法》（2021年4月29日）

第六条 各级人民政府应当组织开展经常性的消防宣传教育，提高公民的消防安全意识。

机关、团体、企业、事业等单位，应当加强对本单位人员的消防宣传教育。

应急管理部门及消防救援机构应当加强消防法律、法规的宣传，并督促、指导、协助有关单位做好消防宣传教育工作。

教育、人力资源行政主管部门和学校、有关职业培训机构应当将消防知识纳入教育、教学、培训的内容。

新闻、广播、电视等有关单位，应当有针对性地面向社会进行消防宣传教育。

工会、共产主义青年团、妇女联合会等团体应当结合各自工作对象的特点，组织开展消防宣传教育。

村民委员会、居民委员会应当协助人民政府以及公安机关、应急管理等部门，加强消防宣传教育。

2.《突发公共卫生事件应急条例》（2011年1月8日）

第四十条 传染病暴发、流行时，街道、乡镇以及居民委员会、村民委员会应当组织力量，团结协作，群防群治，协助卫生行政主管部门和其他有关部门、医疗卫生机构做好疫情信息的收集和报告、人员的分散隔离、公共卫生措施的落实工作，向居民、村民宣传传染病防治的相关知识。

3.《重大动物疫情应急条例》（2017 年 10 月 7 日）

第三十七条　重大动物疫情应急处理中，乡镇人民政府、村民委员会、居民委员会应当组织力量，向村民、居民宣传动物疫病防治的相关知识，协助做好疫情信息的收集、报告和各项应急处理措施的落实工作。

4.《中华人民共和国抗旱条例》（2009 年 2 月 26 日）

第四十二条　干旱灾害发生地区的乡镇人民政府、街道办事处、村民委员会、居民委员会应当组织力量，向村民、居民宣传节水抗旱知识，协助做好抗旱措施的落实工作。

5.《气象灾害防御条例》（2017 年 10 月 7 日）

第十七条　地方各级人民政府应当根据本地气象灾害特点，组织开展气象灾害应急演练，提高应急救援能力。居民委员会、村民委员会、企业事业单位应当协助本地人民政府做好气象灾害防御知识的宣传和气象灾害应急演练工作。

6.《自然灾害救助条例》（2019 年 3 月 2 日）

第六条　各级人民政府应当加强防灾减灾宣传教育，提高公民的防灾避险意识和自救互救能力。

村民委员会、居民委员会、企业事业单位应当根据所在地人民政府的要求，结合各自的实际情况，开展防灾减灾应急知识的宣传普及活动。

第十二条　县级以上地方人民政府应当加强自然灾害救助人员的队伍建设和业务培训，村民委员会、居民委员会和企业事业单位应当设立专职或者兼职的自然灾害信息员。

第二十条　居民住房恢复重建补助对象由受灾人员本人申请或者由村民小组、居民小组提名。经村民委员会、居民委员会民主评议，符合救助条件的，在自然村、社区范围内公示；无异议或者经村民委员会、居民委员会民主评议异议不成立的，由村民委员会、居民委员会将评议意见和有关材料提交乡镇人民政府、街道办事处审核，报县级人民政府应急管理等部门审批。

第二十六条 受灾地区人民政府应急管理、财政等部门和有关社会组织应当通过报刊、广播、电视、互联网，主动向社会公开所接受的自然灾害救助款物和捐赠款物的来源、数量及其使用情况。

受灾地区村民委员会、居民委员会应当公布救助对象及其接受救助款物数额和使用情况。

7.《国务院办公厅关于加强气象灾害监测预警及信息发布工作的意见》(2011年7月11日)

（十一）加强基层预警信息接收传递。县、乡级人民政府有关部门，学校、医院、社区、工矿企业、建筑工地等要指定专人负责气象灾害预警信息接收传递工作，重点健全向基层社区传递机制，形成县—乡—村—户直通的气象灾害预警信息传播渠道。居民委员会、村民委员会等基层组织要第一时间传递预警信息，迅速组织群众防灾避险。充分发挥气象信息员、灾害信息员、群测群防员传播预警信息的作用，为其配备必要的装备，给予必要经费补助。

◆ 典型案例

李乙与某电力公司建筑物、构筑物倒塌损害责任纠纷案[①]

◎ 裁判要点

根据《突发事件应对法》第五十五条[②]"突发事件发生地的居民委员会、村民委员会和其他组织应当按照当地人民政府的决定、命令，进行宣传动员，组织群众开展自救和互救，协助维护社会秩序"的规定，本案中，某村委会治调主任李甲在本村降雪可能损坏输电线路时，积极安排、

[①] 案号：(2018)湘0722民初1945号。
[②] 对应2024年修订后《突发事件应对法》第七十七条。

组织人员义务"砍障",确保村民持续用电,李乙作为组长积极响应并组织人员参与义务"砍障",均属自救、互救行为,值得鼓励和提倡,但根据《电力法》第五十四条"任何单位和个人需要在依法划定的电力设施保护区内进行可能危及电力设施安全的作业时,应当经电力管理部门批准并采取安全措施后,方可进行作业"的规定,李乙等人进入电力设施保护区内其目的虽为"砍障",但为避免今后出现无序自救(或互救),更是为避免自救(或互救)时发生不必要的人身伤亡、财产损失,仍应当依法经电力管理部门批准并采取安全措施后,进行科学自救(或互救)、安全自救(或互救),本案中,李乙未经电力管理部门批准并采取安全措施确保安全的情形下,在开展自救(或互救)过程中被突然断裂的电杆擦伤,其自身仍有一定过错,根据《侵权责任法》第二十六条"被侵权人对损害的发生也有过错的,可以减轻侵权人的责任"的规定,酌情确定李乙自行负担除精神抚慰金外10%的责任即5120.58元,某电力公司赔偿李乙各项损失51085.22元。

第七十八条　突发事件有关单位的应急职责

受到自然灾害危害或者发生事故灾难、公共卫生事件的单位,应当立即组织本单位应急救援队伍和工作人员营救受害人员,疏散、撤离、安置受到威胁的人员,控制危险源,标明危险区域,封锁危险场所,并采取其他防止危害扩大的必要措施,同时向所在地县级人民政府报告;对因本单位的问题引发的或者主体是本单位人员的社会安全事件,有关单位应当按照规定上报情况,并迅速派出负责人赶赴现场开展劝解、疏导工作。

突发事件发生地的其他单位应当服从人民政府发布的决定、命令,配合人民政府采取的应急处置措施,做好本单位的应急救援工作,并积极组织人员参加所在地的应急救援和处置工作。

关联规定

1.《生产安全事故应急条例》（2019年2月17日）

第二十三条　生产安全事故发生地人民政府应当为应急救援人员提供必需的后勤保障，并组织通信、交通运输、医疗卫生、气象、水文、地质、电力、供水等单位协助应急救援。

2.《突发公共卫生事件应急条例》（2011年1月8日）

第二十三条　国务院卫生行政主管部门应当根据发生突发事件的情况，及时向国务院有关部门和各省、自治区、直辖市人民政府卫生行政主管部门以及军队有关部门通报。

突发事件发生地的省、自治区、直辖市人民政府卫生行政主管部门，应当及时向毗邻省、自治区、直辖市人民政府卫生行政主管部门通报。

接到通报的省、自治区、直辖市人民政府卫生行政主管部门，必要时应当及时通知本行政区域内的医疗卫生机构。

县级以上地方人民政府有关部门，已经发生或者发现可能引起突发事件的情形时，应当及时向同级人民政府卫生行政主管部门通报。

第三十一条　应急预案启动前，县级以上各级人民政府有关部门应当根据突发事件的实际情况，做好应急处理准备，采取必要的应急措施。

应急预案启动后，突发事件发生地的人民政府有关部门，应当根据预案规定的职责要求，服从突发事件应急处理指挥部的统一指挥，立即到达规定岗位，采取有关的控制措施。

医疗卫生机构、监测机构和科学研究机构，应当服从突发事件应急处理指挥部的统一指挥，相互配合、协作，集中力量开展相关的科学研究工作。

第四十一条　对传染病暴发、流行区域内流动人口，突发事件发生地的县级以上地方人民政府应当做好预防工作，落实有关卫生控制措施；对传染病病人和疑似传染病病人，应当采取就地隔离、就地观察、就地治疗的措施。对需要治疗和转诊的，应当依照本条例第三十九条第一款的规定执行。

3.《地质灾害防治条例》（2003年11月24日）

第三十五条　因工程建设等人为活动引发的地质灾害，由责任单位承担治理责任。

责任单位由地质灾害发生地的县级以上人民政府国土资源主管部门负责组织专家对地质灾害的成因进行分析论证后认定。

对地质灾害的治理责任认定结果有异议的，可以依法申请行政复议或者提起行政诉讼。

4.《中华人民共和国抗旱条例》（2009年2月26日）

第三十五条　发生严重干旱和特大干旱，国家防汛抗旱总指挥部应当启动国家防汛抗旱预案，总指挥部各成员单位应当按照防汛抗旱预案的分工，做好相关工作。

严重干旱和特大干旱发生地的县级以上地方人民政府在防汛抗旱指挥机构采取本条例第三十四条规定的措施外，还可以采取下列措施：

（一）压减供水指标；

（二）限制或者暂停高耗水行业用水；

（三）限制或者暂停排放工业污水；

（四）缩小农业供水范围或者减少农业供水量；

（五）限时或者限量供应城镇居民生活用水。

第四十条　发生干旱灾害，县级以上人民政府卫生主管部门应当做好干旱灾害发生地区疾病预防控制、医疗救护和卫生监督执法工作，监督、检测饮用水水源卫生状况，确保饮水卫生安全，防止干旱灾害导致重大传染病疫情的发生。

第四十二条　干旱灾害发生地区的乡镇人民政府、街道办事处、村民委员会、居民委员会应当组织力量，向村民、居民宣传节水抗旱知识，协助做好抗旱措施的落实工作。

第四十四条 干旱灾害发生地区的单位和个人应当自觉节约用水，服从当地人民政府发布的决定，配合落实人民政府采取的抗旱措施，积极参加抗旱减灾活动。

5.《国家安全生产事故灾难应急预案》（2006年1月22日）

3.1 事故灾难监控与信息报告

国务院有关部门和省（区、市）人民政府应当加强对重大危险源的监控，对可能引发特别重大事故的险情，或者其他灾害、灾难可能引发安全生产事故灾难的重要信息应及时上报。

特别重大安全生产事故灾难发生后，事故现场有关人员应当立即报告单位负责人，单位负责人接到报告后，应当立即报告当地人民政府和上级主管部门。中央企业在上报当地政府的同时应当上报企业总部。当地人民政府接到报告后应当立即报告上级政府，国务院有关部门、单位、中央企业和事故灾难发生地的省（区、市）人民政府应当在接到报告后2小时内，向国务院报告，同时抄送国务院安委会办公室。

自然灾害、公共卫生和社会安全方面的突发事件可能引发安全生产事故灾难的信息，有关各级、各类应急指挥机构均应及时通报同级安全生产事故灾难应急救援指挥机构，安全生产事故灾难应急救援指挥机构应当及时分析处理，并按照分级管理的程序逐级上报，紧急情况下，可越级上报。

发生安全生产事故灾难的有关部门、单位要及时、主动向国务院安委会办公室、国务院有关部门提供与事故应急救援有关的资料。事故灾难发生地安全监管部门提供事故前监督检查的有关资料，为国务院安委会办公室、国务院有关部门研究制订救援方案提供参考。

6.《国家突发地质灾害应急预案》（2006年1月10日）

5 应急响应

地质灾害应急工作遵循分级响应程序，根据地质灾害的等级确定相应级别的应急机构。

5.1 特大型地质灾害险情和灾情应急响应（Ⅰ级）

出现特大型地质灾害险情和特大型地质灾害灾情的县（市）、市（地、州）、省（区、市）人民政府立即启动相关的应急防治预案和应急指挥系统，部署本行政区域内的地质灾害应急防治与救灾工作。

地质灾害发生地的县级人民政府应当依照群测群防责任制的规定，立即将有关信息通知到地质灾害危险点的防灾责任人、监测人和该区域内的群众，对是否转移群众和采取的应急措施做出决策；及时划定地质灾害危险区，设立明显的危险区警示标志，确定预警信号和撤离路线，组织群众转移避让或采取排险防治措施，根据险情和灾情具体情况提出应急对策，情况危急时应强制组织受威胁群众避灾疏散。特大型地质灾害险情和灾情的应急防治工作，在本省（区、市）人民政府的领导下，由本省（区、市）地质灾害应急防治指挥部具体指挥、协调、组织财政、建设、交通、水利、民政、气象等有关部门的专家和人员，及时赶赴现场，加强监测，采取应急措施，防止灾害进一步扩大，避免抢险救灾可能造成的二次人员伤亡。

国土资源部组织协调有关部门赴灾区现场指导应急防治工作，派出专家组调查地质灾害成因，分析其发展趋势，指导地方制订应急防治措施。

5.2 大型地质灾害险情和灾情应急响应（Ⅱ级）

出现大型地质灾害险情和大型地质灾害灾情的县（市）、市（地、州）、省（区、市）人民政府立即启动相关的应急预案和应急指挥系统。

地质灾害发生地的县级人民政府应当依照群测群防责任制的规定，立即将有关信息通知到地质灾害危险点的防灾责任人、监测人和该区域内的群众，对是否转移群众和采取的应急措施做出决策；及时划定地质灾害危险区，设立明显的危险区警示标志，确定预警信号和撤离路线，组织群众转移避让或采取排险防治措施，根据险情和灾情具体情况提出应急对策，情况危急时应强制组织受威胁群众避灾疏散。

大型地质灾害险情和大型地质灾害灾情的应急工作，在本省（区、市）人民政府的领导下，由本省（区、市）地质灾害应急防治指挥部具体指挥、协调、组织财政、建设、交通、水利、民政、气象等有关部门的专家和人员，及时赶赴现场，加强监测，采取应急措施，防止灾害进一步扩大，避免抢险救灾可能造成的二次人员伤亡。

必要时，国土资源部派出工作组协助地方政府做好地质灾害的应急防治工作。

5.3 中型地质灾害险情和灾情应急响应（Ⅲ级）

出现中型地质灾害险情和中型地质灾害灾情的县（市）、市（地、州）人民政府立即启动相关的应急预案和应急指挥系统。

地质灾害发生地的县级人民政府应当依照群测群防责任制的规定，立即将有关信息通知到地质灾害危险点的防灾责任人、监测人和该区域内的群众，对是否转移群众和采取的应急措施做出决策；及时划定地质灾害危险区，设立明显的危险区警示标志，确定预警信号和撤离路线，组织群众转移避让或采取排险防治措施，根据险情和灾情具体情况提出应急对策，情况危急时应强制组织受威胁群众避灾疏散。

中型地质灾害险情和中型地质灾害灾情的应急工作，在本市（地、州）人民政府的领导下，由本市（地、州）地质灾害应急防治指挥部具体指挥、协调、组织建设、交通、水利、民政、气象等有关部门的专家和人员，及时赶赴现场，加强监测，采取应急措施，防止灾害进一步扩大，避免抢险救灾可能造成的二次人员伤亡。

必要时，灾害出现地的省（区、市）人民政府派出工作组赶赴灾害现场，协助市（地、州）人民政府做好地质灾害应急工作。

5.4 小型地质灾害险情和灾情应急响应（Ⅳ级）

出现小型地质灾害险情和小型地质灾害灾情的县（市）人民政府立即启动相关的应急预案和应急指挥系统，依照群测群防责任制的规定，立即将有关信息通知到地质灾害危险点的防灾责任人、监测人和该区域内的群众，对是否转移群众和采取的应急措施作出决策；及时划定地质灾害危险区，设立明显的危险区警示标志，确定预警信号和撤离路线，组织群众转移避让或采取排险防治措施，根据险情和灾情具体情况提出应急对策，情况危急时应强制组织受威胁群众避灾疏散。

小型地质灾害险情和小型地质灾害灾情的应急工作，在本县（市）人民政府的领导下，由本县（市）地质灾害应急指挥部具体指挥、协调、组织建设、交通、水利、民政、气象等有关部门的专家和人员，及时赶赴现场，加强监测，采取应急措施，防止灾害进一步扩大，避免抢险救灾可能造成的二次人员伤亡。

必要时，灾害出现地的市（地、州）人民政府派出工作组赶赴灾害现场，协助县（市）人民政府做好地质灾害应急工作。

5.5 应急响应结束

经专家组鉴定地质灾害险情或灾情已消除，或者得到有效控制后，当地县级人民政府撤销划定的地质灾害危险区，应急响应结束。

7.《国家核应急预案》（2013年6月30日）

3.1.8 信息报告和发布

按照核事故应急报告制度的有关规定，核设施营运单位及时向国家核应急办、省核应急办、核电主管部门、核安全监管部门、所属集团公司（院）报告、通报有关核事故及核应急响应情况；接到事故报告后，国家核应急协调委、核事故发生地省级人民政府要及时、持续向国务院报告有关情况。第一时间发布准确、权威信息。核事故信息发布办法由国家核应急协调委另行制订，报国务院批准后实施。

❋ 典型案例

周某诉重庆某高速公路有限公司等环境污染责任纠纷案[①]

◎ 裁判理由

法院生效裁判认为，本案的争议焦点有两个。包括：一是发生突发事件造成或者可能造成水污染事故时，行为人未按规定采取应急措施导致损失扩大的责任认定；二是交通意外事故的责任认定是否免除环境侵权人的责任。

发生突发事件造成或者可能造成水污染事故时，行为人未按规定采取

[①] 入库编号：2023-11-2-377-006，载人民法院案例库，https://rmfyalk.court.gov.cn/dist/view/list.html，最后访问时间：2024年6月25日。

应急措施导致损失扩大的责任认定

实施环境污染行为造成他人损害的,应当承担侵权责任。案涉车辆在行驶过程中发生单车事故导致所运输的变压器油泄漏后流入周某鱼塘,致其遭受渔业损失,该次事故中泄漏的变压器油系污染源。虽然该车辆驾驶人占有、控制该变压器油,驾驶该车系执行职务行为,应由某物流公司承担侵权责任。

环境污染行为人以外的单位或个人对损害后果的扩大有过错的,应当承担与其过错程度相适应的侵权责任,其是否具有过错及过错程度可从是否具有防止损害发生或者扩大的义务、采取防范措施情况等因素进行判断。根据《水污染防治法》第七十八条第一款、《突发事件应对法》第五十六条①的规定,发生事故或者其他突发性事件的单位在造成或者可能造成水污染事故的情况下,应当立即启动本单位的应急方案,采取应急措施,控制污染源,防止二次污染的发生、损害的扩大,而某高速公路公司作为事故路段的管理者,应充分了解其控制、管理路产的周边情况,在该路段发生事故导致油类泄漏并溢流的情况下,仅应急处理路面交通秩序,在事发4个小时后才撒沙处理路面油污,没有采取一切必要手段和方法避免路面上的油污流向边坡、涵洞或对已流向边坡、涵洞的油污进行清理,致使油污流入周某的鱼塘造成环境污染和损失的扩大,由于某高速公路公司不是本次环境污染的直接侵权人,故应在其职责范围内承担相应的过错责任即次要责任。遂判决某物流公司承担70%的责任,某高速公路公司承担30%的责任。

第七十九条　突发事件发生地的公民应当履行的义务

突发事件发生地的个人应当依法服从人民政府、居民委员会、村民委员会或者所属单位的指挥和安排,配合人民政府采取的应急处置措施,积极参加应急救援工作,协助维护社会秩序。

---

① 对应2024年修订后《突发事件应对法》第七十八条。

关联规定

《国务院办公厅关于认真贯彻实施突发事件应对法的通知》(2007年11月7日)

(二) 抓紧研究制定相关配套制度和措施。

1. 根据突发事件应对法第5条的相关规定,由国务院办公厅会同民政部、安全监管总局、卫生部、公安部等有关部门,对建立和完善国家重大突发事件风险评估体系研究提出意见。

2. 根据突发事件应对法第6条、第26条的相关规定,由国务院办公厅会同民政部等有关部门研究提出完善社会动员机制的意见和措施,鼓励和规范社会各界开展应急救援志愿服务。

3. 根据突发事件应对法第9条的相关规定,由中央编办会同有关部门,对国务院和县级以上地方各级人民政府应急管理办事机构及具体职责研究提出意见后报批。

4. 根据突发事件应对法第12条、第34条的相关规定,由国务院办公厅会同财政部、民政部、水利部等有关部门,研究建立完善应急财产征收、征用补偿制度;研究建立应急管理公益性基金,鼓励公民、法人和其他组织通过开展捐赠等活动,积极参与突发事件的应对处置工作。

5. 根据突发事件应对法第17条的相关规定,由国务院办公厅会同有关部门,对应急预案制定、修订的程序做出具体规定。

6. 根据突发事件应对法第35条的相关规定,由财政部会同有关部门研究建立国家财政支持的巨灾风险保险体系,有效防范、控制和分散突发事件风险。

7. 根据突发事件应对法第36条的相关规定,由国务院办公厅、发展改革委、科技部牵头,会同有关部门研究提出促进应急产业发展的扶持政策,鼓励研发用于突发事件预防、监测、预警、应急处置与救援的新技术、新设备和新工具,提高应急产品科技含量;由教育部、科技部牵头,会同有关部门研究提出鼓励、扶持具备相应条件的教学科研机构培养应急管理专门人才的具体措施。

第八十条 城乡社区组织应急工作机制

国家支持城乡社区组织健全应急工作机制，强化城乡社区综合服务设施和信息平台应急功能，加强与突发事件信息系统数据共享，增强突发事件应急处置中保障群众基本生活和服务群众能力。

❖ 要点提示

本条是新增条款，国家支持城乡社区组织健全应急工作机制，充分发挥城乡社区组织在应对突发事件中的作用。

❖ 关联规定

1.《"十四五"国家综合防灾减灾规划》（2022年6月19日）

（二）基本原则。

……

——坚持群防群治。坚持人民主体地位，坚持群众观点和群众路线，充分发挥群团组织作用，积极发动城乡社区组织和居民群众广泛参与，强化有利于调动和发挥社会各方面积极性的有效举措，筑牢防灾减灾救灾人民防线。

2.《民政部等九部门关于加强自然灾害救助物资储备体系建设的指导意见》（2015年8月31日）

三、主要任务

（二）科学规划、稳妥推进救灾物资储备网络建设。各地要综合考虑区域灾害特点、自然地理条件、人口分布、生产力布局、交通运输实际等，遵循就近存储、调运迅速、保障有力的原则，科学评估，统一规划，采取新建、改扩建和代储等方式，因地制宜，统筹推进各级救灾物资储备库（点）建设。在现有中央救灾物资储备库基础上，完善中央救灾物资库（代储点）布局，充分发挥中央救灾物资储备库在统筹调配国家救灾资源方面的主体功能和核心作用；各省（自治区、直辖市）、设区的市和多灾易灾县要因地制宜推进本级救灾物资储备库（点）建设，形成一定辐射能力，满足本行政区域内救灾工作需求；多灾易灾的乡镇（街道）和城乡社区要视情设置救灾物资储存室（间），确保第一时间处置和应对各类突发灾情，妥善安置受灾群众；形成纵向衔接、横向支撑、规模合理的"中央-省-市-县-乡"五级救灾物资储备网络。

（三）切实落实救灾物资分级储备主体责任。中央和地方救灾物资储备按照分级负责、相互协同的原则，合理划分事权范围，做好储备资金预算，落实分级储备责任，结合历年自然灾害发生频次及影响范围、群众生活习惯、民族习俗等，科学确定各级救灾物资储备品种及规模，形成以中央储备为核心、省级储备为支撑、市县级储备为依托、乡镇和社区储备为补充的全国救灾物资储备体系。中央储备需求量较大、价值较高、需定制定招、生产周期较长的救灾物资（如救灾帐篷、棉衣、棉被、简易厕所等）；省级可参照中央救灾物资品种进行储备，并视情储备价值较高、具有区域特点的救灾物资（如蒙古包、净水器、沐浴房、应急灯等）；市县级储备价值相对较低、具有区域特点的救灾物资（如毛毯、毛巾被、凉席、蚊帐、秋衣等）；乡镇（街道）和城乡社区视情储备一定量的棉衣、棉被等生活物资以及简易的应急救援工具，并根据气象等部门发出的灾害预警信息，提前做好应急食品、饮用水等物资储备。省级、市级救灾物资可视情将储备物资下移，向多灾易灾县（市）、乡镇（街道）分散储备，以提高救灾物资调运、分配和发放工作时效。

第八十一条 心理援助工作

国家采取措施，加强心理健康服务体系和人才队伍建设，支持引导心理健康服务人员和社会工作者对受突发事件影响的各类人群开展心理健康教育、心理评估、心理疏导、心理危机干预、心理行为问题诊治等心理援助工作。

✱ 要点提示

本条是新增条款，规定对受突发事件影响的各类人群开展心理援助工作。

✱ 关联规定

1. 《防震减灾法》（2008年12月27日）

第七十三条　地震灾区的地方各级人民政府应当组织做好救助、救治、康复、补偿、抚慰、抚恤、安置、心理援助、法律服务、公共文化服务等工作。

各级人民政府及有关部门应当做好受灾群众的就业工作，鼓励企业、事业单位优先吸纳符合条件的受灾群众就业。

2. 《国务院办公厅关于加强传染病防治人员安全防护的意见》（2015年1月6日）

九、强化政府责任落实

各级人民政府要加强对传染病防治人员安全防护工作的组织领导、统筹协调，明确部门分工任务。要将传染病防治所需必要经费纳入同级财政预算，及时足额拨付。完善传染病防治相关安全防护装备和耗材的供应与储备机制。加强对传染病防治人员尤其是处理重大传染病疫情一线人员的心理健康关爱。对在传染病防治工作中作出显著成绩和贡献的单位和个人，按照国家有关规定给予表彰和奖励。各地区、各有关部门要按照本意见精神，抓紧研究制定具体实施方案，细化政策措施，加强督导检查，确保各项工作落实到位。

3. 《"十四五"国家应急体系规划》（2021年12月30日）

（四）强化救助恢复准备。

健全灾害救助机制。完善自然灾害救助标准动态调整机制。加强灾后救助与其他专项救助相衔接，完善救灾资源动员机制，推广政府与社会组织、企业合作模式，支持红十字会、慈善组织等依法参与灾害救援救助工作。健全受灾群众过渡安置和救助机制，加强临时住所、水、电、道路、通信、广播电视等基础设施建设，保障受灾群众基本生活。针对儿童特点采取优先救助和康复措施，加强对孕产妇等重点群体的关爱保护。对受灾害影响造成监护缺失的未成年人实施救助保护。引导心理援助与社会工作服务参与灾害应对处置和善后工作，对受灾群众予以心理援助。

规范灾后恢复重建。健全中央统筹指导、地方作为主体、灾区群众广泛参与的重特大自然灾害灾后恢复重建机制。科学开展灾害损失评估、次生衍生灾害隐患排查及危险性评估、住房及建筑物受损鉴定和资源环境承载能力评价，完善评估标准和评估流程，科学制定灾后恢复重建规划。优先重建供电、通信、给排水、道路、桥梁、水库等基础设施，以及学校、医院、广播电视等公益性服务设施。完善灾后恢复重建的财税、金融、保险、土地、社会保障、产业扶持、蓄滞洪区补助政策，强化恢复重建政策实施监督评估。加强灾后恢复重建资金管理，引导国内外贷款、对口支援资金、社会捐赠资金等参与灾后恢复重建，积极推广以工代赈方式。

4.《国家地震应急预案》（2012 年 8 月 28 日）

5.2　开展医疗救治和卫生防疫

迅速组织协调应急医疗队伍赶赴现场，抢救受伤群众，必要时建立战地医院或医疗点，实施现场救治。加强救护车、医疗器械、药品和血浆的组织调度，特别是加大对重灾区及偏远地区医疗器械、药品供应，确保被救人员得到及时医治，最大程度减少伤员致死、致残。统筹周边地区的医疗资源，根据需要分流重伤员，实施异地救治。开展灾后心理援助。

加强灾区卫生防疫工作。及时对灾区水源进行监测消毒，加强食品和饮用水卫生监督；妥善处置遇难者遗体，做好死亡动物、医疗废弃物、生活垃圾、粪便等消毒和无害化处理；加强鼠疫、狂犬病的监测、防控和处理，及时接种疫苗；实行重大传染病和突发卫生事件每日报告制度。

5.《国家核应急预案》(2013 年 6 月 30 日)

3.2.3.2 应急处置

在Ⅲ级响应的基础上,加强以下应急措施:

(1)核设施营运单位组织开展工程抢险;撤离非应急人员,控制应急人员辐射照射;进行污染区标识或场区警戒,对出入场区人员、车辆等进行污染监测;做好与外部救援力量的协同准备。

(2)省核应急委组织实施气象观测预报、辐射监测,组织专家分析研判趋势;及时发布通告,视情采取交通管制、控制出入通道、心理援助等措施;根据信息发布办法的有关规定,做好信息发布工作,协调调配本行政区域核应急资源给予核设施营运单位必要的支援,做好医疗救治准备等工作。

(3)国家核应急协调委研究决定启动Ⅱ级响应,组织国家核应急协调委相关成员单位、专家委员会会商,开展综合研判;按照有关规定组织权威信息发布,稳定社会秩序;根据有关省级人民政府、省核应急委或核设施营运单位的请求,为事故缓解和救援行动提供必要的支持;视情组织国家核应急力量指导开展辐射监测、气象观测预报、医疗救治等工作。

4.2 场外恢复行动

省核应急委负责场外恢复行动,并制订场外恢复规划方案,经国家核应急协调委核准后报国务院批准。场外恢复行动主要任务包括:全面开展环境放射性水平调查和评价,进行综合性恢复整治;解除紧急防护行动措施,尽快恢复受影响地区生产生活等社会秩序,进一步做好转移居民的安置工作;对工作人员和公众进行剂量评估,开展科普宣传,提供咨询和心理援助等。

第八十二条 遗体处置及遗物保管

对于突发事件遇难人员的遗体,应当按照法律和国家有关规定,科学规范处置,加强卫生防疫,维护逝者尊严。对于逝者的遗物应当妥善保管。

要点提示

本条是新增条款，对突发事件遇难人员遗体的处置应当依法规范、以人为本、审慎稳妥，维护逝者尊严。

关联规定

1.《生产安全事故应急条例》（2019年2月17日）

第十八条　有关地方人民政府及其部门接到生产安全事故报告后，应当按照国家有关规定上报事故情况，启动相应的生产安全事故应急救援预案，并按照应急救援预案的规定采取下列一项或者多项应急救援措施：

（一）组织抢救遇险人员，救治受伤人员，研判事故发展趋势以及可能造成的危害；

（二）通知可能受到事故影响的单位和人员，隔离事故现场，划定警戒区域，疏散受到威胁的人员，实施交通管制；

（三）采取必要措施，防止事故危害扩大和次生、衍生灾害发生，避免或者减少事故对环境造成的危害；

（四）依法发布调用和征用应急资源的决定；

（五）依法向应急救援队伍下达救援命令；

（六）维护事故现场秩序，组织安抚遇险人员和遇险遇难人员亲属；

（七）依法发布有关事故情况和应急救援工作的信息；

（八）法律、法规规定的其他应急救援措施。

有关地方人民政府不能有效控制生产安全事故的，应当及时向上级人民政府报告。上级人民政府应当及时采取措施，统一指挥应急救援。

2.《自然灾害救助条例》（2019年3月2日）

第十四条　自然灾害发生并达到自然灾害救助应急预案启动条件的，县级以上人民政府或者人民政府的自然灾害救助应急综合协调机构应当及时启动自然灾害救助应急响应，采取下列一项或者多项措施：

（一）立即向社会发布政府应对措施和公众防范措施；

（二）紧急转移安置受灾人员；

（三）紧急调拨、运输自然灾害救助应急资金和物资，及时向受灾人员提供食品、饮用水、衣被、取暖、临时住所、医疗防疫等应急救助，保障受灾人员基本生活；

（四）抚慰受灾人员，处理遇难人员善后事宜；

（五）组织受灾人员开展自救互救；

（六）分析评估灾情趋势和灾区需求，采取相应的自然灾害救助措施；

（七）组织自然灾害救助捐赠活动。

对应急救助物资，各交通运输主管部门应当组织优先运输。

第二十五条 自然灾害救助款物应当用于受灾人员的紧急转移安置，基本生活救助，医疗救助，教育、医疗等公共服务设施和住房的恢复重建，自然灾害救助物资的采购、储存和运输，以及因灾遇难人员亲属的抚慰等项支出。

3. 《国家地震应急预案》（2012 年 8 月 28 日）

5.3　安置受灾群众

开放应急避难场所，组织筹集和调运食品、饮用水、衣被、帐篷、移动厕所等各类救灾物资，解决受灾群众吃饭、饮水、穿衣、住处等问题；在受灾村镇、街道设置生活用品发放点，确保生活用品的有序发放；根据需要组织生产、调运、安装活动板房和简易房；在受灾群众集中安置点配备必要的消防设备器材，严防火灾发生。救灾物资优先保证学校、医院、福利院的需要；优先安置孤儿、孤老及残疾人员，确保其基本生活。鼓励采取投亲靠友等方式，广泛动员社会力量安置受灾群众。

做好遇难人员的善后工作，抚慰遇难者家属；积极创造条件，组织灾区学校复课。

4. 《国家森林草原火灾应急预案》（2020 年 10 月 26 日）

6.2.9　善后处置

做好遇难人员的善后工作，抚慰遇难者家属。对因扑救森林草原火灾负伤、致残或者死亡的人员,当地政府或者有关部门按照国家有关规定给予医疗、抚恤、褒扬。

5.《中央自然灾害救灾资金管理暂行办法》(2020年6月28日)

第六条 救灾资金的支出范围包括搜救人员、排危除险等应急处置,购买、租赁、运输救灾装备物资和抢险备料,现场交通后勤通讯保障,灾情统计、应急监测,受灾群众救助(包括应急救助、过渡期生活救助、旱灾救助、抚慰遇难人员家属、恢复重建倒损住房、解决受灾群众冬令春荒期间生活困难等),保管中央救灾储备物资,森林草原航空消防等应急救援所需租用飞机、航站地面保障等,以及落实党中央、国务院批准的其他救灾事项。

前款中用于解决受灾群众冬令春荒期间生活困难的冬春临时生活困难救助资金和用于森林草原航空消防等应急救援所需租用飞机、航站地面保障的森林草原航空消防补助资金,作为日常救灾补助资金管理。

第八十三条 政府及部门信息收集与个人信息保护

县级以上人民政府及其有关部门根据突发事件应对工作需要,在履行法定职责所必需的范围和限度内,可以要求公民、法人和其他组织提供应急处置与救援需要的信息。公民、法人和其他组织应当予以提供,法律另有规定的除外。县级以上人民政府及其有关部门对获取的相关信息,应当严格保密,并依法保护公民的通信自由和通信秘密。

要点提示

本条是新增条款,规定县级以上人民政府及其有关部门对在突发事件应对工作中获取的相关信息具有保密义务。

❖ 关联规定

1.《生产安全事故应急条例》（2019 年 2 月 17 日）

第十六条　国务院负有安全生产监督管理职责的部门应当按照国家有关规定建立生产安全事故应急救援信息系统，并采取有效措施，实现数据互联互通、信息共享。

生产经营单位可以通过生产安全事故应急救援信息系统办理生产安全事故应急救援预案备案手续，报送应急救援预案演练情况和应急救援队伍建设情况；但依法需要保密的除外。

2.《突发事件应急预案管理办法》（2024 年 1 月 31 日）

第二十三条　应急预案编制工作小组或牵头单位应当将应急预案送审稿、征求意见情况、编制说明等有关材料报送应急预案审批单位。因保密等原因需要发布应急预案简本的，应当将应急预案简本一并报送审批。

第四十一条　法律、法规、规章另有规定的从其规定，确需保密的应急预案按有关规定执行。

3.《重特大自然灾害调查评估暂行办法》（2023 年 9 月 22 日）

第八条　调查评估组应当制定调查评估工作方案和工作制度，明确目标任务、职责分工、重点事项、方法步骤等内容，以及协调配合、会商研判、调查回避、保密工作、档案管理等要求，注重加强调查评估各项工作的统筹协调和过程管理。

第八十四条　有关单位、个人获取信息及使用限制

在突发事件应急处置中，有关单位和个人因依照本法规定配合突发事件应对工作或者履行相关义务，需要获取他人个人信息的，应当依照法律规定的程序和方式取得并确保信息安全，不得非

法收集、使用、加工、传输他人个人信息，不得非法买卖、提供或者公开他人个人信息。

关联规定

《个人信息保护法》（2021年8月20日）

第十条　任何组织、个人不得非法收集、使用、加工、传输他人个人信息，不得非法买卖、提供或者公开他人个人信息；不得从事危害国家安全、公共利益的个人信息处理活动。

第十三条　符合下列情形之一的，个人信息处理者方可处理个人信息：

（一）取得个人的同意；

（二）为订立、履行个人作为一方当事人的合同所必需，或者按照依法制定的劳动规章制度和依法签订的集体合同实施人力资源管理所必需；

（三）为履行法定职责或者法定义务所必需；

（四）为应对突发公共卫生事件，或者紧急情况下为保护自然人的生命健康和财产安全所必需；

（五）为公共利益实施新闻报道、舆论监督等行为，在合理的范围内处理个人信息；

（六）依照本法规定在合理的范围内处理个人自行公开或者其他已经合法公开的个人信息；

（七）法律、行政法规规定的其他情形。

依照本法其他有关规定，处理个人信息应当取得个人同意，但是有前款第二项至第七项规定情形的，不需取得个人同意。

第三十四条　国家机关为履行法定职责处理个人信息，应当依照法律、行政法规规定的权限、程序进行，不得超出履行法定职责所必需的范围和限度。

第八十五条　信息用途、销毁和处理

因依法履行突发事件应对工作职责或者义务获取的个人信息，只能用于突发事件应对，并在突发事件应对工作结束后予以销毁。确因依法作为证据使用或者调查评估需要留存或者延期销毁的，应当按照规定进行合法性、必要性、安全性评估，并采取相应保护和处理措施，严格依法使用。

关联规定

《个人信息保护法》（2021 年 8 月 20 日）

第五条　处理个人信息应当遵循合法、正当、必要和诚信原则，不得通过误导、欺诈、胁迫等方式处理个人信息。

第六条　处理个人信息应当具有明确、合理的目的，并应当与处理目的直接相关，采取对个人权益影响最小的方式。

收集个人信息，应当限于实现处理目的的最小范围，不得过度收集个人信息。

第十三条　符合下列情形之一的，个人信息处理者方可处理个人信息：

（一）取得个人的同意；

（二）为订立、履行个人作为一方当事人的合同所必需，或者按照依法制定的劳动规章制度和依法签订的集体合同实施人力资源管理所必需；

（三）为履行法定职责或者法定义务所必需；

（四）为应对突发公共卫生事件，或者紧急情况下为保护自然人的生命健康和财产安全所必需；

（五）为公共利益实施新闻报道、舆论监督等行为，在合理的范围内处理个人信息；

（六）依照本法规定在合理的范围内处理个人自行公开或者其他已经合法公开的个人信息；

（七）法律、行政法规规定的其他情形。

依照本法其他有关规定，处理个人信息应当取得个人同意，但是有前款第二项至第七项规定情形的，不需取得个人同意。

第二十八条　敏感个人信息是一旦泄露或者非法使用，容易导致自然人的人格尊严受到侵害或者人身、财产安全受到危害的个人信息，包括生物识别、宗教信仰、特定身份、医疗健康、金融账户、行踪轨迹等信息，以及不满十四周岁未成年人的个人信息。

只有在具有特定的目的和充分的必要性，并采取严格保护措施的情形下，个人信息处理者方可处理敏感个人信息。

第三十四条　国家机关为履行法定职责处理个人信息，应当依照法律、行政法规规定的权限、程序进行，不得超出履行法定职责所必需的范围和限度。

第五十一条　个人信息处理者应当根据个人信息的处理目的、处理方式、个人信息的种类以及对个人权益的影响、可能存在的安全风险等，采取下列措施确保个人信息处理活动符合法律、行政法规的规定，并防止未经授权的访问以及个人信息泄露、篡改、丢失：

（一）制定内部管理制度和操作规程；

（二）对个人信息实行分类管理；

（三）采取相应的加密、去标识化等安全技术措施；

（四）合理确定个人信息处理的操作权限，并定期对从业人员进行安全教育和培训；

（五）制定并组织实施个人信息安全事件应急预案；

（六）法律、行政法规规定的其他措施。

第五十六条　个人信息保护影响评估应当包括下列内容：

（一）个人信息的处理目的、处理方式等是否合法、正当、必要；

（二）对个人权益的影响及安全风险；

（三）所采取的保护措施是否合法、有效并与风险程度相适应。

个人信息保护影响评估报告和处理情况记录应当至少保存三年。

第六章 事后恢复与重建

第八十六条 应急响应解除

突发事件的威胁和危害得到控制或者消除后，履行统一领导职责或者组织处置突发事件的人民政府应当宣布解除应急响应，停止执行依照本法规定采取的应急处置措施，同时采取或者继续实施必要措施，防止发生自然灾害、事故灾难、公共卫生事件的次生、衍生事件或者重新引发社会安全事件，组织受影响地区尽快恢复社会秩序。

关联规定

1.《生产安全事故应急条例》（2019年2月17日）

第二十五条　生产安全事故的威胁和危害得到控制或者消除后，有关人民政府应当决定停止执行依照本条例和有关法律、法规采取的全部或者部分应急救援措施。

2.《地质灾害防治条例》（2003年11月24日）

第二十条　地质灾害险情已经消除或者得到有效控制的，县级人民政府应当及时撤销原划定的地质灾害危险区，并予以公告。

3.《国家突发公共事件总体应急预案》（2006年1月8日）

3.2.4　应急结束

特别重大突发公共事件应急处置工作结束，或者相关危险因素消除后，现场应急指挥机构予以撤销。

4. 《国家突发地质灾害应急预案》（2006 年 1 月 10 日）

　　5.5　应急响应结束

　　经专家组鉴定地质灾害险情或灾情已消除，或者得到有效控制后，当地县级人民政府撤销划定的地质灾害危险区，应急响应结束。

5. 《国家地震应急预案》（2012 年 8 月 28 日）

　　5.12　应急结束

　　在抢险救灾工作基本结束、紧急转移和安置工作基本完成、地震次生灾害的后果基本消除，以及交通、电力、通信和供水等基本抢修抢通、灾区生活秩序基本恢复后，由启动应急响应的原机关决定终止应急响应。

6. 《国家森林草原火灾应急预案》（2020 年 10 月 26 日）

　　6.2.8　应急结束

　　在森林草原火灾全部扑灭、火场清理验收合格、次生灾害后果基本消除后，由启动应急响应的机构决定终止应急响应。

典型案例

某区政府与某热力公司行政纠纷案[1]

◎ 裁判要点

　　某区政府于 2014 年 11 月 10 日作出《通知》并向某热力公司送达，该通知要求"某热力公司停止开展对城市北区供热相关工作，并配合做好热网及供热设备交接"，随后，某区政府派人对各热用户的用热计量表进行了拆除并重新安装，并指派某市某区国有资产投资有限公司收取和管理热用户缴纳的用热款，客观上对某热力公司所有的供热管网等设施实施了接管。一审法院据此认定该接管行为对某热力公司的生产经营产生实际影响并无不当。某区政府提出某热力公司不具备本案原告主体资格的理由不

---

[1] 案号：(2017) 最高法行申 8819 号。

能成立，二审法院不予支持。某区政府作出的《通知》中明确其对城市北区供热管网实行应急管理的理由系甲热力公司确无能力保障区域供热，将影响辖区生产生活秩序，给公共利益带来较大危害。但是在某区政府实施应急管理前，某热力公司的管网与甲热力公司及乙热力公司的管网已经对接，某热力公司实际上具有与乙热力公司直接进行热力交易的可行性。且甲热力公司已将其生产区域围墙之外的供热管网作为投资入股某热力公司，故该部分供热管网在某热力公司资产范围之内。另，自2013年6月起，某热力公司支付给甲热力公司的供气款已经缴存至政府指定账户。故某区政府因甲热力公司不具备供热能力而对某热力公司采取应急管理缺乏事实根据。《突发事件应对法》第三条①规定，该法所称突发事件，是指突然发生，造成或者可能造成严重社会危害，需要采取应急处置措施予以应对的自然灾害、事故灾难、公共卫生事件和社会安全事件。某区政府虽主张其对某热力公司采取应急管理的法律依据系《突发事件应对法》及《江苏省实施〈中华人民共和国突发事件应对法〉办法》，但其作出的《通知》中明确系依据《市政府关于认真做好市区热电企业整合及今冬供热工作的会议纪要》，该会议纪要主要针对市区热电企业整合工作，其核心是以大的热电企业替代原中小热电企业，以实现环境保护等目标，这一内容与《突发事件应对法》第三条规定的情形不相符合。因此，某区政府作出《通知》对某热力公司采取应急管理没有法律依据。

第八十七条　影响、损失评估与恢复重建

> 突发事件应急处置工作结束后，履行统一领导职责的人民政府应当立即组织对突发事件造成的影响和损失进行调查评估，制定恢复重建计划，并向上一级人民政府报告。

---

① 对应2024年修订后《突发事件应对法》第三条。

> 受突发事件影响地区的人民政府应当及时组织和协调应急管理、卫生健康、公安、交通、铁路、民航、邮政、电信、建设、生态环境、水利、能源、广播电视等有关部门恢复社会秩序，尽快修复被损坏的交通、通信、供水、排水、供电、供气、供热、医疗卫生、水利、广播电视等公共设施。

❀ 要点提示

突发事件的发生，可能会给人民群众的生命财产造成极大的损失，严重破坏正常的生产、生活秩序，使人们处在不稳定的状态之中。因此，应急处置措施结束后，最紧迫的是要尽快恢复正常的生产生活秩序。政府要积极履行职责，组织受影响地区尽快恢复生产、生活、工作和社会秩序的同时，尽快制定恢复重建计划，并以此为指导，科学、有序地开展恢复重建工作。政府要鼓励、号召人民群众自力更生，克服困难。对因突发事件而陷入生产经营困境的企业，要根据实际情况给予必要的支持和帮助。

❀ 关联规定

1.《防震减灾法》（2008年12月27日）

第六章 地震灾后过渡性安置和恢复重建

第五十八条 国务院或者地震灾区的省、自治区、直辖市人民政府应当及时组织对地震灾害损失进行调查评估，为地震应急救援、灾后过渡性安置和恢复重建提供依据。

地震灾害损失调查评估的具体工作，由国务院地震工作主管部门或者地震灾区的省、自治区、直辖市人民政府负责管理地震工作的部门或者机构和财政、建设、民政等有关部门按照国务院的规定承担。

第五十九条 地震灾区受灾群众需要过渡性安置的，应当根据地震灾区的实际情况，在确保安全的前提下，采取灵活多样的方式进行安置。

第六十条 过渡性安置点应当设置在交通条件便利、方便受灾群众恢复生产和生活的区域，并避开地震活动断层和可能发生严重次生灾害的区域。

过渡性安置点的规模应当适度，并采取相应的防灾、防疫措施，配套建设必要的基础设施和公共服务设施，确保受灾群众的安全和基本生活需要。

第六十一条　实施过渡性安置应当尽量保护农用地，并避免对自然保护区、饮用水水源保护区以及生态脆弱区域造成破坏。

过渡性安置用地按照临时用地安排，可以先行使用，事后依法办理有关用地手续；到期未转为永久性用地的，应当复垦后交还原土地使用者。

第六十二条　过渡性安置点所在地的县级人民政府，应当组织有关部门加强对次生灾害、饮用水水质、食品卫生、疫情等的监测，开展流行病学调查，整治环境卫生，避免对土壤、水环境等造成污染。

过渡性安置点所在地的公安机关，应当加强治安管理，依法打击各种违法犯罪行为，维护正常的社会秩序。

第六十三条　地震灾区的县级以上地方人民政府及其有关部门和乡、镇人民政府，应当及时组织修复毁损的农业生产设施，提供农业生产技术指导，尽快恢复农业生产；优先恢复供电、供水、供气等企业的生产，并对大型骨干企业恢复生产提供支持，为全面恢复农业、工业、服务业生产经营提供条件。

第六十四条　各级人民政府应当加强对地震灾后恢复重建工作的领导、组织和协调。

县级以上人民政府有关部门应当在本级人民政府领导下，按照职责分工，密切配合，采取有效措施，共同做好地震灾后恢复重建工作。

第六十五条　国务院有关部门应当组织有关专家开展地震活动对相关建设工程破坏机理的调查评估，为修订完善有关建设工程的强制性标准、采取抗震设防措施提供科学依据。

第六十六条　特别重大地震灾害发生后，国务院经济综合宏观调控部门会同国务院有关部门与地震灾区的省、自治区、直辖市人民政府共同组织编制地震灾后恢复重建规划，报国务院批准后组织实施；重大、较大、一般地震灾害发生后，由地震灾区的省、自治区、直辖市人民政府根据实际需要组织编制地震灾后恢复重建规划。

地震灾害损失调查评估获得的地质、勘察、测绘、土地、气象、水文、环境等基础资料和经国务院地震工作主管部门复核的地震动参数区划图，应当作为编制地震灾后恢复重建规划的依据。

编制地震灾后恢复重建规划，应当征求有关部门、单位、专家和公众特别是地震灾区受灾群众的意见；重大事项应当组织有关专家进行专题论证。

第六十七条　地震灾后恢复重建规划应当根据地质条件和地震活动断层分布以及资源环境承载能力，重点对城镇和乡村的布局、基础设施和公共服务设施的建设、防灾减灾和生态环境以及自然资源和历史文化遗产保护等作出安排。

地震灾区内需要异地新建的城镇和乡村的选址以及地震灾后重建工程的选址，应当符合地震灾后恢复重建规划和抗震设防、防灾减灾要求，避开地震活动断层或者生态脆弱和可能发生洪水、山体滑坡和崩塌、泥石流、地面塌陷等灾害的区域以及传染病自然疫源地。

第六十八条　地震灾区的地方各级人民政府应当根据地震灾后恢复重建规划和当地经济社会发展水平，有计划、分步骤地组织实施地震灾后恢复重建。

第六十九条　地震灾区的县级以上地方人民政府应当组织有关部门和专家，根据地震灾害损失调查评估结果，制定清理保护方案，明确典型地震遗址、遗迹和文物保护单位以及具有历史价值与民族特色的建筑物、构筑物的保护范围和措施。

对地震灾害现场的清理，按照清理保护方案分区、分类进行，并依照法律、行政法规和国家有关规定，妥善清理、转运和处置有关放射性物质、危险废物和有毒化学品，开展防疫工作，防止传染病和重大动物疫情的发生。

第七十条　地震灾后恢复重建，应当统筹安排交通、铁路、水利、电力、通信、供水、供电等基础设施和市政公用设施，学校、医院、文化、商贸服务、防灾减灾、环境保护等公共服务设施，以及住房和无障碍设施的建设，合理确定建设规模和时序。

乡村的地震灾后恢复重建，应当尊重村民意愿，发挥村民自治组织的作用，以群众自建为主，政府补助、社会帮扶、对口支援，因地制宜，节约和集约利用土地，保护耕地。

少数民族聚居的地方的地震灾后恢复重建，应当尊重当地群众的意愿。

第七十一条 地震灾区的县级以上地方人民政府应当组织有关部门和单位，抢救、保护与收集整理有关档案、资料，对因地震灾害遗失、毁损的档案、资料，及时补充和恢复。

第七十二条 地震灾后恢复重建应当坚持政府主导、社会参与和市场运作相结合的原则。

地震灾区的地方各级人民政府应当组织受灾群众和企业开展生产自救，自力更生、艰苦奋斗、勤俭节约，尽快恢复生产。

国家对地震灾后恢复重建给予财政支持、税收优惠和金融扶持，并提供物资、技术和人力等支持。

第七十三条 地震灾区的地方各级人民政府应当组织做好救助、救治、康复、补偿、抚慰、抚恤、安置、心理援助、法律服务、公共文化服务等工作。

各级人民政府及有关部门应当做好受灾群众的就业工作，鼓励企业、事业单位优先吸纳符合条件的受灾群众就业。

第七十四条 对地震灾后恢复重建中需要办理行政审批手续的事项，有审批权的人民政府及有关部门应当按照方便群众、简化手续、提高效率的原则，依法及时予以办理。

2. 《自然灾害救助条例》（2019年3月2日）

第四章 灾后救助

第十八条 受灾地区人民政府应当在确保安全的前提下，采取就地安置与异地安置、政府安置与自行安置相结合的方式，对受灾人员进行过渡性安置。

就地安置应当选择在交通便利、便于恢复生产和生活的地点，并避开可能发生次生自然灾害的区域，尽量不占用或者少占用耕地。

受灾地区人民政府应当鼓励并组织受灾群众自救互救，恢复重建。

第十九条 自然灾害危险消除后，受灾地区人民政府应当统筹研究制订居民住房恢复重建规划和优惠政策，组织重建或者修缮因灾损毁的居民住房，对恢复重建确有困难的家庭予以重点帮扶。

居民住房恢复重建应当因地制宜、经济实用，确保房屋建设质量符合防灾减灾要求。

受灾地区人民政府应急管理等部门应当向经审核确认的居民住房恢复重建补助对象发放补助资金和物资，住房城乡建设等部门应当为受灾人员重建或者修缮因灾损毁的居民住房提供必要的技术支持。

第二十条 居民住房恢复重建补助对象由受灾人员本人申请或者由村民小组、居民小组提名。经村民委员会、居民委员会民主评议，符合救助条件的，在自然村、社区范围内公示；无异议或者经村民委员会、居民委员会民主评议异议不成立的，由村民委员会、居民委员会将评议意见和有关材料提交乡镇人民政府、街道办事处审核，报县级人民政府应急管理等部门审批。

第二十一条 自然灾害发生后的当年冬季、次年春季，受灾地区人民政府应当为生活困难的受灾人员提供基本生活救助。

受灾地区县级人民政府应急管理部门应当在每年 10 月底前统计、评估本行政区域受灾人员当年冬季、次年春季的基本生活困难和需求，核实救助对象，编制工作台账，制定救助工作方案，经本级人民政府批准后组织实施，并报上一级人民政府应急管理部门备案。

3.《突发事件应急预案管理办法》（2024 年 1 月 31 日）

第八条 总体应急预案是人民政府组织应对突发事件的总体制度安排。

总体应急预案围绕突发事件事前、事中、事后全过程，主要明确应对工作的总体要求、事件分类分级、预案体系构成、组织指挥体系与职责，以及风险防控、监测预警、处置救援、应急保障、恢复重建、预案管理等内容。

第十一条 为突发事件应对工作提供通信、交通运输、医学救援、物资装备、能源、资金以及新闻宣传、秩序维护、慈善捐赠、灾害救助等保障功能的专项和部门应急预案侧重明确组织指挥机制、主要任务、资源布局、资源调用或应急响应程序、具体措施等内容。

针对重要基础设施、生命线工程等重要目标保护的专项和部门应急预案，侧重明确关键功能和部位、风险隐患及防范措施、监测预警、信息报告、应急处置和紧急恢复、应急联动等内容。

4.《"十四五"国家应急体系规划》（2021年12月30日）

（四）强化救助恢复准备。

健全灾害救助机制。完善自然灾害救助标准动态调整机制。加强灾后救助与其他专项救助相衔接，完善救灾资源动员机制，推广政府与社会组织、企业合作模式，支持红十字会、慈善组织等依法参与灾害救援救助工作。健全受灾群众过渡安置和救助机制，加强临时住所、水、电、道路、通信、广播电视等基础设施建设，保障受灾群众基本生活。针对儿童特点采取优先救助和康复措施，加强对孕产妇等重点群体的关爱保护。对受灾害影响造成监护缺失的未成年人实施救助保护。引导心理援助与社会工作服务参与灾害应对处置和善后工作，对受灾群众予以心理援助。

规范灾后恢复重建。健全中央统筹指导、地方作为主体、灾区群众广泛参与的重特大自然灾害灾后恢复重建机制。科学开展灾害损失评估、次生衍生灾害隐患排查及危险性评估、住房及建筑物受损鉴定和资源环境承载能力评价，完善评估标准和评估流程，科学制定灾后恢复重建规划。优先重建供电、通信、给排水、道路、桥梁、水库等基础设施，以及学校、医院、广播电视等公益性服务设施。完善灾后恢复重建的财税、金融、保险、土地、社会保障、产业扶持、蓄滞洪区补助政策，强化恢复重建政策实施监督评估。加强灾后恢复重建资金管理，引导国内外贷款、对口支援资金、社会捐赠资金等参与灾后恢复重建，积极推广以工代赈方式。

5.《国家突发公共事件总体应急预案》（2006年1月8日）

3.3　恢复与重建

3.3.1　善后处置

要积极稳妥、深入细致地做好善后处置工作。对突发公共事件中的伤亡人员、应急处置工作人员，以及紧急调集、征用有关单位及个人的物资，要按照规定给予抚恤、补助或补偿，并提供心理及司法援助。有关部门要做好疫病防治和环境污染消除工作。保险监管机构督促有关保险机构及时做好有关单位和个人损失的理赔工作。

3.3.2　调查与评估

要对特别重大突发公共事件的起因、性质、影响、责任、经验教训和恢复重建等问题进行调查评估。

3.3.3　恢复重建

根据受灾地区恢复重建计划组织实施恢复重建工作。

❋ 典型案例

马某与某区政府行政纠纷案[①]

◎ 裁判要点

根据《突发事件应对法》第五十九条[②]规定，突发事件应急处置工作结束后，履行统一领导职责的人民政府应当立即组织对突发事件造成的损失进行评估。原审法院经审理认定，2014年2月3日凌晨，因案外人驾驶油罐车侧翻导致车内原油倾倒、泄漏，某区政府立即组织有关部门进行应急处置，次日下午将污染现场及水面污染物清理完毕；同年5月20日某区环境保护监测站对某水坝水质现状作出监测报告，检测结果显示所有项目均未超标，至此案涉原油泄漏事件应急处置工作已结束，但某区政府未立

[①] 案号：(2019)最高法行申14167号。

[②] 对应2024年修订后《突发事件应对法》第八十七条。

即组织对案涉突发事件造成的损失进行评估，直至 2017 年 8 月 10 日某区政府作出《关于某镇某水库因交通肇事致使原油泄漏事件损害评估报告》。本案中，某区政府在 2014 年案涉原油泄漏事件应急处置工作结束后，直至 2017 年 8 月 10 日才对该事件造成的损失进行评估，不符合上述法律规定，据此原审法院判决确认某区政府对该起原油泄漏事件损害评估行为违法并无不当。

第八十八条　支援恢复重建

受突发事件影响地区的人民政府开展恢复重建工作需要上一级人民政府支持的，可以向上一级人民政府提出请求。上一级人民政府应当根据受影响地区遭受的损失和实际情况，提供资金、物资支持和技术指导，组织协调其他地区和有关方面提供资金、物资和人力支援。

要点提示

一些突发事件，如地震、洪水、传染病等造成的损失非常严重，恢复重建需要投入大量的物力和财力，超过了受突发事件影响地区的人民政府所能应对的范围。在这种情况下，可以请求上一级人民政府进行支持和指导。上一级人民政府应当履行两方面的职责：一是根据受影响地区遭受的损失和实际情况，提供资金、物资支持和技术指导。二是组织协调其他地区和有关方面提供资金、物资和人力支援。

第八十九条　扶持优惠和善后工作

国务院根据受突发事件影响地区遭受损失的情况，制定扶持该地区有关行业发展的优惠政策。

受突发事件影响地区的人民政府应当根据本地区遭受的损失和采取应急处置措施的情况，制定救助、补偿、抚慰、抚恤、安置

> 等善后工作计划并组织实施，妥善解决因处置突发事件引发的矛盾纠纷。

✱ 关联规定

1.《防震减灾法》（2008 年 12 月 27 日）

第七十二条　地震灾后恢复重建应当坚持政府主导、社会参与和市场运作相结合的原则。

地震灾区的地方各级人民政府应当组织受灾群众和企业开展生产自救，自力更生、艰苦奋斗、勤俭节约，尽快恢复生产。

国家对地震灾后恢复重建给予财政支持、税收优惠和金融扶持，并提供物资、技术和人力等支持。

2.《自然灾害救助条例》（2019 年 3 月 2 日）

第十九条　自然灾害危险消除后，受灾地区人民政府应当统筹研究制订居民住房恢复重建规划和优惠政策，组织重建或者修缮因灾损毁的居民住房，对恢复重建确有困难的家庭予以重点帮扶。

居民住房恢复重建应当因地制宜、经济实用，确保房屋建设质量符合防灾减灾要求。

受灾地区人民政府应急管理等部门应当向经审核确认的居民住房恢复重建补助对象发放补助资金和物资，住房城乡建设等部门应当为受灾人员重建或者修缮因灾损毁的居民住房提供必要的技术支持。

🌼 典型案例

李某与某建设公司建设工程施工合同纠纷案①

◎ 裁判要点

《突发事件应对法》第三条②规定，需要采取应急处置措施予以应对的自然灾害属于突发事件；第六十一条③规定了受突发事件影响地区的人民政府应当根据本地区遭受损失的情况，制定救助、补偿、抚慰、抚恤、安置等善后工作计划并组织实施，妥善解决因处置突发事件引发的矛盾和纠纷。《地质灾害防治条例》第三十八条更是明确要求县级以上人民政府应当组织有关部门及时采取工程治理或者搬迁避让措施，保证地质灾害危险区内居民的生命和财产安全。事实上，在某县人民政府的组织下，某县国土资源局、某县城乡规划局、某县发展和改革局、某县人民政府对"8·28山体崩塌灾害事故"的灾后重建进行了立项申报、立项审批、用地审批、规划设计、工程项目建设及项目验收，政府及相关职能部门实施的一系列"灾害避险搬迁安置"行政行为，就是履行上述法律、条例规定职责的具体表现。

第九十条　公民参与应急的保障

公民参加应急救援工作或者协助维护社会秩序期间，其所在单位应当保证其工资待遇和福利不变，并可以按照规定给予相应补助。

🌼 关联规定

《国务院办公厅关于加强传染病防治人员安全防护的意见》（2015年1月6日）

六、完善传染病防治人员工资待遇倾斜政策

根据《中华人民共和国传染病防治法》和《突发公共卫生事件应急条

---

① 案号：（2020）黔05民终2407号。
② 对应2024年修订后《突发事件应对法》第三条。
③ 对应2024年修订后《突发事件应对法》第八十九条、第九十条。

例》等法律法规规定，对从事传染病预防、医疗、科研、教学及现场处理疫情的人员，以及在生产、工作中接触传染病病原体的其他人员给予适当津贴，并建立动态调整机制。对直接参与国内传染病类突发公共卫生事件现场调查处置、患者救治、口岸检疫、动物防疫等各类一线工作的人员，以及政府选派直接参与国外重大传染病疫情防治工作的医疗和公共卫生等防控人员，根据工作风险、强度和时间给予临时性工作补助。国务院有关部门要制定调整相关津贴和临时性工作补助的具体办法。

第九十一条 伤亡人员保障

县级以上人民政府对在应急救援工作中伤亡的人员依法落实工伤待遇、抚恤或者其他保障政策，并组织做好应急救援工作中致病人员的医疗救治工作。

关联规定

1.《安全生产法》（2021 年 6 月 10 日）

第五十六条　生产经营单位发生生产安全事故后，应当及时采取措施救治有关人员。

因生产安全事故受到损害的从业人员，除依法享有工伤保险外，依照有关民事法律尚有获得赔偿的权利的，有权提出赔偿要求。

2.《国务院办公厅关于加强传染病防治人员安全防护的意见》（2015 年 1 月 6 日）

七、完善传染病感染保障政策

将诊断标准明确、因果关系明晰的职业行为导致的传染病，纳入职业病分类和目录。将重大传染病防治一线人员，纳入高危职业人群管理。对在重大传染病疫情中参与传染病防治工作致病、致残、死亡的人员，参照机关事业单位工伤抚恤或工伤保险等有关规定给予抚恤、保障。不断完善医疗保障政策，逐步扩大基本医保保障范围，加快实施城乡居民大病保险制度，加强基本医保、医疗救助和疾病应急救助工作的衔接，切实减轻重大传染病患者就医负担。

3. 《国家安全生产事故灾难应急预案》（2006年1月22日）

7.2 奖励与责任追究

7.2.1 奖励

在安全生产事故灾难应急救援工作中有下列表现之一的单位和个人，应依据有关规定给予奖励：

（1）出色完成应急处置任务，成绩显著的。

（2）防止或抢救事故灾难有功，使国家、集体和人民群众的财产免受损失或者减少损失的。

（3）对应急救援工作提出重大建议，实施效果显著的。

（4）有其他特殊贡献的。

7.2.2 责任追究

在安全生产事故灾难应急救援工作中有下列行为之一的，按照法律、法规及有关规定，对有关责任人员视情节和危害后果，由其所在单位或者上级机关给予行政处分；其中，对国家公务员和国家行政机关任命的其他人员，分别由任免机关或者监察机关给予行政处分；属于违反治安管理行为的，由公安机关依照有关法律法规的规定予以处罚；构成犯罪的，由司法机关依法追究刑事责任：

（1）不按照规定制订事故应急预案，拒绝履行应急准备义务的。

（2）不按照规定报告、通报事故灾难真实情况的。

（3）拒不执行安全生产事故灾难应急预案，不服从命令和指挥，或者在应急响应时临阵脱逃的。

（4）盗窃、挪用、贪污应急工作资金或者物资的。

（5）阻碍应急工作人员依法执行任务或者进行破坏活动的。

（6）散布谣言，扰乱社会秩序的。

（7）有其他危害应急工作行为的。

4. 《国家突发公共事件总体应急预案》（2006年1月8日）

3.3.1 **善后处置**

要积极稳妥、深入细致地做好善后处置工作。对突发公共事件中的伤亡人员、应急处置工作人员，以及紧急调集、征用有关单位及个人的物资，要按照规定给予抚恤、补助或补偿，并提供心理及司法援助。有关部门要做好疫病防治和环境污染消除工作。保险监管机构督促有关保险机构及时做好有关单位和个人损失的理赔工作。

5. 《国家森林草原火灾应急预案》（2020年10月26日）

6.2.9 **善后处置**

做好遇难人员的善后工作，抚慰遇难者家属。对因扑救森林草原火灾负伤、致残或者死亡的人员，当地政府或者有关部门按照国家有关规定给予医疗、抚恤、褒扬。

第九十二条　突发事件调查、应急处置总结

> 履行统一领导职责的人民政府在突发事件应对工作结束后，应当及时查明突发事件的发生经过和原因，总结突发事件应急处置工作的经验教训，制定改进措施，并向上一级人民政府提出报告。

❋ 要点提示

应急处置工作结束后，履行统一领导职责的人民政府应当对突发事件处置工作进行全面总结，并向上一级人民政府报告。总结应当包括以下内容：（1）突发事件发生的原因；（2）突发事件的发生过程；（3）突发事件应急情况；（4）突出事件应对中存在的问题；（5）恢复重建情况；（6）加强和改进工作的考虑和建议。

✿ 典型案例

金某、潘某与某市政府行政纠纷案[1]

◎ 裁判要点

根据《突发事件应对法》第七条[2]、第六十二条[3]规定，某市政府具有对本案所涉某区某街道农民自建房倒塌事件组成调查组、批复调查报告等应对处理的法定职权。根据原审法院查明的事实，案涉事件发生后，某市政府成立由相关部门组成的调查组。技术专家组通过调查取证与技术分析，形成案涉事件环境调查报告，原材料检测及施工质量状况报告，建筑、结构和地基基础计算复核分析报告以及技术分析报告。评审专家对技术分析报告进行分析，出具评审意见。调查组基于上述技术分析及评审意见，形成案涉事件调查报告，主要内容包括事件发生的经过和救援情况，倒塌房屋、人员伤亡等事件基本情况，事件发生的原因和事件性质，责任者的处理建议和整改措施等。某市政府对调查报告审查后作出案涉批复，同意事件调查组对案涉事件的原因分析、性质认定、责任认定、对责任者的处理意见及整改措施等，具有相应事实和法律依据。某省政府行政复议维持案涉批复，结论正确，程序合法。

第九十三条　资金和物资审计监督

突发事件应对工作中有关资金、物资的筹集、管理、分配、拨付和使用等情况，应当依法接受审计机关的审计监督。

✿ 要点提示

本条是新增条款。是关于突发事件应对工作中有关资金、物资的筹集、分配、使用等情况接受审计监督的规定。

---

[1] 案号：（2020）最高法行申 6504 号。
[2] 对应 2024 年修订后《突发事件应对法》第十七条、第十八条。
[3] 对应 2024 年修订后《突发事件应对法》第九十二条。

关联规定

《防洪法》（2016 年 7 月 2 日）

第五十二条　任何单位和个人不得截留、挪用防洪、救灾资金和物资。

各级人民政府审计机关应当加强对防洪、救灾资金使用情况的审计监督。

第九十四条　应对工作档案管理

国家档案主管部门应当建立健全突发事件应对工作相关档案收集、整理、保护、利用工作机制。突发事件应对工作中形成的材料，应当按照国家规定归档，并向相关档案馆移交。

要点提示

本条是新增条款。档案馆应当加强对突发事件应对活动相关档案的研究整理和开发利用，为突发事件应对活动提供文献参考和决策支持。

关联规定

1.《档案法》（2020 年 6 月 20 日）

第二条　从事档案收集、整理、保护、利用及其监督管理活动，适用本法。

本法所称档案，是指过去和现在的机关、团体、企业事业单位和其他组织以及个人从事经济、政治、文化、社会、生态文明、军事、外事、科技等方面活动直接形成的对国家和社会具有保存价值的各种文字、图表、声像等不同形式的历史记录。

第二十六条　国家档案主管部门应当建立健全突发事件应对活动相关档案收集、整理、保护、利用工作机制。

档案馆应当加强对突发事件应对活动相关档案的研究整理和开发利

用，为突发事件应对活动提供文献参考和决策支持。

2.《防震减灾法》（2008年12月27日）

第三十二条 国务院地震工作主管部门和县级以上地方人民政府负责管理地震工作的部门或者机构，应当对发生地震灾害的区域加强地震监测，在地震现场设立流动观测点，根据震情的发展变化，及时对地震活动趋势作出分析、判定，为余震防范工作提供依据。

国务院地震工作主管部门和县级以上地方人民政府负责管理地震工作的部门或者机构、地震监测台网的管理单位，应当及时收集、保存有关地震的资料和信息，并建立完整的档案。

第七十一条 地震灾区的县级以上地方人民政府应当组织有关部门和单位，抢救、保护与收集整理有关档案、资料，对因地震灾害遗失、毁损的档案、资料，及时补充和恢复。

第七十七条 禁止侵占、截留、挪用地震应急救援、地震灾后过渡性安置和恢复重建的资金、物资。

县级以上人民政府有关部门对地震应急救援、地震灾后过渡性安置和恢复重建的资金、物资以及社会捐赠款物的使用情况，依法加强管理和监督，予以公布，并对资金、物资的筹集、分配、拨付、使用情况登记造册，建立健全档案。

3.《重特大自然灾害调查评估暂行办法》（2023年9月22日）

第八条 调查评估组应当制定调查评估工作方案和工作制度，明确目标任务、职责分工、重点事项、方法步骤等内容，以及协调配合、会商研判、调查回避、保密工作、档案管理等要求，注重加强调查评估各项工作的统筹协调和过程管理。

第七章　法律责任

第九十五条　**地方政府、有关部门及其人员不依法履责的法律责任**

地方各级人民政府和县级以上人民政府有关部门违反本法规定，不履行或者不正确履行法定职责的，由其上级行政机关责令改正；有下列情形之一，由有关机关综合考虑突发事件发生的原因、后果、应对处置情况、行为人过错等因素，对负有责任的领导人员和直接责任人员依法给予处分：

（一）未按照规定采取预防措施，导致发生突发事件，或者未采取必要的防范措施，导致发生次生、衍生事件的；

（二）迟报、谎报、瞒报、漏报或者授意他人迟报、谎报、瞒报以及阻碍他人报告有关突发事件的信息，或者通报、报送、公布虚假信息，造成后果的；

（三）未按照规定及时发布突发事件警报、采取预警期的措施，导致损害发生的；

（四）未按照规定及时采取措施处置突发事件或者处置不当，造成后果的；

（五）违反法律规定采取应对措施，侵犯公民生命健康权益的；

（六）不服从上级人民政府对突发事件应急处置工作的统一领导、指挥和协调的；

（七）未及时组织开展生产自救、恢复重建等善后工作的；

（八）截留、挪用、私分或者变相私分应急救援资金、物资的；

（九）不及时归还征用的单位和个人的财产，或者对被征用财产的单位和个人不按照规定给予补偿的。

关联规定

1.《地方各级人民代表大会和地方各级人民政府组织法》（2022年3月11日）

第六十九条　地方各级人民政府对本级人民代表大会和上一级国家行政机关负责并报告工作。县级以上的地方各级人民政府在本级人民代表大会闭会期间，对本级人民代表大会常务委员会负责并报告工作。

全国地方各级人民政府都是国务院统一领导下的国家行政机关，都服从国务院。

地方各级人民政府实行重大事项请示报告制度。

2.《监察法》（2018年3月20日）

第十五条　监察机关对下列公职人员和有关人员进行监察：

（一）中国共产党机关、人民代表大会及其常务委员会机关、人民政府、监察委员会、人民法院、人民检察院、中国人民政治协商会议各级委员会机关、民主党派机关和工商业联合会机关的公务员，以及参照《中华人民共和国公务员法》管理的人员；

（二）法律、法规授权或者受国家机关依法委托管理公共事务的组织中从事公务的人员；

（三）国有企业管理人员；

（四）公办的教育、科研、文化、医疗卫生、体育等单位中从事管理的人员；

（五）基层群众性自治组织中从事管理的人员；

（六）其他依法履行公职的人员。

3.《重大动物疫情应急条例》（2017年10月7日）

第八条　对不履行或者不按照规定履行重大动物疫情应急处理职责的

行为，任何单位和个人有权检举控告。

第四十二条 违反本条例规定，兽医主管部门及其所属的动物防疫监督机构有下列行为之一的，由本级人民政府或者上级人民政府有关部门责令立即改正、通报批评、给予警告；对主要负责人、负有责任的主管人员和其他责任人员，依法给予记大过、降级、撤职直至开除的行政处分；构成犯罪的，依法追究刑事责任：

（一）不履行疫情报告职责，瞒报、谎报、迟报或者授意他人瞒报、谎报、迟报，阻碍他人报告重大动物疫情的；

（二）在重大动物疫情报告期间，不采取临时隔离控制措施，导致动物疫情扩散的；

（三）不及时划定疫点、疫区和受威胁区，不及时向本级人民政府提出应急处理建议，或者不按照规定对疫点、疫区和受威胁区采取预防、控制、扑灭措施的；

（四）不向本级人民政府提出启动应急指挥系统、应急预案和对疫区的封锁建议的；

（五）对动物扑杀、销毁不进行技术指导或者指导不力，或者不组织实施检验检疫、消毒、无害化处理和紧急免疫接种的；

（六）其他不履行本条例规定的职责，导致动物疫病传播、流行，或者对养殖业生产安全和公众身体健康与生命安全造成严重危害的。

第四十三条 违反本条例规定，县级以上人民政府有关部门不履行应急处理职责，不执行对疫点、疫区和受威胁区采取的措施，或者对上级人民政府有关部门的疫情调查不予配合或者阻碍、拒绝的，由本级人民政府或者上级人民政府有关部门责令立即改正、通报批评、给予警告；对主要负责人、负有责任的主管人员和其他责任人员，依法给予记大过、降级、撤职直至开除的行政处分；构成犯罪的，依法追究刑事责任。

第四十四条 违反本条例规定，有关地方人民政府阻碍报告重大动物疫情，不履行应急处理职责，不按照规定对疫点、疫区和受威胁区采取预防、控制、扑灭措施，或者对上级人民政府有关部门的疫情调查不予配合或者阻碍、拒绝的，由上级人民政府责令立即改正、通报批评、给予警告；对政府主要领导人依法给予记大过、降级、撤职直至开除的行政处分；构成犯罪的，依法追究刑事责任。

4. 《突发公共卫生事件应急条例》（2011年1月8日）

第二十四条 国家建立突发事件举报制度，公布统一的突发事件报告、举报电话。

任何单位和个人有权向人民政府及其有关部门报告突发事件隐患，有权向上级人民政府及其有关部门举报地方人民政府及其有关部门不履行突发事件应急处理职责，或者不按照规定履行职责的情况。接到报告、举报的有关人民政府及其有关部门，应当立即组织对突发事件隐患、不履行或者不按照规定履行突发事件应急处理职责的情况进行调查处理。

对举报突发事件有功的单位和个人，县级以上各级人民政府及其有关部门应当予以奖励。

第四十九条 县级以上各级人民政府有关部门拒不履行应急处理职责的，由同级人民政府或者上级人民政府有关部门责令改正、通报批评、给予警告；对主要负责人、负有责任的主管人员和其他责任人员依法给予降级、撤职的行政处分；造成传染病传播、流行或者对社会公众健康造成其他严重危害后果的，依法给予开除的行政处分；构成犯罪的，依法追究刑事责任。

5. 《国家突发重大动物疫情应急预案》（2006年2月27日）

3.3 报告

任何单位和个人有权向各级人民政府及其有关部门报告突发重大动物疫情及其隐患，有权向上级政府部门举报不履行或者不按照规定履行突发重大动物疫情应急处理职责的部门、单位及个人。

3.3.1 责任报告单位和责任报告人

（1）责任报告单位

a. 县级以上地方人民政府所属动物防疫监督机构；

b. 各动物疫病国家参考实验室和相关科研院校；

c. 出入境检验检疫机构；

d. 兽医行政管理部门；

e. 县级以上地方人民政府；

f. 有关动物饲养、经营和动物产品生产、经营的单位，各类动物诊疗机构等相关单位。

（2）责任报告人

执行职务的各级动物防疫监督机构、出入境检验检疫机构的兽医人员；各类动物诊疗机构的兽医；饲养、经营动物和生产、经营动物产品的人员。

3.3.2 报告形式

各级动物防疫监督机构应按国家有关规定报告疫情；其他责任报告单位和个人以电话或书面形式报告。

3.3.3 报告时限和程序

发现可疑动物疫情时，必须立即向当地县（市）动物防疫监督机构报告。县（市）动物防疫监督机构接到报告后，应当立即赶赴现场诊断，必要时可请省级动物防疫监督机构派人协助进行诊断，认定为疑似重大动物疫情的，应当在2小时内将疫情逐级报至省级动物防疫监督机构，并同时报所在地人民政府兽医行政管理部门。省级动物防疫监督机构应当在接到报告后1小时内，向省级兽医行政管理部门和农业部报告。省级兽医行政管理部门应当在接到报告后的1小时内报省级人民政府。特别重大、重大动物疫情发生后，省级人民政府、农业部应当在4小时内向国务院报告。

认定为疑似重大动物疫情的应立即按要求采集病料样品送省级动物防疫监督机构实验室确诊，省级动物防疫监督机构不能确诊的，送国家参考实验室确诊。确诊结果应立即报农业部，并抄送省级兽医行政管理部门。

3.3.4 报告内容

疫情发生的时间、地点、发病的动物种类和品种、动物来源、临床症状、发病数量、死亡数量、是否有人员感染、已采取的控制措施、疫情报告的单位和个人、联系方式等。

第九十六条　突发事件发生地的单位不履行法定义务的法律责任

有关单位有下列情形之一，由所在地履行统一领导职责的人民政府有关部门责令停产停业，暂扣或者吊销许可证件，并处五万元以上二十万元以下的罚款；情节特别严重的，并处二十万元以上一百万元以下的罚款：

（一）未按照规定采取预防措施，导致发生较大以上突发事件的；

（二）未及时消除已发现的可能引发突发事件的隐患，导致发生较大以上突发事件的；

（三）未做好应急物资储备和应急设备、设施日常维护、检测工作，导致发生较大以上突发事件或者突发事件危害扩大的；

（四）突发事件发生后，不及时组织开展应急救援工作，造成严重后果的。

其他法律对前款行为规定了处罚的，依照较重的规定处罚。

第九十七条　编造、传播虚假信息的法律责任

违反本法规定，编造并传播有关突发事件的虚假信息，或者明知是有关突发事件的虚假信息而进行传播的，责令改正，给予警告；造成严重后果的，依法暂停其业务活动或者吊销其许可证件；负有直接责任的人员是公职人员的，还应当依法给予处分。

❋ 关联规定

1.《破坏性地震应急条例》（2011年1月8日）

第十五条　地震临震预报，由省、自治区、直辖市人民政府依照国务院有关发布地震预报的规定统一发布，其他任何组织或者个人不得发布地震预报。

任何组织或者个人都不得传播有关地震的谣言。发生地震谣传时，防震减灾工作主管部门应当协助人民政府迅速予以平息和澄清。

2.《国家地震应急预案》（2012年8月28日）

5.7　维护社会治安

严厉打击盗窃、抢劫、哄抢救灾物资、借机传播谣言制造社会恐慌等违法犯罪行为；在受灾群众安置点、救灾物资存放点等重点地区，增设临时警务站，加强治安巡逻，增强灾区群众的安全感；加强对党政机关、要害部门、金融单位、储备仓库、监狱等重要场所的警戒，做好涉灾矛盾纠纷化解和法律服务工作，维护社会稳定。

3.《国家森林草原火灾应急预案》（2020年10月26日）

6.2.5　维护社会治安

加强火灾受影响区域社会治安、道路交通等管理，严厉打击盗窃、抢劫、哄抢救灾物资、传播谣言、堵塞交通等违法犯罪行为。在金融单位、储备仓库等重要场所加强治安巡逻，维护社会稳定。

6.2.6　发布信息

通过授权发布、发新闻稿、接受记者采访、举行新闻发布会和通过专业网站、官方微博、微信公众号等多种方式、途径，及时、准确、客观、全面向社会发布森林草原火灾和应对工作信息，回应社会关切。加强舆论引导和自媒体管理，防止传播谣言和不实信息，及时辟谣澄清，以正视听。发布内容包括起火原因、起火时间、火灾地点、过火面积、损失情况、扑救过程和火案查处、责任追究情况等。

4.《国家突发环境事件应急预案》（2014年12月29日）

4.2.7　维护社会稳定

加强受影响地区社会治安管理，严厉打击借机传播谣言制造社会恐慌、哄抢救灾物资等违法犯罪行为；加强转移人员安置点、救灾物资存放点等重点地区治安管控；做好受影响人员与涉事单位、地方人民政府及有关部门矛盾纠纷化解和法律服务工作，防止出现群体性事件，维护社会稳定。

5.《国家核应急预案》（2013年6月30日）

　　3.1.7　维护社会治安

　　严厉打击借机传播谣言制造恐慌等违法犯罪行为；在群众安置点、抢险救援物资存放点等重点地区，增设临时警务站，加强治安巡逻；强化核事故现场等重要场所警戒保卫，根据需要做好周边地区交通管制等工作。

第九十八条　单位和个人不服从、不配合的法律责任

> 单位或者个人违反本法规定，不服从所在地人民政府及其有关部门依法发布的决定、命令或者不配合其依法采取的措施的，责令改正；造成严重后果的，依法给予行政处罚；负有直接责任的人员是公职人员的，还应当依法给予处分。

❋ 关联规定

1.《核电厂核事故应急管理条例》（2011年1月8日）

　　第三十八条　有下列行为之一的，对有关责任人员视情节和危害后果，由其所在单位或者上级机关给予行政处分；属于违反治安管理行为的，由公安机关依照治安管理处罚法的规定予以处罚；构成犯罪的，由司法机关依法追究刑事责任：

　　（一）不按照规定制定核事故应急计划，拒绝承担核事故应急准备义务的；

　　（二）玩忽职守，引起核事故发生的；

　　（三）不按照规定报告、通报核事故真实情况的；

　　（四）拒不执行核事故应急计划，不服从命令和指挥，或者在核事故应急响应时临阵脱逃的；

　　（五）盗窃、挪用、贪污核事故应急工作所用资金或者物资的；

（六）阻碍核事故应急工作人员依法执行职务或者进行破坏活动的；

（七）散布谣言，扰乱社会秩序的；

（八）有其他对核事故应急工作造成危害的行为的。

2.《重大动物疫情应急条例》（2017年10月7日）

第三十二条 重大动物疫情应急处理中设置临时动物检疫消毒站以及采取隔离、扑杀、销毁、消毒、紧急免疫接种等控制、扑灭措施的，由有关重大动物疫情应急指挥部决定，有关单位和个人必须服从；拒不服从的，由公安机关协助执行。

3.《突发公共卫生事件应急条例》（2011年1月8日）

第五十条 医疗卫生机构有下列行为之一的，由卫生行政主管部门责令改正、通报批评、给予警告；情节严重的，吊销《医疗机构执业许可证》；对主要负责人、负有责任的主管人员和其他直接责任人员依法给予降级或者撤职的纪律处分；造成传染病传播、流行或者对社会公众健康造成其他严重危害后果，构成犯罪的，依法追究刑事责任：

（一）未依照本条例的规定履行报告职责，隐瞒、缓报或者谎报的；

（二）未依照本条例的规定及时采取控制措施的；

（三）未依照本条例的规定履行突发事件监测职责的；

（四）拒绝接诊病人的；

（五）拒不服从突发事件应急处理指挥部调度的。

4.《国家安全生产事故灾难应急预案》（2006年1月22日）

7.2.2 责任追究

在安全生产事故灾难应急救援工作中有下列行为之一的，按照法律、法规及有关规定，对有关责任人员视情节和危害后果，由其所在单位或者上级机关给予行政处分；其中，对国家公务员和国家行政机关任命的其他人员，分别由任免机关或者监察机关给予行政处分；属于违反治安管理行为的，由公安机关依照有关法律法规的规定予以处罚；构成犯罪的，由司法机关依法追究刑事责任：

(1) 不按照规定制订事故应急预案，拒绝履行应急准备义务的。

(2) 不按照规定报告、通报事故灾难真实情况的。

(3) 拒不执行安全生产事故灾难应急预案，不服从命令和指挥，或者在应急响应时临阵脱逃的。

(4) 盗窃、挪用、贪污应急工作资金或者物资的。

(5) 阻碍应急工作人员依法执行任务或者进行破坏活动的。

(6) 散布谣言，扰乱社会秩序的。

(7) 有其他危害应急工作行为的。

第九十九条　单位和个人违反个人信息保护规定的法律责任

> 单位或者个人违反本法第八十四条、第八十五条关于个人信息保护规定的，由主管部门依照有关法律规定给予处罚。

✿ 要点提示

本条是新增条款，增加对于违反突发事件应对中个人信息保护规定的法律责任。

✿ 关联规定

《个人信息保护法》（2021 年 8 月 20 日）

第六十六条　违反本法规定处理个人信息，或者处理个人信息未履行本法规定的个人信息保护义务的，由履行个人信息保护职责的部门责令改正，给予警告，没收违法所得，对违法处理个人信息的应用程序，责令暂停或者终止提供服务；拒不改正的，并处一百万元以下罚款；对直接负责的主管人员和其他直接责任人员处一万元以上十万元以下罚款。

有前款规定的违法行为，情节严重的，由省级以上履行个人信息保护职责的部门责令改正，没收违法所得，并处五千万元以下或者上一年度营业额百分之五以下罚款，并可以责令暂停相关业务或者停业整顿、通报有关主管部门吊销相关业务许可或者吊销营业执照;对直接负责的主管人员和其他直接责任人员处十万元以上一百万元以下罚款,并可以决定禁止其在一定期限内担任相关企业的董事、监事、高级管理人员和个人信息保护负责人。

第六十七条 有本法规定的违法行为的,依照有关法律、行政法规的规定记入信用档案,并予以公示。

第六十八条 国家机关不履行本法规定的个人信息保护义务的,由其上级机关或者履行个人信息保护职责的部门责令改正;对直接负责的主管人员和其他直接责任人员依法给予处分。

履行个人信息保护职责的部门的工作人员玩忽职守、滥用职权、徇私舞弊,尚不构成犯罪的,依法给予处分。

第六十九条 处理个人信息侵害个人信息权益造成损害,个人信息处理者不能证明自己没有过错的,应当承担损害赔偿等侵权责任。

前款规定的损害赔偿责任按照个人因此受到的损失或者个人信息处理者因此获得的利益确定;个人因此受到的损失和个人信息处理者因此获得的利益难以确定的,根据实际情况确定赔偿数额。

第七十条 个人信息处理者违反本法规定处理个人信息,侵害众多个人的权益的,人民检察院、法律规定的消费者组织和由国家网信部门确定的组织可以依法向人民法院提起诉讼。

第七十一条 违反本法规定,构成违反治安管理行为的,依法给予治安管理处罚;构成犯罪的,依法追究刑事责任。

第一百条 民事责任

单位或者个人违反本法规定,导致突发事件发生或者危害扩大,造成人身、财产或者其他损害的,应当依法承担民事责任。

❋ 关联规定

1.《防洪法》（2016年7月2日）

第六十条　违反本法规定，破坏、侵占、毁损堤防、水闸、护岸、抽水站、排水渠系等防洪工程和水文、通信设施以及防汛备用的器材、物料的，责令停止违法行为，采取补救措施，可以处五万元以下的罚款；造成损坏的，依法承担民事责任；应当给予治安管理处罚的，依照治安管理处罚法的规定处罚；构成犯罪的，依法追究刑事责任。

2.《传染病防治法》（2013年6月29日）

第七十七条　单位和个人违反本法规定，导致传染病传播、流行，给他人人身、财产造成损害的，应当依法承担民事责任。

第一百零一条　紧急避险

为了使本人或者他人的人身、财产免受正在发生的危险而采取避险措施的，依照《中华人民共和国民法典》、《中华人民共和国刑法》等法律关于紧急避险的规定处理。

❋ 要点提示

本条是新增条款，考虑到在突发事件应对过程中，往往会有公民为了避免人身、财产损害而采取避险行为的情况，在本法中增加与《民法典》《刑法》等法律关于紧急避险的衔接性规定，为公民在突发事件应急处置中开展自救互救、减少损失提供法律依据。[①]

[①]《"坚持人民至上、生命至上"》，载人民法院报微信公众号，2024年6月28日发布，https://mp.weixin.qq.com/s/MFkw2xWy4S3z9hvAilBGyQ，2024年7月3日访问。

关联规定

1.《刑法》（2023 年 12 月 29 日）

第二十一条　为了使国家、公共利益、本人或者他人的人身、财产和其他权利免受正在发生的危险，不得已采取的紧急避险行为，造成损害的，不负刑事责任。

紧急避险超过必要限度造成不应有的损害的，应当负刑事责任，但是应当减轻或者免除处罚。

第一款中关于避免本人危险的规定，不适用于职务上、业务上负有特定责任的人。

2.《民法典》（2020 年 5 月 28 日）

第一百八十二条　因紧急避险造成损害的，由引起险情发生的人承担民事责任。

危险由自然原因引起的，紧急避险人不承担民事责任，可以给予适当补偿。

紧急避险采取措施不当或者超过必要的限度，造成不应有的损害的，紧急避险人应当承担适当的民事责任。

第一百八十四条　因自愿实施紧急救助行为造成受助人损害的，救助人不承担民事责任。

第二百四十五条　因抢险救灾、疫情防控等紧急需要，依照法律规定的权限和程序可以征用组织、个人的不动产或者动产。被征用的不动产或者动产使用后，应当返还被征用人。组织、个人的不动产或者动产被征用或者征用后毁损、灭失的，应当给予补偿。

第一百零二条　治安管理处罚和刑事责任

违反本法规定，构成违反治安管理行为的，依法给予治安管理处罚；构成犯罪的，依法追究刑事责任。

第八章　附　　则

第一百零三条　紧急状态

发生特别重大突发事件，对人民生命财产安全、国家安全、公共安全、生态环境安全或者社会秩序构成重大威胁，采取本法和其他有关法律、法规、规章规定的应急处置措施不能消除或者有效控制、减轻其严重社会危害，需要进入紧急状态的，由全国人民代表大会常务委员会或者国务院依照宪法和其他有关法律规定的权限和程序决定。

紧急状态期间采取的非常措施，依照有关法律规定执行或者由全国人民代表大会常务委员会另行规定。

第一百零四条　域外突发事件应对

中华人民共和国领域外发生突发事件，造成或者可能造成中华人民共和国公民、法人和其他组织人身伤亡、财产损失的，由国务院外交部门会同国务院其他有关部门、有关地方人民政府，按照国家有关规定做好应对工作。

第一百零五条　境内的外国人、无国籍人义务

在中华人民共和国境内的外国人、无国籍人应当遵守本法，服从所在地人民政府及其有关部门依法发布的决定、命令，并配合其依法采取的措施。

关联规定

《出境入境管理法》（2012 年 6 月 30 日）

第三条　国家保护中国公民出境入境合法权益。

在中国境内的外国人的合法权益受法律保护。在中国境内的外国人应当遵守中国法律，不得危害中国国家安全、损害社会公共利益、破坏社会公共秩序。

第一百零六条　施行日期

本法自 2024 年 11 月 1 日起施行。

附录

突发事件应急预案管理办法

(2024年1月31日　国办发〔2024〕5号)

第一章　总　　则

第一条　为加强突发事件应急预案（以下简称应急预案）体系建设，规范应急预案管理，增强应急预案的针对性、实用性和可操作性，依据《中华人民共和国突发事件应对法》等法律、行政法规，制定本办法。

第二条　本办法所称应急预案，是指各级人民政府及其部门、基层组织、企事业单位和社会组织等为依法、迅速、科学、有序应对突发事件，最大程度减少突发事件及其造成的损害而预先制定的方案。

第三条　应急预案的规划、编制、审批、发布、备案、培训、宣传、演练、评估、修订等工作，适用本办法。

第四条　应急预案管理遵循统一规划、综合协调、分类指导、分级负责、动态管理的原则。

第五条　国务院统一领导全国应急预案体系建设和管理工作，县级以上地方人民政府负责领导本行政区域内应急预案体系建设和管理工作。

突发事件应对有关部门在各自职责范围内，负责本部门（行业、领域）应急预案管理工作；县级以上人民政府应急管理部门负责指导应急预案管理工作，综合协调应急预案衔接工作。

第六条　国务院应急管理部门统筹协调各地区各部门应急预案数据库管理，推动实现应急预案数据共享共用。各地区各部门负责本行政区域、本部门（行业、领域）应急预案数据管理。

县级以上人民政府及其有关部门要注重运用信息化数字化智能化技术，推进应急预案管理理念、模式、手段、方法等创新，充分发挥应急预案牵引应急准备、指导处置救援的作用。

第二章 分类与内容

第七条 按照制定主体划分，应急预案分为政府及其部门应急预案、单位和基层组织应急预案两大类。

政府及其部门应急预案包括总体应急预案、专项应急预案、部门应急预案等。

单位和基层组织应急预案包括企事业单位、村民委员会、居民委员会、社会组织等编制的应急预案。

第八条 总体应急预案是人民政府组织应对突发事件的总体制度安排。

总体应急预案围绕突发事件事前、事中、事后全过程，主要明确应对工作的总体要求、事件分类分级、预案体系构成、组织指挥体系与职责，以及风险防控、监测预警、处置救援、应急保障、恢复重建、预案管理等内容。

第九条 专项应急预案是人民政府为应对某一类型或某几种类型突发事件，或者针对重要目标保护、重大活动保障、应急保障等重要专项工作而预先制定的涉及多个部门职责的方案。

部门应急预案是人民政府有关部门根据总体应急预案、专项应急预案和部门职责，为应对本部门（行业、领域）突发事件，或者针对重要目标保护、重大活动保障、应急保障等涉及部门工作而预先制定的方案。

第十条 针对突发事件应对的专项和部门应急预案，主要规定县级以上人民政府或有关部门相关突发事件应对工作的组织指挥体系和专项工作安排，不同层级预案内容各有侧重，涉及相邻或相关地方人民政府、部门、单位任务的应当沟通一致后明确。

国家层面专项和部门应急预案侧重明确突发事件的应对原则、组织指挥机制、预警分级和事件分级标准、响应分级、信息报告要求、应急保障措施等，重点规范国家层面应对行动，同时体现政策性和指导性。

省级专项和部门应急预案侧重明确突发事件的组织指挥机制、监测预警、分级响应及响应行动、队伍物资保障及市县级人民政府职责等，重点规范省级层面应对行动，同时体现指导性和实用性。

市县级专项和部门应急预案侧重明确突发事件的组织指挥机制、风险管控、监测预警、信息报告、组织自救互救、应急处置措施、现场管控、队伍物资保障等内容，重点规范市（地）级和县级层面应对行动，落实相关任务，细化工作流程，体现应急处置的主体职责和针对性、可操作性。

第十一条　为突发事件应对工作提供通信、交通运输、医学救援、物资装备、能源、资金以及新闻宣传、秩序维护、慈善捐赠、灾害救助等保障功能的专项和部门应急预案侧重明确组织指挥机制、主要任务、资源布局、资源调用或应急响应程序、具体措施等内容。

针对重要基础设施、生命线工程等重要目标保护的专项和部门应急预案，侧重明确关键功能和部位、风险隐患及防范措施、监测预警、信息报告、应急处置和紧急恢复、应急联动等内容。

第十二条　重大活动主办或承办机构应当结合实际情况组织编制重大活动保障应急预案，侧重明确组织指挥体系、主要任务、安全风险及防范措施、应急联动、监测预警、信息报告、应急处置、人员疏散撤离组织和路线等内容。

第十三条　相邻或相关地方人民政府及其有关部门可以联合制定应对区域性、流域性突发事件的联合应急预案，侧重明确地方人民政府及其部门间信息通报、组织指挥体系对接、处置措施衔接、应急资源保障等内容。

第十四条　国家有关部门和超大特大城市人民政府可以结合行业（地区）风险评估实际，制定巨灾应急预案，统筹本部门（行业、领域）、本地区巨灾应对工作。

第十五条　乡镇（街道）应急预案重点规范乡镇（街道）层面应对行动，侧重明确突发事件的预警信息传播、任务分工、处置措施、信息收集报告、现场管理、人员疏散与安置等内容。

村（社区）应急预案侧重明确风险点位、应急响应责任人、预警信息传播与响应、人员转移避险、应急处置措施、应急资源调用等内容。

乡镇（街道）、村（社区）应急预案的形式、要素和内容等，可结合实际灵活确定，力求简明实用，突出人员转移避险，体现先期处置特点。

第十六条　单位应急预案侧重明确应急响应责任人、风险隐患监测、主要任务、信息报告、预警和应急响应、应急处置措施、人员疏散转移、应急资源调用等内容。

大型企业集团可根据相关标准规范和实际工作需要，建立本集团应急预案体系。

安全风险单一、危险性小的生产经营单位，可结合实际简化应急预案要素和内容。

第十七条　应急预案涉及的有关部门、单位等可以结合实际编制应急工作手册，内容一般包括应急响应措施、处置工作程序、应急救援队伍、物资装备、联络人员和电话等。

应急救援队伍、保障力量等应当结合实际情况，针对需要参与突发事件应对的具体任务编制行动方案，侧重明确应急响应、指挥协同、力量编成、行动设想、综合保障、其他有关措施等具体内容。

第三章　规划与编制

第十八条　国务院应急管理部门会同有关部门编制应急预案制修订工作计划，报国务院批准后实施。县级以上地方人民政府应急管理部门应当会同有关部门，针对本行政区域多发易发突发事件、主要风险等，编制本行政区域应急预案制修订工作计划，报本级人民政府批准后实施，并抄送上一级人民政府应急管理部门。

县级以上人民政府有关部门可以结合实际制定本部门（行业、领域）应急预案编制计划，并抄送同级应急管理部门。县级以上地方人民政府有关部门应急预案编制计划同时抄送上一级相应部门。

应急预案编制计划应当根据国民经济和社会发展规划、突发事件应对工作实际，适时予以调整。

第十九条　县级以上人民政府总体应急预案由本级人民政府应急管理部门组织编制，专项应急预案由本级人民政府相关类别突发事件应对牵头部门组织编制。县级以上人民政府部门应急预案、乡级人民政府、单位和基层组织等应急预案由有关制定单位组织编制。

第二十条　应急预案编制部门和单位根据需要组成应急预案编制工作小组，吸收有关部门和单位人员、有关专家及有应急处置工作经验的人员参加。编制工作小组组长由应急预案编制部门或单位有关负责人担任。

第二十一条　编制应急预案应当依据有关法律、法规、规章和标准，紧密结合实际，在开展风险评估、资源调查、案例分析的基础上进行。

风险评估主要是识别突发事件风险及其可能产生的后果和次生（衍生）灾害事件，评估可能造成的危害程度和影响范围等。

资源调查主要是全面调查本地区、本单位应对突发事件可用的应急救援队伍、物资装备、场所和通过改造可以利用的应急资源状况，合作区域内可以请求援助的应急资源状况，重要基础设施容灾保障及备用状况，以及可以通过潜力转换提供应急资源的状况，为制定应急响应措施提供依据。必要时，也可根据突发事件应对需要，对本地区相关单位和居民所掌握的应急资源情况进行调查。

案例分析主要是对典型突发事件的发生演化规律、造成的后果和处置救援等情况进行复盘研究，必要时构建突发事件情景，总结经验教训，明确应对流程、职责任务和应对措施，为制定应急预案提供参考借鉴。

第二十二条　政府及其有关部门在应急预案编制过程中，应当广泛听取意见，组织专家论证，做好与相关应急预案及国防动员实施预案的衔接。涉及其他单位职责的，应当书面征求意见。必要时，向社会公开征求意见。

单位和基层组织在应急预案编制过程中，应根据法律法规要求或实际需要，征求相关公民、法人或其他组织的意见。

第四章　审批、发布、备案

第二十三条　应急预案编制工作小组或牵头单位应当将应急预案送审

稿、征求意见情况、编制说明等有关材料报送应急预案审批单位。因保密等原因需要发布应急预案简本的，应当将应急预案简本一并报送审批。

第二十四条　应急预案审核内容主要包括：

（一）预案是否符合有关法律、法规、规章和标准等规定；

（二）预案是否符合上位预案要求并与有关预案有效衔接；

（三）框架结构是否清晰合理，主体内容是否完备；

（四）组织指挥体系与责任分工是否合理明确，应急响应级别设计是否合理，应对措施是否具体简明、管用可行；

（五）各方面意见是否一致；

（六）其他需要审核的内容。

第二十五条　国家总体应急预案按程序报党中央、国务院审批，以党中央、国务院名义印发。专项应急预案由预案编制牵头部门送应急管理部衔接协调后，报国务院审批，以国务院办公厅或者有关应急指挥机构名义印发。部门应急预案由部门会议审议决定、以部门名义印发，涉及其他部门职责的可与有关部门联合印发；必要时，可以由国务院办公厅转发。

地方各级人民政府总体应急预案按程序报本级党委和政府审批，以本级党委和政府名义印发。专项应急预案按程序送本级应急管理部门衔接协调，报本级人民政府审批，以本级人民政府办公厅（室）或者有关应急指挥机构名义印发。部门应急预案审批印发程序按照本级人民政府和上级有关部门的应急预案管理规定执行。

重大活动保障应急预案、巨灾应急预案由本级人民政府或其部门审批，跨行政区域联合应急预案审批由相关人民政府或其授权的部门协商确定，并参照专项应急预案或部门应急预案管理。

单位和基层组织应急预案须经本单位或基层组织主要负责人签发，以本单位或基层组织名义印发，审批方式根据所在地人民政府及有关行业管理部门规定和实际情况确定。

第二十六条　应急预案审批单位应当在应急预案印发后的 20 个工作日内，将应急预案正式印发文本（含电子文本）及编制说明，依照下列规定向有关单位备案并抄送有关部门：

（一）县级以上地方人民政府总体应急预案报上一级人民政府备案，径送上一级人民政府应急管理部门，同时抄送上一级人民政府有关部门；

（二）县级以上地方人民政府专项应急预案报上一级人民政府相应牵头部门备案，同时抄送上一级人民政府应急管理部门和有关部门；

（三）部门应急预案报本级人民政府备案，径送本级应急管理部门，同时抄送本级有关部门；

（四）联合应急预案按所涉及区域，依据专项应急预案或部门应急预案有关规定备案，同时抄送本地区上一级或共同上一级人民政府应急管理部门和有关部门；

（五）涉及需要与所在地人民政府联合应急处置的中央单位应急预案，应当报所在地县级人民政府备案，同时抄送本级应急管理部门和突发事件应对牵头部门；

（六）乡镇（街道）应急预案报上一级人民政府备案，径送上一级人民政府应急管理部门，同时抄送上一级人民政府有关部门。村（社区）应急预案报乡镇（街道）备案；

（七）中央企业集团总体应急预案报应急管理部备案，抄送企业主管机构、行业主管部门、监管部门；有关专项应急预案向国家突发事件应对牵头部门备案，抄送应急管理部、企业主管机构、行业主管部门、监管部门等有关单位。中央企业集团所属单位、权属企业的总体应急预案按管理权限报所在地人民政府应急管理部门备案，抄送企业主管机构、行业主管部门、监管部门；专项应急预案按管理权限报所在地行业监管部门备案，抄送应急管理部门和有关企业主管机构、行业主管部门。

第二十七条 国务院履行应急预案备案管理职责的部门和省级人民政府应当建立应急预案备案管理制度。县级以上地方人民政府有关部门落实有关规定，指导、督促有关单位做好应急预案备案工作。

第二十八条 政府及其部门应急预案应当在正式印发后20个工作日内向社会公开。单位和基层组织应急预案应当在正式印发后20个工作日内向本单位以及可能受影响的其他单位和地区公开。

第五章 培训、宣传、演练

第二十九条 应急预案发布后，其编制单位应做好组织实施和解读工作，并跟踪应急预案落实情况，了解有关方面和社会公众的意见建议。

第三十条 应急预案编制单位应当通过编发培训材料、举办培训班、开展工作研讨等方式，对与应急预案实施密切相关的管理人员、专业救援人员等进行培训。

各级人民政府及其有关部门应将应急预案培训作为有关业务培训的重要内容，纳入领导干部、公务员等日常培训内容。

第三十一条 对需要公众广泛参与的非涉密的应急预案，编制单位应当充分利用互联网、广播、电视、报刊等多种媒体广泛宣传，制作通俗易懂、好记管用的宣传普及材料，向公众免费发放。

第三十二条 应急预案编制单位应当建立应急预案演练制度，通过采取形式多样的方式方法，对应急预案所涉及的单位、人员、装备、设施等组织演练。通过演练发现问题、解决问题，进一步修改完善应急预案。

专项应急预案、部门应急预案每 3 年至少进行一次演练。

地震、台风、风暴潮、洪涝、山洪、滑坡、泥石流、森林草原火灾等自然灾害易发区域所在地人民政府，重要基础设施和城市供水、供电、供气、供油、供热等生命线工程经营管理单位，矿山、金属冶炼、建筑施工单位和易燃易爆物品、化学品、放射性物品等危险物品生产、经营、使用、储存、运输、废弃处置单位，公共交通工具、公共场所和医院、学校等人员密集场所的经营单位或者管理单位等，应当有针对性地组织开展应急预案演练。

第三十三条 应急预案演练组织单位应当加强演练评估，主要内容包括：演练的执行情况，应急预案的实用性和可操作性，指挥协调和应急联动机制运行情况，应急人员的处置情况，演练所用设备装备的适用性，对完善应急预案、应急准备、应急机制、应急措施等方面的意见和建议等。

各地区各有关部门加强对本行政区域、本部门（行业、领域）应急预案演练的评估指导。根据需要，应急管理部门会同有关部门组织对下级人民政府及其有关部门组织的应急预案演练情况进行评估指导。

鼓励委托第三方专业机构进行应急预案演练评估。

第六章 评估与修订

第三十四条 应急预案编制单位应当建立应急预案定期评估制度，分析应急预案内容的针对性、实用性和可操作性等，实现应急预案的动态优化和科学规范管理。

县级以上地方人民政府及其有关部门应急预案原则上每 3 年评估一次。应急预案的评估工作，可以委托第三方专业机构组织实施。

第三十五条 有下列情形之一的，应当及时修订应急预案：

（一）有关法律、法规、规章、标准、上位预案中的有关规定发生重大变化的；

（二）应急指挥机构及其职责发生重大调整的；

（三）面临的风险发生重大变化的；

（四）重要应急资源发生重大变化的；

（五）在突发事件实际应对和应急演练中发现问题需要作出重大调整的；

（六）应急预案制定单位认为应当修订的其他情况。

第三十六条 应急预案修订涉及组织指挥体系与职责、应急处置程序、主要处置措施、突发事件分级标准等重要内容的，修订工作应参照本办法规定的应急预案编制、审批、备案、发布程序组织进行。仅涉及其他内容的，修订程序可根据情况适当简化。

第三十七条 各级人民政府及其部门、企事业单位、社会组织、公民等，可以向有关应急预案编制单位提出修订建议。

第七章 保障措施

第三十八条 各级人民政府及其有关部门、各有关单位要指定专门机构和人员负责相关具体工作，将应急预案规划、编制、审批、发布、备案、培训、宣传、演练、评估、修订等所需经费纳入预算统筹安排。

第三十九条　国务院有关部门应加强对本部门（行业、领域）应急预案管理工作的指导和监督，并根据需要编写应急预案编制指南。县级以上地方人民政府及其有关部门应对本行政区域、本部门（行业、领域）应急预案管理工作加强指导和监督。

第八章　附　　则

第四十条　国务院有关部门、地方各级人民政府及其有关部门、大型企业集团等可根据实际情况，制定相关应急预案管理实施办法。

第四十一条　法律、法规、规章另有规定的从其规定，确需保密的应急预案按有关规定执行。

第四十二条　本办法由国务院应急管理部门负责解释。

第四十三条　本办法自印发之日起施行。

《中华人民共和国突发事件应对法》新旧对照表

(左栏阴影部分为删去内容,右栏黑体字部分为修改内容)

修订前	修订后
目　　录 第一章　总　　则 第二章　预防与应急准备 第三章　监测与预警 第四章　应急处置与救援 第五章　事后恢复与重建 第六章　法律责任 第七章　附　　则	目　　录 第一章　总　　则 **第二章　管理与指挥体制** 第三章　预防与应急准备 第四章　监测与预警 第五章　应急处置与救援 第六章　事后恢复与重建 第七章　法律责任 第八章　附　　则
第一章　总　则	第一章　总　则
第一条　为了预防和减少突发事件的发生,控制、减轻和消除突发事件引起的严重社会危害,规范突发事件应对活动,保护人民生命财产安全,维护国家安全、公共安全、环境安全和社会秩序,制定本法。	第一条　为了预防和减少突发事件的发生,控制、减轻和消除突发事件引起的严重社会危害,**提高突发事件预防和应对能力**,规范突发事件应对活动,保护人民生命财产安全,维护国家安全、公共安全、**生态**环境安全和社会秩序,**根据宪法**,制定本法。
第三条第一款　本法所称突发事件,是指突然发生,造成或者可能造成严重社会危害,需要采取应急处置措施予以应对的自然灾害、事故灾难、公共卫生事件和社会安全事件。 　　第二条　突发事件的预防与应急准备、监测与预警、应急处置与救援、事后恢复与重建等应对活动,适用本法。	第二条　本法所称突发事件,是指突然发生,造成或者可能造成严重社会危害,需要采取应急处置措施予以应对的自然灾害、事故灾难、公共卫生事件和社会安全事件。 　　突发事件的预防与应急准备、监测与预警、应急处置与救援、事后恢复与重建等应对活动,适用本法。

修订前	修订后
	《中华人民共和国传染病防治法》等有关法律对突发公共卫生事件应对作出规定的，适用其规定。有关法律没有规定的，适用本法。
第三条第二款、第三款　按照社会危害程度、影响范围等因素，自然灾害、事故灾难、公共卫生事件分为特别重大、重大、较大和一般四级。法律、行政法规或者国务院另有规定的，从其规定。 突发事件的分级标准由国务院或者国务院确定的部门制定。	第三条　按照社会危害程度、影响范围等因素，**突发**自然灾害、事故灾难、公共卫生事件分为特别重大、重大、较大和一般四级。法律、行政法规或者国务院另有规定的，从其规定。 突发事件的分级标准由国务院或者国务院确定的部门制定。
	第四条　突发事件应对工作坚持中国共产党的领导，坚持以马克思列宁主义、毛泽东思想、邓小平理论、"三个代表"重要思想、科学发展观、习近平新时代中国特色社会主义思想为指导，建立健全集中统一、高效权威的中国特色突发事件应对工作领导体制，完善党委领导、政府负责、部门联动、军地联合、社会协同、公众参与、科技支撑、法治保障的治理体系。
第五条　突发事件应对工作**实行预防为主、预防与应急相结合的原则。国家建立重大突发事件风险评估体系，对可能发生的突发事件进行综合性评估，减少重大突发事件的发生，最大限度地减轻重大突发事件的影响。**	第五条　突发事件应对工作**应当坚持总体国家安全观，统筹发展与安全；坚持人民至上、生命至上；坚持依法科学应对，尊重和保障人权；坚持**预防为主、预防与应急相结合。
第六条　国家建立有效的社会动员机制，增强全民的公共安全和防范风险的意识，提高全社会的避险救助能力。	第六条　国家建立有效的社会动员机制，**组织动员企业事业单位、社会组织、志愿者等各方力量依法有序参与突发事件应对工作**，增强全民的公共安全和防范风险的意识，提高全社会的避险救助能力。

修订前	修订后
第十条　有关人民政府及其部门作出的应对突发事件的决定、命令，应当及时公布。 第五十三条　履行统一领导职责或者组织处置突发事件的人民政府，应当按照有关规定统一、准确、及时发布有关突发事件事态发展和应急处置工作的信息。 第五十四条　任何单位和个人不得编造、传播有关突发事件事态发展或者应急处置工作的虚假信息。	第七条　国家建立健全突发事件信息发布制度。有关人民政府和部门应当及时向社会公布突发事件相关信息和有关突发事件应对的决定、命令、措施等信息。 任何单位和个人不得编造、故意传播有关突发事件的虚假信息。有关人民政府和部门发现影响或者可能影响社会稳定、扰乱社会和经济管理秩序的虚假或者不完整信息的，应当及时发布准确的信息予以澄清。
第二十九条第三款　新闻媒体应当无偿开展突发事件预防与应急、自救与互救知识的公益宣传。	第八条　国家建立健全突发事件新闻采访报道制度。有关人民政府和部门应当做好新闻媒体服务引导工作，支持新闻媒体开展采访报道和舆论监督。 新闻媒体采访报道突发事件应当及时、准确、客观、公正。 新闻媒体应当开展突发事件应对法律法规、预防与应急、自救与互救知识等的公益宣传。
	第九条　国家建立突发事件应对工作投诉、举报制度，公布统一的投诉、举报方式。 对于不履行或者不正确履行突发事件应对工作职责的行为，任何单位和个人有权向有关人民政府和部门投诉、举报。 接到投诉、举报的人民政府和部门应当依照规定立即组织调查处理，并将调查处理结果以适当方式告知投诉人、举报人；投诉、举报事项不属于其职责的，应当及时移送有关机关处理。 有关人民政府和部门对投诉人、举报人的相关信息应当予以保密，保护投诉人、举报人的合法权益。

修订前	修订后
第十一条第一款　有关人民政府及其部门采取的应对突发事件的措施，应当与突发事件可能造成的社会危害的性质、程度和范围相适应；有多种措施可供选择的，应当选择有利于最大程度地保护公民、法人和其他组织权益的措施。	第十条　突发事件应对措施应当与突发事件可能造成的社会危害的性质、程度和范围相适应；有多种措施可供选择的，应当选择有利于最大程度地保护公民、法人和其他组织权益，且对他人权益损害和生态环境影响较小的措施，并根据情况变化及时调整，做到科学、精准、有效。
	第十一条　国家在突发事件应对工作中，应当对未成年人、老年人、残疾人、孕产期和哺乳期的妇女、需要及时就医的伤病人员等群体给予特殊、优先保护。
第十二条　有关人民政府及其部门为应对突发事件，可以征用单位和个人的财产。被征用的财产在使用完毕或者突发事件应急处置工作结束后，应当及时返还。财产被征用或者征用后毁损、灭失的，应当给予补偿。	第十二条　县级以上人民政府及其部门为应对突发事件的紧急需要，可以征用单位和个人的设备、设施、场地、交通工具等财产。被征用的财产在使用完毕或者突发事件应急处置工作结束后，应当及时返还。财产被征用或者征用后毁损、灭失的，应当给予公平、合理的补偿。
第十三条　因采取突发事件应对措施，诉讼、行政复议、仲裁活动不能正常进行的，适用有关时效中止和程序中止的规定，但法律另有规定的除外。	第十三条　因依法采取突发事件应对措施，致使诉讼、监察调查、行政复议、仲裁、国家赔偿等活动不能正常进行的，适用有关时效中止和程序中止的规定，法律另有规定的除外。
第十五条　中华人民共和国政府在突发事件的预防、监测与预警、应急处置与救援、事后恢复与重建等方面，同外国政府和有关国际组织开展合作与交流。	第十四条　中华人民共和国政府在突发事件的预防与应急准备、监测与预警、应急处置与救援、事后恢复与重建等方面，同外国政府和有关国际组织开展合作与交流。
	第十五条　对在突发事件应对工作中做出突出贡献的单位和个人，按照国家有关规定给予表彰、奖励。

修订前	修订后
	第二章　管理与指挥体制
第四条　国家建立统一**领导**、综合协调、分类管理、分级负责、属地管理为主的**应急管理体制**。	第十六条　国家建立统一**指挥、专常兼备、反应灵敏、上下联动**的应急管理体制和综合协调、分类管理、分级负责、属地管理为主的**工作体系**。
第七条　县级人民政府对本行政区域内突发事件的应对工作负责；涉及两个以上行政区域的，由有关行政区域共同的上一级人民政府负责，或者由各有关行政区域的上一级人民政府共同负责。 突发事件发生后，发生地县级人民政府应当立即采取措施控制事态发展，组织开展应急救援和处置工作，并立即向上一级人民政府报告，必要时可以越级上报。 突发事件发生地县级人民政府不能消除或者不能有效控制突发事件引起的严重社会危害的，应当及时向上级人民政府报告。上级人民政府应当及时采取措施，统一领导应急处置工作。 法律、行政法规规定由国务院有关部门对突发事件的应对工作负责的，从其规定；地方人民政府应当积极配合并提供必要的支持。	第十七条　县级人民政府对本行政区域内突发事件的应对**管理**工作负责。突发事件发生后，发生地县级人民政府应当立即采取措施控制事态发展，组织开展应急救援和处置工作，并立即向上一级人民政府报告，必要时可以越级上报，**具备条件的，应当进行网络直报或者自动速报**。 突发事件发生地县级人民政府不能消除或者不能有效控制突发事件引起的严重社会危害的，应当及时向上级人民政府报告。上级人民政府应当及时采取措施，统一领导应急处置工作。 法律、行政法规规定由国务院有关部门对突发事件应对**管理**工作负责的，从其规定；地方人民政府应当积极配合并提供必要的支持。
	第十八条　**突发事件**涉及两个以上行政区域的，**其应对管理工作**由有关行政区域共同的上一级人民政府负责，或者由各有关行政区域的上一级人民政府共同负责。**共同负责的人民政府应当按照国家有关规定，建立信息共享和协调配合机制。根据共同应对突发事件的需要，地方人民政府之间可以建立协同应对机制。**
第九条　国务院和县级以上地方各级人民政府是突发事件应对工作的行政领导机关，其办事机构及具体职责由国务院规定。 第八条第一款、第二款　国务院在总理领导下研究、决定和部署特别重大突发	第十九条　县级以上人民政府是突发事件应对**管理**工作的行政领导机关。 国务院在总理领导下研究、决定和部署特别重大突发事件的应对工作；根据实际需要，设立国家突发事件应急指挥机构，负责突发事件应对工作；必要时，国

修订前	修订后
事件的应对工作；根据实际需要，设立国家突发事件应急指挥机构，负责突发事件应对工作；必要时，国务院可以派出工作组指导有关工作。 　　县级以上地方各级人民政府设立由本级人民政府主要负责人、相关部门负责人、驻当地中国人民解放军**和**中国人民武装警察部队有关负责人组成的突发事件应急指挥机构，统一领导、协调本级人民政府各有关部门和下级人民政府开展突发事件应对工作；根据实际需要，设立相关类别突发事件应急指挥机构，组织、协调、指挥突发事件应对工作。	务院可以派出工作组指导有关工作。 　　县级以上地方人民政府设立由本级人民政府主要负责人、相关部门负责人、**国家综合性消防救援队伍**和驻当地中国人民解放军、中国人民武装警察部队有关负责人等组成的突发事件应急指挥机构，统一领导、协调本级人民政府各有关部门和下级人民政府开展突发事件应对工作；根据实际需要，设立相关类别突发事件应急指挥机构，组织、协调、指挥突发事件应对工作。
	第二十条　突发事件应急指挥机构在突发事件应对过程中可以依法发布有关突发事件应对的决定、命令、措施。突发事件应急指挥机构发布的决定、命令、措施与设立它的人民政府发布的决定、命令、措施具有同等效力，法律责任由设立它的人民政府承担。
第八条第三款　**上级人民政府主管部**门应当在各自职责范围内，指导、协助下级人民政府及其相应部门做好有关突发事件的应对工作。	**第二十一条**　县级以上人民政府应急管理部门和卫生健康、公安等有关部门应当在各自职责范围内**做好有关突发事件应对管理工作**，并指导、协助下级人民政府及其相应部门做好有关突发事件的应对**管理**工作。
	第二十二条　乡级人民政府、街道办事处应当明确专门工作力量，负责突发事件应对有关工作。 　　居民委员会、村民委员会依法协助人民政府和有关部门做好突发事件应对工作。
第十一条第二款　公民、法人和其他组织有义务参与突发事件应对工作。	**第二十三条**　公民、法人和其他组织有义务参与突发事件应对工作。

修订前	修订后
第十四条 中国人民解放军、中国人民武装警察部队和民兵组织依照本法和其他有关法律、行政法规、军事法规的规定以及国务院、中央军事委员会的命令，参加突发事件的应急救援和处置工作。	**第二十四条** 中国人民解放军、中国人民武装警察部队和民兵组织依照本法和其他有关法律、行政法规、军事法规的规定以及国务院、中央军事委员会的命令，参加突发事件的应急救援和处置工作。
第十六条 县级以上人民政府作出应对突发事件的决定、命令，应当报本级人民代表大会常务委员会备案；突发事件应急处置工作结束后，应当向本级人民代表大会常务委员会作出专项工作报告。	**第二十五条** 县级以上人民政府及其设立的突发事件应急指挥机构发布的有关突发事件应对的决定、命令、措施，应当及时报本级人民代表大会常务委员会备案；突发事件应急处置工作结束后，应当向本级人民代表大会常务委员会作出专项工作报告。
第二章 预防与应急准备	第三章 预防与应急准备
第十七条第一款、第二款、第三款 国家建立健全突发事件应急预案体系。 国务院制定国家突发事件总体应急预案，组织制定国家突发事件专项应急预案；国务院有关部门根据各自的职责和国务院相关应急预案，制定国家突发事件部门应急预案。 地方各级人民政府和县级以上地方各级人民政府有关部门根据有关法律、法规、规章、上级人民政府及其有关部门的应急预案以及本地区的实际情况，制定相应的突发事件应急预案。	**第二十六条** 国家建立健全突发事件应急预案体系。 国务院制定国家突发事件总体应急预案，组织制定国家突发事件专项应急预案；国务院有关部门根据各自的职责和国务院相关应急预案，制定国家突发事件部门应急预案并报国务院备案。 地方各级人民政府和县级以上地方人民政府有关部门根据有关法律、法规、规章、上级人民政府及其有关部门的应急预案以及本地区、**本部门**的实际情况，制定相应的突发事件应急预案并按国务院有关规定备案。
第十七条第四款 应急预案制定机关应当根据实际需要和情势变化，适时修订应急预案。应急预案的制定、修订程序由国务院规定。	**第二十七条** 县级以上人民政府应急管理部门指导突发事件应急预案体系建设，综合协调应急预案衔接工作，增强有关应急预案的衔接性和实效性。

修订前	修订后
第十八条　应急预案应当根据本法和其他有关法律、法规的规定，针对突发事件的性质、特点和可能造成的社会危害，具体规定突发事件应急管理工作的组织指挥体系与职责和突发事件的预防与预警机制、处置程序、应急保障措施以及事后恢复与重建措施等内容。	第二十八条　应急预案应当根据本法和其他有关法律、法规的规定，针对突发事件的性质、特点和可能造成的社会危害，具体规定突发事件应对管理工作的组织指挥体系与职责和突发事件的预防与预警机制、处置程序、应急保障措施以及事后恢复与重建措施等内容。 应急预案制定机关应当广泛听取有关部门、单位、专家和社会各方面意见，增强应急预案的针对性和可操作性，并根据实际需要、情势变化、应急演练中发现的问题等及时对应急预案作出修订。 应急预案的制定、修订、备案等工作程序和管理办法由国务院规定。
	第二十九条　县级以上人民政府应当将突发事件应对工作纳入国民经济和社会发展规划。县级以上人民政府有关部门应当制定突发事件应急体系建设规划。
第十九条　城乡规划应当符合预防、处置突发事件的需要，统筹安排应对突发事件所必需的设备和基础设施建设，合理确定应急避难场所。	第三十条　国土空间规划等规划应符合预防、处置突发事件的需要，统筹安排突发事件应对工作所必需的设备和基础设施建设，合理确定应急避难、封闭隔离、紧急医疗救治等场所，实现日常使用和应急使用的相互转换。
	第三十一条　国务院应急管理部门会同卫生健康、自然资源、住房城乡建设等部门统筹、指导全国应急避难场所的建设和管理工作，建立健全应急避难场所标准体系。县级以上地方人民政府负责本行政区域内应急避难场所的规划、建设和管理工作。
第五条　突发事件应对工作实行预防为主、预防与应急相结合的原则。国家建立重大突发事件风险评估体系，对可能发生的突发事件进行综合性评估，减少重大突发事件的发生，最大限度地减轻重大突发事件的影响。	第三十二条　国家建立健全突发事件风险评估体系，对可能发生的突发事件进行综合性评估，有针对性地采取有效防范措施，减少突发事件的发生，最大限度减轻突发事件的影响。

修订前	修订后
第二十条 县级人民政府应当对本行政区域内容易引发自然灾害、事故灾难和公共卫生事件的危险源、危险区域进行调查、登记、风险评估，定期进行检查、监控，并责令有关单位采取安全防范措施。 省级和设区的市级人民政府应当对本行政区域内容易引发特别重大、重大突发事件的危险源、危险区域进行调查、登记、风险评估，组织进行检查、监控，并责令有关单位采取安全防范措施。 县级以上地方各级人民政府按照本法规定登记的危险源、危险区域，应当按照国家规定及时向社会公布。	第三十三条 县级人民政府应当对本行政区域内容易引发自然灾害、事故灾难和公共卫生事件的危险源、危险区域进行调查、登记、风险评估，定期进行检查、监控，并责令有关单位采取安全防范措施。 省级和设区的市级人民政府应当对本行政区域内容易引发特别重大、重大突发事件的危险源、危险区域进行调查、登记、风险评估，组织进行检查、监控，并责令有关单位采取安全防范措施。 县级以上地方人民政府应当根据情况变化，及时调整危险源、危险区域的登记。登记的危险源、危险区域及其基础信息，应当按照国家有关规定接入突发事件信息系统，并及时向社会公布。
第二十一条 县级人民政府及其有关部门、乡级人民政府、街道办事处、居民委员会、村民委员会应当及时调解处理可能引发社会安全事件的矛盾纠纷。	第三十四条 县级人民政府及其有关部门、乡级人民政府、街道办事处、居民委员会、村民委员会应当及时调解处理可能引发社会安全事件的矛盾纠纷。
第二十二条 所有单位应当建立健全安全管理制度，定期检查本单位各项安全防范措施的落实情况，及时消除事故隐患；掌握并及时处理本单位存在的可能引发社会安全事件的问题，防止矛盾激化和事态扩大；对本单位可能发生的突发事件和采取安全防范措施的情况，应当按照规定及时向所在地人民政府或者人民政府有关部门报告。	第三十五条 所有单位应当建立健全安全管理制度，定期开展危险源辨识评估，制定安全防范措施；定期检查本单位各项安全防范措施的落实情况，及时消除事故隐患；掌握并及时处理本单位存在的可能引发社会安全事件的问题，防止矛盾激化和事态扩大；对本单位可能发生的突发事件和采取安全防范措施的情况，应当按照规定及时向所在地人民政府或者有关部门报告。
第二十三条 矿山、建筑施工单位和易燃易爆物品、危险化学品、放射性物品等危险物品的生产、经营、储运、使用单位，应当制定具体应急预案，并对生产经营场所、有危险物品的建筑物、构筑物及周边环境开展隐患排查，及时采取措施消除隐患，防止发生突发事件。	第三十六条 矿山、金属冶炼、建筑施工单位和易燃易爆物品、危险化学品、放射性物品等危险物品的生产、经营、运输、储存、使用单位，应当制定具体应急预案，配备必要的应急救援器材、设备和物资，并对生产经营场所、有危险物品的建筑物、构筑物及周边环境开展隐患排查，

修订前	修订后
	及时采取措施**管控风险和消除隐患**，防止发生突发事件。
第二十四条　公共交通工具、公共场所和其他人员密集场所的经营单位或者管理单位应当制定具体应急预案，为交通工具和有关场所配备报警装置和必要的应急救援设备、设施，注明其使用方法，并显著标明安全撤离的通道、路线，保证安全通道、出口的畅通。 　　有关单位应当定期检测、维护其报警装置和应急救援设备、设施，使其处于良好状态，确保正常使用。	第三十七条　公共交通工具、公共场所和其他人员密集场所的经营单位或者管理单位应当制定具体应急预案，为交通工具和有关场所配备报警装置和必要的应急救援设备、设施，注明其使用方法，并显著标明安全撤离的通道、路线，保证安全通道、出口的畅通。 　　有关单位应当定期检测、维护其报警装置和应急救援设备、设施，使其处于良好状态，确保正常使用。
第二十五条　县级以上人民政府应当建立健全突发事件应急管理培训制度，对人民政府及其有关部门负有**处置**突发事件职责的工作人员定期进行培训。	第三十八条　县级以上人民政府应当建立健全突发事件应对管理培训制度，对人民政府及其有关部门负有突发事件**应对管理**职责的工作人员**以及居民委员会、村民委员会有关人员**定期进行培训。
第二十六条　县级以上**人民政府应当整合应急资源，建立或者确定综合性应急救援队伍。**人民政府有关部门可以根据实际需要设立专业应急救援队伍。 　　县级以上人民政府及其有关部门可以建立由成年志愿者组成的应急救援队伍。单位应当建立由本单位职工组成的专职或者兼职应急救援队伍。 　　县级以上人民政府应当**加强**专业应急救援队伍与非专业应急救援队伍**的合作**，联合培训、联合演练，提高合成应急、协同应急的能力。	第三十九条　国家综合性消防救援队伍是应急救援的综合性常备骨干力量，按照国家有关规定执行综合应急救援任务。县级以上人民政府有关部门可以根据实际需要设立专业应急救援队伍。 　　县级以上人民政府及其有关部门可以建立由成年志愿者组成的应急救援队伍。**乡级人民政府、街道办事处和有条件的居民委员会、村民委员会可以建立基层应急救援队伍，及时、就近开展应急救援。**单位应当建立由本单位职工组成的专职或者兼职应急救援队伍。 　　**国家鼓励和支持社会力量建立提供社会化应急救援服务的应急救援队伍。社会力量建立的应急救援队伍参与突发事件应对工作应当服从履行统一领导职责或者组织处置突发事件的人民政府、突发事件应急指挥机构的统一指挥。**

修订前	修订后
	县级以上人民政府应当**推动**专业应急救援队伍与非专业应急救援队伍联合培训、联合演练，提高合成应急、协同应急的能力。
第二十七条　国务院有关部门、县级以上**地方**各级人民政府**及其**有关部门、有关单位应当为**专业**应急救援**人员**购买人身意外伤害保险，配备必要的防护装备和器材，减少应急救援人员的人身风险。	第四十条　地方各级人民政府、县级以上人民政府有关部门、有关单位应当为**其组建的**应急救援队伍购买人身意外伤害保险，配备必要的防护装备和器材，**防范和**减少应急救援人员的人身**伤害**风险。 **专业应急救援人员应当具备相应的身体条件、专业技能和心理素质，取得国家规定的应急救援职业资格，具体办法由国务院应急管理部门会同国务院有关部门制定。**
第二十八条　中国人民解放军、中国人民武装警察部队和民兵组织应当有计划地组织开展应急救援的专门训练。	第四十一条　中国人民解放军、中国人民武装警察部队和民兵组织应当有计划地组织开展应急救援的专门训练。
第二十九条第一款、第二款　县级人民政府及其有关部门、乡级人民政府、街道办事处应当组织开展应急知识**的**宣传普及活动和必要的应急演练。 居民委员会、村民委员会、企业事业单位应当根据所在地人民政府的要求，结合各自的实际情况，开展**有关突发事件**应急知识**的**宣传普及活动和必要的应急演练。	第四十二条　县级人民政府及其有关部门、乡级人民政府、街道办事处应当组织开展**面向社会公众的**应急知识宣传普及活动和必要的应急演练。 居民委员会、村民委员会、企业事业单位、**社会组织**应当根据所在地人民政府的要求，结合各自的实际情况，开展**面向居民、村民、职工等的**应急知识宣传普及活动和必要的应急演练。
第三十条　各级各类学校应当把应急知识教育纳入教学**内容**，对学生**进行**应急知识教育，培养学生**的安全**意识和自救与互救能力。 教育主管部门应当对学校开展应急**知识**教育进行指导和监督。	第四十三条　各级各类学校应当把应急教育纳入**教育教学计划**，对学生**及教职工**开展应急知识教育**和应急演练**，培养安全意识，**提高**自救与互救能力。 教育主管部门应当对学校开展应急教育进行指导和监督，**应急管理等部门应当给予支持。**

修订前	修订后
第三十一条　国务院和县级以上地方各级人民政府应当采取财政措施，保障突发事件应对工作所需经费。	第四十四条　各级人民政府应当将突发事件应对工作所需经费纳入本级预算，并加强资金管理，提高资金使用绩效。
第三十二条第一款　国家建立健全应急物资储备保障制度，完善重要应急物资的监管、生产、储备、调拨和紧急配送体系。	第四十五条　国家按照集中管理、统一调拨、平时服务、灾时应急、采储结合、节约高效的原则，建立健全应急物资储备保障制度，动态更新应急物资储备品种目录，完善重要应急物资的监管、生产、采购、储备、调拨和紧急配送体系，促进安全应急产业发展，优化产业布局。 国家储备物资品种目录、总体发展规划，由国务院发展改革部门会同国务院有关部门拟订。国务院应急管理等部门依据职责制定应急物资储备规划、品种目录，并组织实施。应急物资储备规划应当纳入国家储备总体发展规划。
第三十二条第二款、第三款　设区的市级以上人民政府和突发事件易发、多发地区的县级人民政府应当建立应急救援物资、生活必需品和应急处置装备的储备制度。 县级以上地方各级人民政府应当根据本地区的实际情况，与有关企业签订协议，保障应急救援物资、生活必需品和应急处置装备的生产、供给。	第四十六条　设区的市级以上人民政府和突发事件易发、多发地区的县级人民政府应当建立应急救援物资、生活必需品和应急处置装备的储备保障制度。 县级以上地方人民政府应当根据本地区的实际情况和突发事件应对工作的需要，依法与有条件的企业签订协议，保障应急救援物资、生活必需品和应急处置装备的生产、供给。有关企业应当根据协议，按照县级以上地方人民政府要求，进行应急救援物资、生活必需品和应急处置装备的生产、供给，并确保符合国家有关产品质量的标准和要求。 国家鼓励公民、法人和其他组织储备基本的应急自救物资和生活必需品。有关部门可以向社会公布相关物资、物品的储备指南和建议清单。

修订前	修订后
	第四十七条 国家建立健全应急运输保障体系，统筹铁路、公路、水运、民航、邮政、快递等运输和服务方式，制定应急运输保障方案，保障应急物资、装备和人员及时运输。 县级以上地方人民政府和有关主管部门应当根据国家应急运输保障方案，结合本地区实际做好应急调度和运力保障，确保运输通道和客货运枢纽畅通。 国家发挥社会力量在应急运输保障中的积极作用。社会力量参与突发事件应急运输保障，应当服从突发事件应急指挥机构的统一指挥。
	第四十八条 国家建立健全能源应急保障体系，提高能源安全保障能力，确保受突发事件影响地区的能源供应。
第三十三条 国家建立健全应急通信保障体系，完善公用通信网，建立有线与无线相结合、基础电信网络与机动通信系统相配套的应急通信系统，确保突发事件应对工作的通信畅通。	第四十九条 国家建立健全应急通信、应急广播保障体系，加强应急通信系统、应急广播系统建设，确保突发事件应对工作的通信、广播安全畅通。
	第五十条 国家建立健全突发事件卫生应急体系，组织开展突发事件中的医疗救治、卫生学调查处置和心理援助等卫生应急工作，有效控制和消除危害。
	第五十一条 县级以上人民政府应当加强急救医疗服务网络的建设，配备相应的医疗救治物资、设施设备和人员，提高医疗卫生机构应对各类突发事件的救治能力。
第三十四条 国家鼓励公民、法人和其他组织为人民政府应对突发事件工作提供物资、资金、技术支持和捐赠。	第五十二条 国家鼓励公民、法人和其他组织为突发事件应对工作提供物资、资金、技术支持和捐赠。 接受捐赠的单位应当及时公开接受捐赠的情况和受赠财产的使用、管理情况，接受社会监督。

修订前	修订后
	第五十三条　红十字会在突发事件中，应当对伤病人员和其他受害者提供紧急救援和人道救助，并协助人民政府开展与其职责相关的其他人道主义服务活动。有关人民政府应当给予红十字会支持和资助，保障其依法参与应对突发事件。 　　慈善组织在发生重大突发事件时开展募捐和救助活动，应当在有关人民政府的统筹协调、有序引导下依法进行。有关人民政府应当通过提供必要的需求信息、政府购买服务等方式，对慈善组织参与应对突发事件、开展应急慈善活动予以支持。
	第五十四条　有关单位应当加强应急救援资金、物资的管理，提高使用效率。 　　任何单位和个人不得截留、挪用、私分或者变相私分应急救援资金、物资。
第三十五条　国家发展保险事业，建立国家财政支持的巨灾风险保险体系，并鼓励单位和公民参加保险。	第五十五条　国家发展保险事业，建立政府支持、社会力量参与、市场化运作的巨灾风险保险体系，并鼓励单位和个人参加保险。
第三十六条　国家鼓励、扶持具备相应条件的教学科研机构培养应急管理专门人才，鼓励、扶持教学科研机构和有关企业研究开发用于突发事件预防、监测、预警、应急处置与救援的新技术、新设备和新工具。	第五十六条　国家加强应急管理基础科学、重点行业领域关键核心技术的研究，加强互联网、云计算、大数据、人工智能等现代技术手段在突发事件应对工作中的应用，鼓励、扶持有条件的教学科研机构、企业培养应急管理人才和科技人才，研发、推广新技术、新材料、新设备和新工具，提高突发事件应对能力。
	第五十七条　县级以上人民政府及其有关部门应当建立健全突发事件专家咨询论证制度，发挥专业人员在突发事件应对工作中的作用。

修订前	修订后
第三章　监测与预警	第四章　监测与预警
第四十一条　国家建立健全突发事件监测制度。 　　县级以上人民政府及其有关部门应当根据自然灾害、事故灾难和公共卫生事件的种类和特点，建立健全基础信息数据库，完善监测网络，划分监测区域，确定监测点，明确监测项目，提供必要的设备、设施，配备专职或者兼职人员，对可能发生的突发事件进行监测。	**第五十八条**　国家建立健全突发事件监测制度。 　　县级以上人民政府及其有关部门应当根据自然灾害、事故灾难和公共卫生事件的种类和特点，建立健全基础信息数据库，完善监测网络，划分监测区域，确定监测点，明确监测项目，提供必要的设备、设施，配备专职或者兼职人员，对可能发生的突发事件进行监测。
第三十七条　国务院建立全国统一的突发事件信息系统。 　　县级以上地方**各级**人民政府应当建立或者确定本地区统一的突发事件信息系统，汇集、储存、分析、传输有关突发事件的信息，并与上级人民政府及其有关部门、下级人民政府及其有关部门、专业机构**和**监测网点的突发事件信息系统实现互联互通，加强跨部门、跨地区的信息**交流**与情报合作。	**第五十九条**　国务院建立全国统一的突发事件信息系统。 　　县级以上地方人民政府应当建立或者确定本地区统一的突发事件信息系统，汇集、储存、分析、传输有关突发事件的信息，并与上级人民政府及其有关部门、下级人民政府及其有关部门、专业机构、监测网点**和重点企业**的突发事件信息系统实现互联互通，加强跨部门、跨地区的信息**共享**与情报合作。
第三十八条　县级以上人民政府及其有关部门、专业机构应当通过多种途径收集突发事件信息。 　　县级人民政府应当在居民委员会、村民委员会和有关单位建立专职或者兼职信息报告员制度。 　　**获悉突发事件信息的**公民、法人或者其他组织，应当立即向所在地人民政府、有关主管部门或者指定的专业机构报告。	**第六十条**　县级以上人民政府及其有关部门、专业机构应当通过多种途径收集突发事件信息。 　　县级人民政府应当在居民委员会、村民委员会和有关单位建立专职或者兼职信息报告员制度。 　　公民、法人或者其他组织**发现发生突发事件，或者发现可能发生突发事件的异常情况**，应当立即向所在地人民政府、有关主管部门或者指定的专业机构报告。接到报告的单位应当按照规定立即核实处理，对于不属于其职责的，应当立即移送相关单位核实处理。

修订前	修订后
第三十九条 地方各级人民政府应当按照国家有关规定向上级人民政府报送突发事件信息。县级以上人民政府有关主管部门应当向本级人民政府相关部门通报突发事件信息。专业机构、监测网点和信息报告员应当及时向所在地人民政府及其有关主管部门报告突发事件信息。 有关单位和人员报送、报告突发事件信息，应当做到及时、客观、真实，不得迟报、谎报、瞒报、漏报。	第六十一条 地方各级人民政府应当按照国家有关规定向上级人民政府报送突发事件信息。县级以上人民政府有关主管部门应当向本级人民政府相关部门通报突发事件信息，**并报告上级人民政府主管部门**。专业机构、监测网点和信息报告员应当及时向所在地人民政府及其有关主管部门报告突发事件信息。 有关单位和人员报送、报告突发事件信息，应当做到及时、客观、真实，不得迟报、谎报、瞒报、漏报，**不得授意他人迟报、谎报、瞒报，不得阻碍他人报告**。
第四十条 县级以上地方**各级**人民政府应当及时汇总分析突发事件隐患和**预警**信息，必要时组织相关部门、专业技术人员、专家学者进行会商，对发生突发事件的可能性及其可能造成的影响进行评估；认为可能发生重大或者特别重大突发事件的，应当立即向上级人民政府报告，并向上级人民政府有关部门、当地驻军和可能受到危害的毗邻或者相关地区的人民政府通报。	第六十二条 县级以上地方人民政府应当及时汇总分析突发事件隐患和**监测**信息，必要时组织相关部门、专业技术人员、专家学者进行会商，对发生突发事件的可能性及其可能造成的影响进行评估；认为可能发生重大或者特别重大突发事件的，应当立即向上级人民政府报告，并向上级人民政府有关部门、当地驻军和可能受到危害的毗邻或者相关地区的人民政府通报，**及时采取预防措施**。
第四十二条 国家建立健全突发事件预警制度。 可以预警的自然灾害、事故灾难和公共卫生事件的预警级别，按照突发事件发生的紧急程度、发展势态和可能造成的危害程度分为一级、二级、三级和四级，分别用红色、橙色、黄色和蓝色标示，一级为最高级别。 预警级别的划分标准由国务院或者国务院确定的部门制定。	第六十三条 国家建立健全突发事件预警制度。 可以预警的自然灾害、事故灾难和公共卫生事件的预警级别，按照突发事件发生的紧急程度、发展势态和可能造成的危害程度分为一级、二级、三级和四级，分别用红色、橙色、黄色和蓝色标示，一级为最高级别。 预警级别的划分标准由国务院或者国务院确定的部门制定。
第四十三条 可以预警的自然灾害、事故灾难或者公共卫生事件即将发生或发生的可能性增大时，县级以上地方**各级**人民政府应当根据有关法律、行政法规和	第六十四条 可以预警的自然灾害、事故灾难或者公共卫生事件即将发生或发生的可能性增大时，县级以上地方人民政府应当根据有关法律、行政法规和国务

修订前	修订后
国务院规定的权限和程序，发布相应级别的警报，决定并宣布有关地区进入预警期，同时向上一级人民政府报告，必要时可以越级上报，**并**向当地驻军和可能受到危害的毗邻或者相关地区的人民政府通报。	院规定的权限和程序，发布相应级别的警报，决定并宣布有关地区进入预警期，同时向上一级人民政府报告，必要时可以越级上报；**具备条件的，应当进行网络直报或者自动速报**；同时向当地驻军和可能受到危害的毗邻或者相关地区的人民政府通报。 　　发布警报应当明确预警类别、级别、起始时间、可能影响的范围、警示事项、应当采取的措施、发布单位和发布时间等。
	第六十五条　国家建立健全突发事件预警发布平台，按照有关规定及时、准确向社会发布突发事件预警信息。 　　广播、电视、报刊以及网络服务提供者、电信运营商应当按照国家有关规定，建立突发事件预警信息快速发布通道，及时、准确、无偿播发或者刊载突发事件预警信息。 　　公共场所和其他人员密集场所，应当指定专门人员负责突发事件预警信息接收和传播工作，做好相关设备、设施维护，确保突发事件预警信息及时、准确接收和传播。
第四十四条　发布三级、四级警报，宣布进入预警期后，县级以上地方**各级**人民政府应当根据即将发生的突发事件的特点和可能造成的危害，采取下列措施： 　　（一）启动应急预案； 　　（二）责令有关部门、专业机构、监测网点和负有特定职责的人员及时收集、报告有关信息，向社会公布反映突发事件信息的渠道，加强对突发事件发生、发展情况的监测、预报和预警工作；	第六十六条　发布三级、四级警报，宣布进入预警期后，县级以上地方人民政府应当根据即将发生的突发事件的特点和可能造成的危害，采取下列措施： 　　（一）启动应急预案； 　　（二）责令有关部门、专业机构、监测网点和负有特定职责的人员及时收集、报告有关信息，向社会公布反映突发事件信息的渠道，加强对突发事件发生、发展情况的监测、预报和预警工作；

修订前	修订后
（三）组织有关部门和机构、专业技术人员、有关专家学者，随时对突发事件信息进行分析评估，预测发生突发事件可能性的大小、影响范围和强度以及可能发生的突发事件的级别； （四）定时向社会发布与公众有关的突发事件预测信息和分析评估结果，并对相关信息的报道工作进行管理； （五）及时按照有关规定向社会发布可能受到突发事件危害的警告，宣传避免、减轻危害的常识，公布咨询电话。	（三）组织有关部门和机构、专业技术人员、有关专家学者，随时对突发事件信息进行分析评估，预测发生突发事件可能性的大小、影响范围和强度以及可能发生的突发事件的级别； （四）定时向社会发布与公众有关的突发事件预测信息和分析评估结果，并对相关信息的报道工作进行管理； （五）及时按照有关规定向社会发布可能受到突发事件危害的警告，宣传避免、减轻危害的常识，公布咨询**或者求助**电话**等联络方式和渠道**。
第四十五条　发布一级、二级警报，宣布进入预警期后，县级以上地方**各级**人民政府除采取本法**第四十四条**规定的措施外，还应当针对即将发生的突发事件的特点和可能造成的危害，采取下列一项或者多项措施： （一）责令应急救援队伍、负有特定职责的人员进入待命状态，并动员后备人员做好参加应急救援和处置工作的准备； （二）调集应急救援所需物资、设备、工具，准备应急设施和避难场所，并确保其处于良好状态、随时可以投入正常使用； （三）加强对重点单位、重要部位和重要基础设施的安全保卫，维护社会治安秩序； （四）采取必要措施，确保交通、通信、供水、排水、供电、供气、供热等公共设施的安全和正常运行； （五）及时向社会发布有关采取特定措施避免或者减轻危害的建议、劝告； （六）转移、疏散或者撤离易受突发事件危害的人员并予以妥善安置，转移重要财产；	第六十七条　发布一级、二级警报，宣布进入预警期后，县级以上地方人民政府除采取本法**第六十六条**规定的措施外，还应当针对即将发生的突发事件的特点和可能造成的危害，采取下列一项或者多项措施： （一）责令应急救援队伍、负有特定职责的人员进入待命状态，并动员后备人员做好参加应急救援和处置工作的准备； （二）调集应急救援所需物资、设备、工具，准备应急设施和**应急避难、封闭隔离、紧急医疗救治**等场所，并确保其处于良好状态、随时可以投入正常使用； （三）加强对重点单位、重要部位和重要基础设施的安全保卫，维护社会治安秩序； （四）采取必要措施，确保交通、通信、供水、排水、供电、供气、供热、**医疗卫生、广播电视、气象**等公共设施的安全和正常运行； （五）及时向社会发布有关采取特定措施避免或者减轻危害的建议、劝告； （六）转移、疏散或者撤离易受突发事件危害的人员并予以妥善安置，转移重要财产；

修订前	修订后
（七）关闭或者限制使用易受突发事件危害的场所，控制或者限制容易导致危害扩大的公共场所的活动； （八）法律、法规、规章规定的其他必要的防范性、保护性措施。	（七）关闭或者限制使用易受突发事件危害的场所，控制或者限制容易导致危害扩大的公共场所的活动； （八）法律、法规、规章规定的其他必要的防范性、保护性措施。
	第六十八条 发布警报，宣布进入预警期后，县级以上人民政府应当对重要商品和服务市场情况加强监测，根据实际需要及时保障供应、稳定市场。必要时，国务院和省、自治区、直辖市人民政府可以按照《中华人民共和国价格法》等有关法律规定采取相应措施。
第四十六条 对即将发生或者已经发生的社会安全事件，县级以上地方各级人民政府及其有关主管部门应当按照规定向上一级人民政府及其有关主管部门报告，必要时可以越级上报。	**第六十九条** 对即将发生或者已经发生的社会安全事件，县级以上地方人民政府及其有关主管部门应当按照规定向上一级人民政府及其有关主管部门报告，必要时可以越级上报，**具备条件的，应当进行网络直报或者自动速报。**
第四十七条 发布突发事件警报的人民政府应当根据事态的发展，按照有关规定适时调整预警级别并重新发布。 有事实证明不可能发生突发事件或者危险已经解除的，发布警报的人民政府应当立即宣布解除警报，终止预警期，并解除已经采取的有关措施。	**第七十条** 发布突发事件警报的人民政府应当根据事态的发展，按照有关规定适时调整预警级别并重新发布。 有事实证明不可能发生突发事件或者危险已经解除的，发布警报的人民政府应当立即宣布解除警报，终止预警期，并解除已经采取的有关措施。
第四章　应急处置与救援	第五章　应急处置与救援
	第七十一条 国家建立健全突发事件应急响应制度。 突发事件的应急响应级别，按照突发事件的性质、特点、可能造成的危害程度和影响范围等因素分为一级、二级、三级和四级，一级为最高级别。 突发事件应急响应级别划分标准由国务院或者国务院确定的部门制定。县级以上人民政府及其有关部门应当在突发事件应急预案中确定应急响应级别。

修订前	修订后
第四十八条　突发事件发生后，履行统一领导职责或者组织处置突发事件的人民政府应当针对其性质、特点和危害程度，立即组织有关部门，调动应急救援队伍和社会力量，依照本章的规定和有关法律、法规、规章的规定采取应急处置措施。	第七十二条　突发事件发生后，履行统一领导职责或者组织处置突发事件的人民政府应当针对其性质、特点、危害程度和影响范围等，立即启动应急响应，组织有关部门，调动应急救援队伍和社会力量，依照法律、法规、规章和应急预案的规定，采取应急处置措施，并向上级人民政府报告；必要时，可以设立现场指挥部，负责现场应急处置与救援，统一指挥进入突发事件现场的单位和个人。 　　启动应急响应，应当明确响应事项、级别、预计期限、应急处置措施等。 　　履行统一领导职责或者组织处置突发事件的人民政府，应当建立协调机制，提供需求信息，引导志愿服务组织和志愿者等社会力量及时有序参与应急处置与救援工作。
第四十九条　自然灾害、事故灾难或者公共卫生事件发生后，履行统一领导职责的人民政府可以采取下列一项或者多项应急处置措施： 　　（一）组织营救和救治受害人员，疏散、撤离并妥善安置受到威胁的人员以及采取其他救助措施； 　　（二）迅速控制危险源，标明危险区域，封锁危险场所，划定警戒区，实行交通管制以及其他控制措施； 　　（三）立即抢修被损坏的交通、通信、供水、排水、供电、供气、供热等公共设施，向受到危害的人员提供避难场所和生活必需品，实施医疗救护和卫生防疫以及其他保障措施； 　　（四）禁止或者限制使用有关设备、设施，关闭或者限制使用有关场所，中止人员密集的活动或者可能导致危害扩大的生产经营活动以及采取其他保护措施；	第七十三条　自然灾害、事故灾难或者公共卫生事件发生后，履行统一领导职责的人民政府应当采取下列一项或者多项应急处置措施： 　　（一）组织营救和救治受害人员，转移、疏散、撤离并妥善安置受到威胁的人员以及采取其他救助措施； 　　（二）迅速控制危险源，标明危险区域，封锁危险场所，划定警戒区，实行交通管制、限制人员流动、封闭管理以及其他控制措施； 　　（三）立即抢修被损坏的交通、通信、供水、排水、供电、供气、供热、医疗卫生、广播电视、气象等公共设施，向受到危害的人员提供避难场所和生活必需品，实施医疗救护和卫生防疫以及其他保障措施； 　　（四）禁止或者限制使用有关设备、设施，关闭或者限制使用有关场所，中止人员密集的活动或者可能导致危害扩大的生产经营活动以及采取其他保护措施；

修订前	修订后
（五）启用本级人民政府设置的财政预备费和储备的应急救援物资，必要时调用其他急需物资、设备、设施、工具； （六）组织公民参加应急救援和处置工作，要求具有特定专长的人员提供服务； （七）保障食品、饮用水、燃料等基本生活必需品的供应； （八）依法从严惩处囤积居奇、哄抬物价、制假售假等扰乱市场秩序的行为，稳定市场价格，维护市场秩序； （九）依法从严惩处哄抢财物、干扰破坏应急处置工作等扰乱社会秩序的行为，维护社会治安； （十）采取防止发生次生、衍生事件的必要措施。	（五）启用本级人民政府设置的财政预备费和储备的应急救援物资，必要时调用其他急需物资、设备、设施、工具； （六）组织公民，**法人和其他组织**参加应急救援和处置工作，要求具有特定专长的人员提供服务； （七）保障食品、饮用水、**药品**、燃料等基本生活必需品的供应； （八）依法从严惩处囤积居奇、哄抬价格、**牟取暴利**、制假售假等扰乱市场秩序的行为，维护市场秩序； （九）依法从严惩处哄抢财物、干扰破坏应急处置工作等扰乱社会秩序的行为，维护社会治安； （十）**开展生态环境应急监测，保护集中式饮用水水源地等环境敏感目标，控制和处置污染物；** （十一）采取防止发生次生、衍生事件的必要措施。
第五十条 社会安全事件发生后，组织处置工作的人民政府应当立即组织有关部门并由公安机关针对事件的性质和特点，依照有关法律、行政法规和国家其他有关规定，采取下列一项或者多项应急处置措施： （一）强制隔离使用器械相互对抗或者以暴力行为参与冲突的当事人，妥善解决现场纠纷和争端，控制事态发展； （二）对特定区域内的建筑物、交通工具、设备、设施以及燃料、燃气、电力、水的供应进行控制； （三）封锁有关场所、道路，查验现场人员的身份证件，限制有关公共场所内的活动；	**第七十四条** 社会安全事件发生后，组织处置工作的人民政府应当立即**启动应急响应**，组织有关部门针对事件的性质和特点，依照有关法律、行政法规和国家其他有关规定，采取下列一项或者多项应急处置措施： （一）强制隔离使用器械相互对抗或者以暴力行为参与冲突的当事人，妥善解决现场纠纷和争端，控制事态发展； （二）对特定区域内的建筑物、交通工具、设备、设施以及燃料、燃气、电力、水的供应进行控制； （三）封锁有关场所、道路，查验现场人员的身份证件，限制有关公共场所内的活动；

修订前	修订后
（四）加强对易受冲击的核心机关和单位的警卫，在国家机关、军事机关、国家通讯社、广播电台、电视台、外国驻华使领馆等单位附近设置临时警戒线； （五）法律、行政法规和国务院规定的其他必要措施。 **严重危害社会治安秩序的事件发生时，公安机关应当立即依法出动警力，根据现场情况依法采取相应的强制性措施，尽快使社会秩序恢复正常。**	（四）加强对易受冲击的核心机关和单位的警卫，在国家机关、军事机关、国家通讯社、广播电台、电视台、外国驻华使领馆等单位附近设置临时警戒线； （五）法律、行政法规和国务院规定的其他必要措施。
第五十一条　发生突发事件，严重影响国民经济正常运行时，国务院或者国务院授权的有关主管部门可以采取保障、控制等必要的应急措施，保障人民群众的基本生活需要，最大限度地减轻突发事件的影响。	第七十五条　发生突发事件，严重影响国民经济正常运行时，国务院或者国务院授权的有关主管部门可以采取保障、控制等必要的应急措施，保障人民群众的基本生活需要，最大限度地减轻突发事件的影响。
第五十二条　履行统一领导职责或者组织处置突发事件的人民政府，必要时可以向单位和个人征用应急救援所需设备、设施、场地、交通工具和其他物资，请求其他地方人民政府提供人力、物力、财力或者技术支援，要求生产、供应生活必需品和应急救援物资的企业组织生产、保证供给，要求提供医疗、交通等公共服务的组织提供相应的服务。 履行统一领导职责或者组织处置突发事件的人民政府，应当组织协调运输经营单位，优先运送处置突发事件所需物资、设备、工具、应急救援人员和受到突发事件危害的人员。	第七十六条　履行统一领导职责或者组织处置突发事件的人民政府**及其有关部门**，必要时可以向单位和个人征用应急救援所需设备、设施、场地、交通工具和其他物资，请求其他地方人民政府**及其有关部门**提供人力、物力、财力或者技术支援，要求生产、供应生活必需品和应急救援物资的企业组织生产、保证供给，要求提供医疗、交通等公共服务的组织提供相应的服务。 履行统一领导职责或者组织处置突发事件的人民政府**和有关主管部门**，应当组织协调运输经营单位，优先运送处置突发事件所需物资、设备、工具、应急救援人员和受到突发事件危害的人员。 **履行统一领导职责或者组织处置突发事件的人民政府及其有关部门，应当为受突发事件影响无人照料的无民事行为能力人、限制民事行为能力人提供及时有效帮助；建立健全联系帮扶应急救援人员家庭制度，帮助解决实际困难。**

修订前	修订后
第五十五条　突发事件发生地的居民委员会、村民委员会和其他组织应当按照当地人民政府的决定、命令，进行宣传动员，组织群众开展自救和互救，协助维护社会秩序。	第七十七条　突发事件发生地的居民委员会、村民委员会和其他组织应当按照当地人民政府的决定、命令，进行宣传动员，组织群众开展自救与互救，协助维护社会秩序；**情况紧急的，应当立即组织群众开展自救与互救等先期处置工作**。
第五十六条　受到自然灾害危害或者发生事故灾难、公共卫生事件的单位，应当立即组织本单位应急救援队伍和工作人员营救受害人员，疏散、撤离、安置受到威胁的人员，控制危险源，标明危险区域，封锁危险场所，并采取其他防止危害扩大的必要措施，同时向所在地县级人民政府报告；对因本单位的问题引发的或者主体是本单位人员的社会安全事件，有关单位应当按照规定上报情况，并迅速派出负责人赶赴现场开展劝解、疏导工作。 　　突发事件发生地的其他单位应当服从人民政府发布的决定、命令，配合人民政府采取的应急处置措施，做好本单位的应急救援工作，并积极组织人员参加所在地的应急救援和处置工作。	第七十八条　受到自然灾害危害或者发生事故灾难、公共卫生事件的单位，应当立即组织本单位应急救援队伍和工作人员营救受害人员，疏散、撤离、安置受到威胁的人员，控制危险源，标明危险区域，封锁危险场所，并采取其他防止危害扩大的必要措施，同时向所在地县级人民政府报告；对因本单位的问题引发的或者主体是本单位人员的社会安全事件，有关单位应当按照规定上报情况，并迅速派出负责人赶赴现场开展劝解、疏导工作。 　　突发事件发生地的其他单位应当服从人民政府发布的决定、命令，配合人民政府采取的应急处置措施，做好本单位的应急救援工作，并积极组织人员参加所在地的应急救援和处置工作。
第五十七条　突发事件发生地的**公民**应当服从人民政府、居民委员会、村民委员会或者所属单位的指挥和安排，配合人民政府采取的应急处置措施，积极参加应急救援工作，协助维护社会秩序。	第七十九条　突发事件发生地的**个人**应当**依法**服从人民政府、居民委员会、村民委员会或者所属单位的指挥和安排，配合人民政府采取的应急处置措施，积极参加应急救援工作，协助维护社会秩序。
	第八十条　国家支持城乡社区组织健全应急工作机制，强化城乡社区综合服务设施和信息平台应急功能，加强与突发事件信息系统数据共享，增强突发事件应急处置中保障群众基本生活和服务群众能力。

修订前	修订后
	第八十一条　国家采取措施，加强心理健康服务体系和人才队伍建设，支持引导心理健康服务人员和社会工作者对受突发事件影响的各类人群开展心理健康教育、心理评估、心理疏导、心理危机干预、心理行为问题诊治等心理援助工作。
	第八十二条　对于突发事件遇难人员的遗体，应当按照法律和国家有关规定，科学规范处置，加强卫生防疫，维护逝者尊严。对于逝者的遗物应当妥善保管。
	第八十三条　县级以上人民政府及其有关部门根据突发事件应对工作需要，在履行法定职责所必需的范围和限度内，可以要求公民、法人和其他组织提供应急处置与救援需要的信息。公民、法人和其他组织应当予以提供，法律另有规定的除外。县级以上人民政府及其有关部门对获取的相关信息，应当严格保密，并依法保护公民的通信自由和通信秘密。
	第八十四条　在突发事件应急处置中，有关单位和个人因依照本法规定配合突发事件应对工作或者履行相关义务，需要获取他人个人信息的，应当依照法律规定的程序和方式取得并确保信息安全，不得非法收集、使用、加工、传输他人个人信息，不得非法买卖、提供或者公开他人个人信息。
	第八十五条　因依法履行突发事件应对工作职责或者义务获取的个人信息，只能用于突发事件应对，并在突发事件应对工作结束后予以销毁。确因依法作为证据使用或者调查评估需要留存或者延期销毁的，应当按照规定进行合法性、必要性、安全性评估，并采取相应保护和处理措施，严格依法使用。

修订前	修订后
第五章　事后恢复与重建	第六章　事后恢复与重建
第五十八条　突发事件的威胁和危害得到控制或者消除后，履行统一领导职责或者组织处置突发事件的人民政府应当停止执行依照本法规定采取的应急处置措施，同时采取或者继续实施必要措施，防止发生自然灾害、事故灾难、公共卫生事件的次生、衍生事件或者重新引发社会安全事件。	第八十六条　突发事件的威胁和危害得到控制或者消除后，履行统一领导职责或者组织处置突发事件的人民政府应当**宣布解除应急响应**，停止执行依照本法规定采取的应急处置措施，同时采取或者继续实施必要措施，防止发生自然灾害、事故灾难、公共卫生事件的次生、衍生事件或者重新引发社会安全事件，**组织受影响地区尽快恢复社会秩序**。
第五十九条　突发事件应急处置工作结束后，履行统一领导职责的人民政府应当立即组织对突发事件造成的损失进行评估，组织受影响地区尽快恢复生产、生活、工作和社会秩序，制定恢复重建计划，并向上一级人民政府报告。 　　受突发事件影响地区的人民政府应当及时组织和协调公安、交通、铁路、民航、邮电、建设等有关部门恢复社会治安秩序，尽快修复被损坏的交通、通信、供水、排水、供电、供气、供热等公共设施。	第八十七条　突发事件应急处置工作结束后，履行统一领导职责的人民政府应当立即组织对突发事件造成的**影响和**损失进行**调查**评估，制定恢复重建计划，并向上一级人民政府报告。 　　受突发事件影响地区的人民政府应当及时组织和协调**应急管理、卫生健康**、公安、交通、铁路、民航、**邮政、电信**、建设、**生态环境、水利、能源、广播电视**等有关部门恢复社会秩序，尽快修复被损坏的交通、通信、供水、排水、供电、供气、供热、**医疗卫生、水利、广播电视**等公共设施。
第六十条　受突发事件影响地区的人民政府开展恢复重建工作需要上一级人民政府支持的，可以向上一级人民政府提出请求。上一级人民政府应当根据受影响地区遭受的损失和实际情况，提供资金、物资支持和技术指导，组织其他地区提供资金、物资和人力支援。	第八十八条　受突发事件影响地区的人民政府开展恢复重建工作需要上一级人民政府支持的，可以向上一级人民政府提出请求。上一级人民政府应当根据受影响地区遭受的损失和实际情况，提供资金、物资支持和技术指导，组织**协调**其他地区**和有关方面**提供资金、物资和人力支援。

修订前	修订后
第六十一条第一款、第二款　国务院根据受突发事件影响地区遭受损失的情况，制定扶持该地区有关行业发展的优惠政策。 　　受突发事件影响地区的人民政府应当根据本地区遭受损失的情况，制定救助、补偿、抚慰、抚恤、安置等善后工作计划并组织实施，妥善解决因处置突发事件引发的矛盾和纠纷。	第八十九条　国务院根据受突发事件影响地区遭受损失的情况，制定扶持该地区有关行业发展的优惠政策。 　　受突发事件影响地区的人民政府应当根据本地区遭受的损失和采取应急处置措施的情况，制定救助、补偿、抚慰、抚恤、安置等善后工作计划并组织实施，妥善解决因处置突发事件引发的矛盾纠纷。
第六十一条第三款　公民参加应急救援工作或者协助维护社会秩序期间，其在本单位的工资待遇和福利不变；表现突出、成绩显著的，由县级以上人民政府给予表彰或者奖励。	第九十条　公民参加应急救援工作或者协助维护社会秩序期间，其所在单位应当保证其工资待遇和福利不变，并可以按照规定给予相应补助。
第六十一条第四款　县级以上人民政府对在应急救援工作中伤亡的人员依法给予抚恤。	第九十一条　县级以上人民政府对在应急救援工作中伤亡的人员依法落实工伤待遇、抚恤或者其他保障政策，并组织做好应急救援工作中致病人员的医疗救治工作。
第六十二条　履行统一领导职责的人民政府应当及时查明突发事件的发生经过和原因，总结突发事件应急处置工作的经验教训，制定改进措施，并向上一级人民政府提出报告。	第九十二条　履行统一领导职责的人民政府在突发事件应对工作结束后，应当及时查明突发事件的发生经过和原因，总结突发事件应急处置工作的经验教训，制定改进措施，并向上一级人民政府提出报告。
	第九十三条　突发事件应对工作中有关资金、物资的筹集、管理、分配、拨付和使用等情况，应当依法接受审计机关的审计监督。
	第九十四条　国家档案主管部门应当建立健全突发事件应对工作相关档案收集、整理、保护、利用工作机制。突发事件应对工作中形成的材料，应当按照国家规定归档，并向相关档案馆移交。

修订前	修订后
第六章　法律责任	第七章　法律责任
第六十三条　地方各级人民政府和县级以上各级人民政府有关部门违反本法规定，不履行法定职责的，由其上级行政机关或者监察机关责令改正；有下列情形之一的，根据情节对直接负责的主管人员和其他直接责任人员依法给予处分： 　　（一）未按规定采取预防措施，导致发生突发事件，或者未采取必要的防范措施，导致发生次生、衍生事件的； 　　（二）迟报、谎报、瞒报、漏报有关突发事件的信息，或者通报、报送、公布虚假信息，造成后果的； 　　（三）未按规定及时发布突发事件警报、采取预警期的措施，导致损害发生的； 　　（四）未按规定及时采取措施处置突发事件或者处置不当，造成后果的； 　　（五）不服从上级人民政府对突发事件应急处置工作的统一领导、指挥和协调的； 　　（六）未及时组织开展生产自救、恢复重建等善后工作的； 　　（七）截留、挪用、私分或者变相私分应急救援资金、物资的； 　　（八）不及时归还征用的单位和个人的财产，或者对被征用财产的单位和个人不按规定给予补偿的。	第九十五条　地方各级人民政府和县级以上人民政府有关部门违反本法规定，不履行或者不正确履行法定职责的，由其上级行政机关责令改正；有下列情形之一，由有关机关综合考虑突发事件发生的原因、后果、应对处置情况、行为人过错等因素，对负有责任的领导人员和直接责任人员依法给予处分： 　　（一）未按照规定采取预防措施，导致发生突发事件，或者未采取必要的防范措施，导致发生次生、衍生事件的； 　　（二）迟报、谎报、瞒报、漏报或者授意他人迟报、谎报、瞒报以及阻碍他人报告有关突发事件的信息，或者通报、报送、公布虚假信息，造成后果的； 　　（三）未按照规定及时发布突发事件警报、采取预警期的措施，导致损害发生的； 　　（四）未按照规定及时采取措施处置突发事件或者处置不当，造成后果的； 　　（五）违反法律规定采取应对措施，侵犯公民生命健康权益的； 　　（六）不服从上级人民政府对突发事件应急处置工作的统一领导、指挥和协调的； 　　（七）未及时组织开展生产自救、恢复重建等善后工作的； 　　（八）截留、挪用、私分或者变相私分应急救援资金、物资的； 　　（九）不及时归还征用的单位和个人的财产，或者对被征用财产的单位和个人不按照规定给予补偿的。

修订前	修订后
第六十四条 有关单位有下列情形之一的，由所在地履行统一领导职责的人民政府责令停产停业，暂扣或者吊销许可证或者营业执照，并处五万元以上二十万元以下的罚款；构成违反治安管理行为的，由公安机关依法给予处罚： （一）未按规定采取预防措施，导致发生严重突发事件的； （二）未及时消除已发现的可能引发突发事件的隐患，导致发生严重突发事件的； （三）未做好应急设备、设施日常维护、检测工作，导致发生严重突发事件或者突发事件危害扩大的； （四）突发事件发生后，不及时组织开展应急救援工作，造成严重后果的。 前款规定的行为，其他法律、行政法规规定由人民政府有关部门依法决定处罚的，从其规定。	第九十六条 有关单位有下列情形之一的，由所在地履行统一领导职责的人民政府有关部门责令停产停业，暂扣或者吊销许可证件，并处五万元以上二十万元以下的罚款；情节特别严重的，并处二十万元以上一百万元以下的罚款： （一）未按照规定采取预防措施，导致发生较大以上突发事件的； （二）未及时消除已发现的可能引发突发事件的隐患，导致发生较大以上突发事件的； （三）未做好应急物资储备和应急设备、设施日常维护、检测工作，导致发生较大以上突发事件或者突发事件危害扩大的； （四）突发事件发生后，不及时组织开展应急救援工作，造成严重后果的。 其他法律对前款行为规定了处罚的，依照较重的规定处罚。
第六十五条 违反本法规定，编造并传播有关突发事件事态发展或者应急处置工作的虚假信息，或者明知是有关突发事件事态发展或者应急处置工作的虚假信息而进行传播的，责令改正，给予警告；造成严重后果的，依法暂停其业务活动或者吊销其执业许可证；负有直接责任的人员是国家工作人员的，还应当对其依法给予处分；构成违反治安管理行为的，由公安机关依法给予处罚。	第九十七条 违反本法规定，编造并传播有关突发事件的虚假信息，或者明知是有关突发事件的虚假信息而进行传播的，责令改正，给予警告；造成严重后果的，依法暂停其业务活动或者吊销其许可证件；负有直接责任的人员是公职人员的，还应当依法给予处分。
第六十六条 单位或者个人违反本法规定，不服从所在地人民政府及其有关部门发布的决定、命令或者不配合其依法采取的措施，构成违反治安管理行为的，由公安机关依法给予处罚。	第九十八条 单位或者个人违反本法规定，不服从所在地人民政府及其有关部门依法发布的决定、命令或者不配合其依法采取的措施的，责令改正；造成严重后果的，依法给予行政处罚；负有直接责任的人员是公职人员的，还应当依法给予处分。

修订前	修订后
	第九十九条　单位或者个人违反本法**第八十四条、第八十五条关于个人信息保护规定的，由主管部门依照有关法律规定给予处罚。**
第六十七条　单位或者个人违反本法规定，导致突发事件发生或者危害扩大，给他人人身、财产造成损害的，应当依法承担民事责任。	**第一百条**　单位或者个人违反本法规定，导致突发事件发生或者危害扩大，**造成**人身、财产**或者其他**损害的，应当依法承担民事责任。
	第一百零一条　为了使本人或者他人的人身、财产免受正在发生的危险而采取避险措施的，依照《中华人民共和国民法典》、《中华人民共和国刑法》等法律关于紧急避险的规定处理。
第六十八条　违反本法规定，构成犯罪的，依法追究刑事责任。	**第一百零二条**　违反本法规定，**构成违反治安管理行为的，依法给予治安管理处罚；构成**犯罪的，依法追究刑事责任。
第七章　附　　则	第八章　附　　则
第六十九条　发生特别重大突发事件，对人民生命财产安全、国家安全、公共安全、环境安全或者社会秩序构成重大威胁，采取本法和其他有关法律、法规、规章规定的应急处置措施不能消除或者有效控制、减轻其严重社会危害，需要进入紧急状态的，由全国人民代表大会常务委员会或者国务院依照宪法和其他有关法律规定的权限和程序决定。 　　紧急状态期间采取的非常措施，依照有关法律规定执行或者由全国人民代表大会常务委员会另行规定。	**第一百零三条**　发生特别重大突发事件，对人民生命财产安全、国家安全、公共安全、**生态**环境安全或者社会秩序构成重大威胁，采取本法和其他有关法律、法规、规章规定的应急处置措施不能消除或者有效控制、减轻其严重社会危害，需要进入紧急状态的，由全国人民代表大会常务委员会或者国务院依照宪法和其他有关法律规定的权限和程序决定。 　　紧急状态期间采取的非常措施，依照有关法律规定执行或者由全国人民代表大会常务委员会另行规定。
	第一百零四条　中华人民共和国领域外发生突发事件，造成或者可能造成中华人民共和国公民、法人和其他组织人身伤亡、财产损失的，由国务院外交部门会同国务院其他有关部门、有关地方人民政府，按照国家有关规定做好应对工作。

修订前	修订后
	第一百零五条　在中华人民共和国境内的外国人、无国籍人应当遵守本法，服从所在地人民政府及其有关部门依法发布的决定、命令，并配合其依法采取的措施。
第七十条　本法自 2007 年 11 月 1 日起施行。	第一百零六条　本法自 2024 年 11 月 1 日起施行。

图书在版编目（CIP）数据

突发事件应对法关联适用全书／法规应用研究中心编. -- 北京：中国法制出版社，2024.7. --（关联适用全书系列）. -- ISBN 978-7-5216-4581-1

Ⅰ．D922.145

中国国家版本馆CIP数据核字第2024W4T428号

责任编辑：韩璐玮（hanluwei666@163.com）　　　　封面设计：周黎明

突发事件应对法关联适用全书
TUFA SHIJIAN YINGDUIFA GUANLIAN SHIYONG QUANSHU

编者/法规应用研究中心
经销/新华书店
印刷/三河市国英印务有限公司

开本/710毫米×1000毫米　16开	印张/18.25　字数/246千
版次/2024年7月第1版	2024年7月第1次印刷

中国法制出版社出版

书号 ISBN 978-7-5216-4581-1　　　　　　　　　　　定价：58.00元

北京市西城区西便门西里甲16号西便门办公区
邮政编码：100053　　　　　　　　　　　　　传真：010-63141600
网址：http：//www.zgfzs.com　　　　　编辑部电话：010-63141784
市场营销部电话：010-63141612　　　　印务部电话：010-63141606

（如有印装质量问题，请与本社印务部联系。）